듣기의 철학

• 이 책은 2022년 대한민국 교육부와 한국연구재단의 지원을 받아 출판되었습니다.(NRF-2022S1A5C2A02092428)

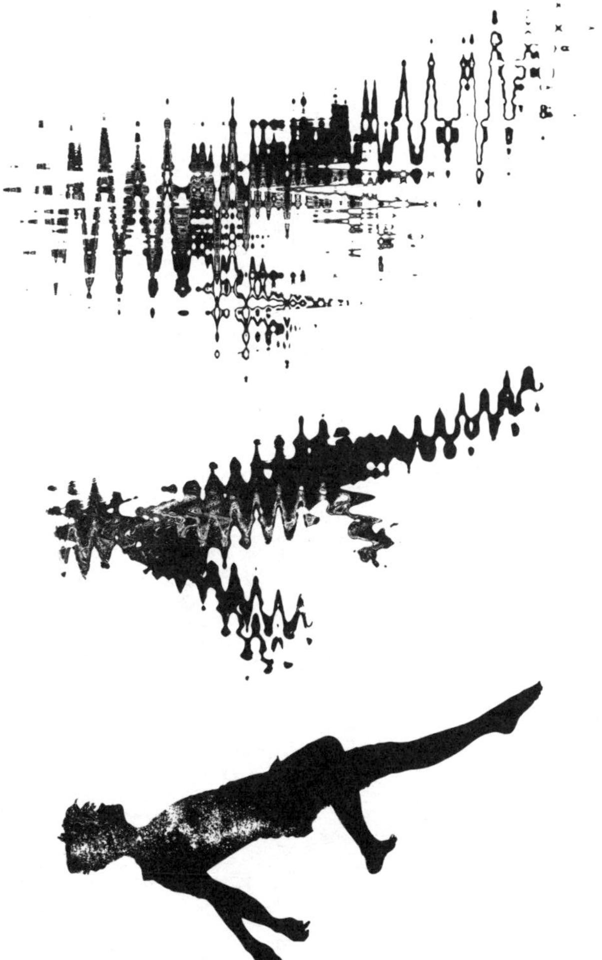

듣기의 철학

우리는 무엇을 듣고,
듣지 않는가

정경영 · 김경화 · 권현석 · 정혜윤
계희승 · 이상욱 · 권송택

곰출판

여는 글

이 책은 한양대학교 음악연구소에서 오랫동안 천착해 온 '소리연구sound studies'의 성과물이다. 아직 우리나라에 '소리연구'나 '소리풍경soundscape'이라는 말이 익숙하지 않던 2015년에 이미 한양대학교 음악연구소에서는 한국연구재단의 지원을 받아 "소리, 공간, 이동: 사이공간의 소리환경 연구"라는 타이틀을 가진 집단연구를 시작했다. 대부분 음악학자로 구성된 음악연구소의 연구팀은 소리연구라는 낯선 학문 영역에 발을 디디며, 설렘과 막연한 두려움을 함께 안고 있었다. 그 후 2019년에 다시 한국연구재단의 지원을 받아, 이번에는 "소리와 청취의 정치학: 문화와 기술에 대한 비판적 듣기"라는 제목의 연구를 진행할 수 있게 되었다. 이 책은 이 두 연구의 흔적을 담고 있다.

'소리연구'라는 낯선 학문 세계의 언어와 개념, 사고방식에 익숙해지는 데 적지 않은 시간이 걸렸다. 또 각자 개별적으로 연구하는 데 익숙한 각각의 연구자들에게, 집단연구라는 새로운 연구 방식은 또 다른 걸림돌로 작용했다. 결과적으로 이 책의 내용이 다 채워지고 나름대로의 완결된 모습을 갖추게 되기까지는 예상보다 훨씬 오랜 시간이 걸렸다. 2019년에 이 책을 처음 구상했지만, 2020년에 본격적으로 집필을 시작했다. 또 책의 내용을 일반 대중들과 소통 가능한 형태로 다듬기 위해 출판사, 편집자와 함께 고민하고 토론하면서 적지 않은 시간을 또 보냈다.

결국 이 책은 오랜 시간을 지나 여러분이 지금 손에 쥐고 있는 이런 모습으로 세상에 나오게 되었다. 이 글의 서문을 쓰는 이 시점에서 가장 당혹스러운 것은 책의 초고를 쓰던 당시의 우리 모습과 생각이 우리 자신에게조차 낯설다는 사실이다. 어떤 저자는 자신의 생각이 그때와는 조금 달라졌다고 하고 또 다른 저자는 그때의 글쓰기 방식이 지금 자신의 그것과 너무나도 달라 낯설게 느껴진다고 고백하기도 했다. 그러나 고민 끝에 그때의 생각과 그때의 글쓰기도 나름의 가치를 갖는다는 결론을 내리게 되었다. 결국 전격적 수정을 거치지 않고 되도록 원래 글의 내용과 형태를 유지한 채 출판하기로 결정했다. 그러는 과정에서 오히려 여기 실린 글들에는 여전히 우리가 고민하고 연구하고 있는 생각의 원형이 고스란히 남아있을 뿐 아니라 어떤 경우에는 그것들이 현재의 글보다도 훨씬 더 선명히 드러나고 있다는 것도 알게 되었다.

이 책, 『듣기의 철학』은 출판이 예정보다 늦어졌음에도 불구하고 여전히 국내에서 처음으로 집단연구로 이루어 낸 인문학적 소리연구의 성과물이다. 국제적으로 소리연구가 이미 다양한 학제 간의 협력과 연구를 통해 자리 잡고 있는 반면, 한국에서는 그동안 개별 연구자의 관심사에 따라 산발적인 연구만이 이루어졌을 뿐, 여러 연구자들이 협력하여 종합적인 단행본 형태로 출간된 사례는 찾아보기 어려웠다. 이 책은 그러한 현실적 공백을 메우고, 우리나라의 인문학적 소리연구를 위한 새로운 출발점으로서 중요한 의의를 갖는다.

이 책은 크게 네 부분으로 나뉜다. 각각의 부분은 소리를 다양한 맥락에서 분석하고, 깊고 두텁게 듣고자 하는 저자들의 다양한 관심사와 연구 방법을 반영한다.

첫 번째 섹션 "소리, 듣기의 권력"에서는 소리와 듣기가 결코 가치중립적이지 않고 사회·문화적으로 구성된 현상임을 강조한다. 또한 소음의 사회적 맥락은 무엇인지, 청취가 어떻게 권력과 젠더를 반영하는지, 세대에 따라 음악 청취 기술이 어떻게 변화해 왔는지와 같은 주제가 다루어진다.

두 번째 섹션 "소리, 공간을 채우다"에서는 환경과 공간이 소리를 통해 새롭게 지각되고 구성되는 방식을 탐구한다. 특히 사운드스케이프와 소리생태학적 접근을 통해 인간과 비인간 생물 간의 청각적 공존을 제안한다. 또한 인간이 삶 속에서 어떻게 소리 환경을 구성하고 그 안에서 인지적, 정감적 지원을 받으며 살아가는지 탐구한다.

세 번째 섹션 "소리, 기술과 연결되다"는 소리가 현대적 기술과 매체를 통해 어떻게 재매개되고, 그 결과 듣기의 방식이 어떻게 변화하는지를 살펴본다. 코로나19 팬데믹 속에서 변화된 소리 환경, 게임 속 인터랙티브 청취 경험, 포스트휴먼 시대의 소리풍경 등, 최근 학문의 주요 쟁점들을 소리라는 새로운 틀을 통해서 바라보는 것이 그 핵심이다.

마지막 네 번째 섹션 "소리, 음악이 되다"에서는 전통적인 음악과 예술의 범주를 넘어 소음과 일상의 소리가 어떻게 예술적 소재로 수용되고 있는지, 기존의 악보 중심 미학을 넘어 어떠한 새로운 청취의 경험을 제공하는지 논의한다. 이 장에서 다루는 연구의 대상은 전통적 클래식 음악에서 새롭게 등장한 '소리' 예술까지 포괄하고 있다.

소리연구는 음악학자들만의 것이 아니다. 소리를 통해 자신이 천착하고 있는 분야의 이야기를 재서술할 수 있는 학자들, 소리로 새로운 생각의 틀을 만들어 보고 싶어 하는 사람들, 소리로 자신의 예술 세계를 확장하고 이해하고 싶어 하는 예술가들, 이들 모두의 것이다. 우리는 이 책이 소리를 통해 인간과 사회를 보다 깊이 이해할 수 있는 새로운 관점을 제시하는 것이었으면 좋겠다. 이 책을 읽는 독자들이 듣기의 중요성을 인식하고, 소리를 단지 청각적 현상 이상의 사회적·문화적·생태적·기술적 복합체로 이해하게 되기를 기대한다. 나아가 이 책이 우리나라에서 인문학적 소리연구를 소개하고, 안내하며, 소리를 통한 인문학적 사유에 초대하는 것이 되기를 꿈꾼다.

정경영

차례

1

소리, 듣기의 권력

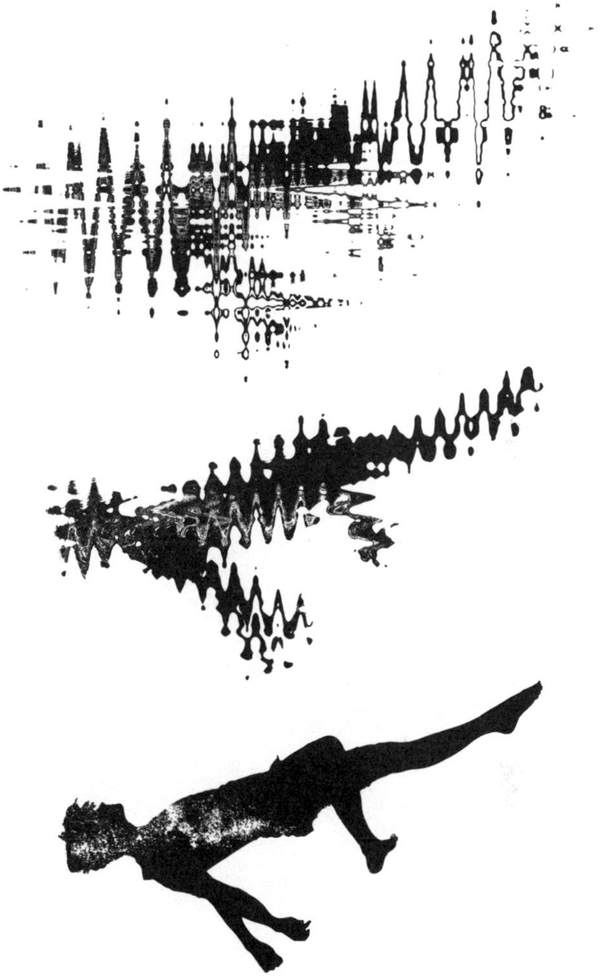

구성된 소리,
만들어진 청취

정경영

우리는 소리 안에 살고 있다. 잠시 눈을 감은 뒤 '보기'를 그치고, 귀 기울여 세상을 '들어'보면 금방 알게 된다. 우리는 모두 소리 안에 살고 있다는 것을. 눈에 보이는 풍경, 숨 쉬는 공기처럼 소리도 주위를 가득 채운 채로 우리와 함께 있다. 자연이 만들어 내는 소리, 새나 벌레 같은 생물들이 내는 소리, 우리가 말하고 노래하고 감정을 표현하는 소리, 또 우리가 만들어 낸 갖가지 기계와 기구들이 만들어 내는 소리. 이 소리들은 우리를 둘러싸면서 우리가 살고 있는 환경을 만든다. 또한 우리에게 파고들어 갖가지 신호가 되기도 하며, 나와 우리를 드러내는 상징이 되기도 한다.

여러 분야의 학자들이 '소리들'을 연구해야겠다는 생각을 진지하게 하기 시작한 것은 20세기에서 21세기로 넘어가던 무렵의 일이다. 각각의 분야에서 특히 소리에 관심을 갖고 있던 사람들이 하나둘씩 모여 새로운 학문에 이름을 붙이기 시작했다. 예컨대, 미국의 도시에서 누가 어떻게 소음을 규제하기 시작했나를 연구하던 정책연구자, 언제부터 사무실이나 공장에서 음악을 틀거나 금지시켰는지를 궁금해하던 경영학자, 문학에서 묘사되는 19세기 초 유럽 어떤 지역의 소리에 특별히 관심을 가졌던 영문학자, 현대음악에서 음악과 소리의 경계가 어딘지 궁금해하던 음악학자, 남미 어떤 부족의 언어가 유난히 그 지역만의 독특한 자연환경 소리를 닮았다는 것을 알아챘던 인류학자 같은 사람들이 모여서 자기들의 관심을 '소리연구sound studies'라는 이름으로 표방하기 시작했던 것이다. 이 장에서는 바로 이 소리연구의 전제와 기본 관심을 살펴보고자 한다.

소리연구의 전제

소리연구에서는 모든 소리의 의미가 사회·문화적 맥락 안에서 '구성된다'고 믿는다. 언어나 음악과 같은 '특수한' 소리뿐만 아니라 '모든' 소리의 의미가 사회·문화의 맥락 안에서 발생하고, 소통되며, 수용된다고 생각한다. 한 언어가 그 언어를 사용하는 문화 안에서 더 구체적이고 세밀한 의미 작용을 한다거나 어떤 문화에서 통용되는 음악이 그 문화에 익숙하지 않은 사람에게는 동일한 의미나 정서를 발생시키지 못한다는 생각은 보편적이다. 그러나 '모든 소리'가 그렇다는 생각은 새롭다. 이 새로운 생각이 소리연구의 바탕이 되었다.

또한 소리연구에서는 청취 역시 사회·문화적 맥락에서 자유롭지 못하다고 생각한다. 사람들은 모든 소리에 관심을 기울이거나, 각각의 소리에 동일한 의미를 부여하거나, 각기 다른 여러 소리에 같은 가치를 부여하지 않는다. 즉, 모든 사람들이 같은 소리를 듣지는 않는다는 것이다. 사람들은 각각의 관심 혹은 사회와 문화의 관습에 따라 어떤 소리를 듣거나 듣지 않으며, 특정한 소리가 갖는 독특한 의미를 적극적으로 구성해 내기도 하고, 특정한 소리를 다른 소리보다 높게 혹은 낮게 평가하기도 한다. 심지어 소리의 물리적 특성을 각기 다른 방식으로 묘사하고 지각하기까지 한다. 쉬운 예로 서양 사람들은 음을 높거나 낮다고 느끼고 그렇게 묘사하지만, 우리 선조들은 맑고 탁하다고 느끼고 그렇게 음의 성질을 표현했다.

우리는 소리의 의미가 어떤 방식으로 사회·문화적 맥락에서 구성되는지, 그리고 청취가 어떻게 사회·문화적으로 정향되는지 살펴볼 것이다. 그리고 소리연구가 소리를 통해 어떻게 이러한 맥락을 듣는지, 즉 사회와 문화를 이해하는 소리적 상상력을 소리연구가 어떻게 발휘하는지 알아볼 것이다. 이를 위해 소음의 예를 돌아보면서 소리의 의미가 사회적·문화적으로 구성된다는 것, 청각 역시 사회·문화적 맥락에서 정향된다는 것을 먼저 살필 것이다. 그 후에 소리적 상상력을 통해 사회와 문화의 사건과 맥락을 추적하는 예를 살펴 소리연구가 어떻게 소리를 통해 인간과 사회·문화를 이해하는지 엿보게 될 것이다.

구성된 소리의 의미

소리는 오랫동안 자연적인 것 혹은 자연 자체로 여겨졌다. 특히 음악과 비교하여 '소리'는 가공되지 않은 것, 원래 그대로의 것으로 이해되었다. 소리의 의미가 사회·문화적으로 구성된다는 소리연구의 전제가 불편하다면, 그것은 아마도 소리를 음악의 재료로, 혹은 자연적 대상으로 여기기 때문일 것이다. 소리란 의미가 구성되기 전의 중립적 재료라고 생각하는 것이다. 중립적 재료로서의 소리가 언어 혹은 음악이 되었을 때에야 비로소 가치와 의미를 가진 것으로 구성되는 것이라고 생각하기 때문이다. 이렇게 생각한다면 소리는 탈가치적, 물리적 대상이어서 자연과학적 관찰과 연구의 대상이 된다. 실제로 소리에 대한 연구는 상당히 오랫동안 그러한 전제 아래 진행되어 왔다.

그러나 소리는 사회와 문화의 맥락 안에서 그 의미가 결정된다. 가치중립적이거나 탈가치적이지 않을 뿐 아니라 그 의미가 고정되어 있지도 않다. 이러한 점을 잘 알려주는 좋은 예가 바로 소음이다. 소음은 객관적, 혹은 정량적으로 '정의'되지 않으며, 각각의 사회와 문화의 맥락 안에서 '구성'된다. 이러한 점은 소음을 정의하려고 했던 그간의 몇 가지 시도(와 실패)를 살펴보면 분명해진다.

소음을 정의하고자 하는 가장 순진한 시도는 소음을 '시끄러운' 소리로 규정하는 것이다. 이 시도는 '시끄러운' 소리가 대상의 객관적 속성임을 가정한다는 점에서 실패하고 있다. '시끄러움'은 대상의 속성이라기보다는 주체의 반응이다. 그러므로 시대와 장소, 상황에 따라 시끄러움은 바뀔 수밖에 없다. 레이먼드 머리 셰이퍼Raymond Murray Schafer, 1933~2021의 '성스러운 소음sacred noise'이라는 개념은 이러한 점을 잘 보여준다. 그는 보통 시끄럽다고 생각되는 다양한 소리들이 특정한 역사적 맥락에서는 시끄럽기는커녕 독특한 의미를 갖는 전언으로 여겨지는 몇 가지 경우를 들고 있다. 예컨대, 중세 시대의 오르간 소리는 매우 크고 시끄러운 소리였으나 신성한 소리로 여겨졌고, 산업혁명 시대에 공장에서 나는 소리 역시 불편한 느낌을 줄 만한 소리였을 텐데 당대에는 산업이 활발하게 돌아가고 있다는 증거인, 기분 좋은 소리였다는 것이다. 이런 소리들을 셰이퍼는 '성스러운 소음'이라고 불렀다.

소음에 대한 가장 대표적 정의는 '큰' 소리다. 이 정의가 왜 대표적이냐 하면, '큰' 정도가 객관적으로 측정되어 법으로 규제되는 경우가 자주 목격되기 때문이다. 예컨대, 우리나라의 경우 아파트와 같은 공동주택 층간소음의 범위와 기준에 관한 규칙(환경부령 제599호, 국토교통부령 제97호, 2014년 6월 3일 개정)이 있다. 층간소음에 관해, 제3조에서는 직접 충격음의 경우 1분간 등가소음도(임의의 측정 시간 동안 발생한 변동소음의 총 에너지를 같은 시간 내의 정상소음의 에너지로 등가하여 얻어진 소음도)가 주간 43dB(데시벨), 야간 38dB, 그리고 최고소음도는 주간 57dB, 야간 52dB을 넘으면 소음으로 규정한다. '데시벨'은 소리의 세기, 즉 음량을 측정하는 단위다. 그러므로 우리나라의 법은 소음을 일정 정도 이상의 '큰' 소리로 규정하고 있는 것이다.

하지만 '큰' 소리가 얼마나 주관적인지, 혹은 상황과 환경에 따라 얼마나 달라지는지는 쉽게 짐작할 수 있다. 예컨대, 도서관에서의 '큰' 소리와 클럽에서의 '큰' 소리는 다를 것이다. 적합한 음악적 구성 요건을 갖춘 큰 소리, 예컨대 100명이 함께 연주하는 브라스 밴드의 합주가 포르티시모*ff*로 내는 소리와 데시벨은 작지만 나를 괴롭히기에는 충분히 큰, 새벽에 들리는 시계 돌아가는 소리를 비교해 보아도 좋을 것이다. '큰 소리'라는 소음의 정의는 구체적 상황, 맥락, 심지어 듣는 사람의 상태와 경험을 모두 고려할 수 없는 한 유의미하지 않다.

최초로 소음을 '객관적'으로 정의하는 데 어느 정도 성공한 사람들은 디지털 신호 처리Digital Signal Processing, DSP 공학자들이었다. 이들은 신호 처리 회로의 중요한 항들을 발화자, 신호, 채널, 소음, 수신자라는 개념으로 정리하고 이 중 소음을 커뮤니케이션 회로에서 주 신호를 방해하는 것, 원하지 않게 끼어든 소리로 정의했다. 그러므로 디지털 신호 처리에서 중요한 목표는 주 신호를 방해하는 다른 신호, 즉 소음을 없애거나 최소화하는 것이 된다.

주 신호가 무엇인지 결정된다면 이 정의는 소음에 대한 꽤 객관적 서술인 것처럼 보인다. 하지만 여기서 만나게 되는 근본적 문제는 우리가 어떤 소리를 들을 때, 항상 주 신호가 무엇인지 분명히 결정하고 그것만 듣는 것이 아니라는 점이다. 만일 내가 누군가와 대화를 나누고 있다면 이 대화를 방해하는 주변의 다양한 소리(자동차 소리, 음악 소리 등)가 소음이 될 것이다. 하지만 일상 경험에서 이러한 부 신호가 주 신호를 방해하지 않는 경우도 많다. 간단히 생각해 보아도 카페에서 대화할 때 배경으로 흘러나오는 음악이나, 드라마 음악이 늘 소음으로 여겨지는 것은 아니다. 뿐만 아니라 주 신호, 부 신호의 지위가 늘 일정하게 유지되는 것도 아니다. 청각적 주의력은 관심과 맥락에 따라

변하기도 한다. 때로는 주 신호가 아닌 신호들이 종합적으로 독특한 '음색'을 만들어 내기도 한다. 적당한 소음이 섞여있어 종종 '따뜻하다'고 표현되는 LP음반이나 연주 소리 외의 다양한 현장 소음이 섞여있는 공연 실황 음반과 같은 것들이 그 예다.

요컨대, 소음은 정의하기 어렵다. 소음은 소리 자체가 가지고 있는 특성이 아니기 때문이다. 그래서 어떤 학자들은 '듣기 싫은 음악'이 소음의 대상이 아니라 '관계'라고 말하기도 한다. 내가 음량이나 소리의 성격을 통제할 수 없을 때, 그 소리는 소음이 되기 쉽다. 카페에서 내가 좋아하지 않는 장르의 음악이 흘러나오고 있다거나 너무 큰 소리로 흘러나올 때, 그러나 그 음악을 내가 선택하고 결정할 수 없을 때 그 소리는 소음이 된다. KTX를 타고 여행을 가고 있는데 옆에 앉은 사람의 이어폰 밖으로 새어 나오는 소리가 나를 방해한다면, 그것도 소음이다. 만일 내가 그 카페의 음악을 결정할 수 있는 권한을 가지고 있다면, 그리고 KTX에서 이어폰을 끼고 있는 사람이 나라면, 그 소리는 소음으로 들리지 않을 것이다. 소음은 그 소리를 통제할 수 있느냐 없느냐에 따라 달라진다. 즉, 소음은 일종의 권력관계라고도 할 수 있다.

소음은 취향의 문제와도 관련이 있다. 내가 선택하고 통제할 수 없는 소리라 하더라도 그것이 내 취향과 맞는다면 소음이 될 리 없다. 하지만 그 소리가 내 취향과 맞지 않는다면 소음이 될 가능성이 크다. 그러므로 소음은 개인차의 문제다. 그런데 피에르 부르디외Pierre Bourdieu, 1930~2002는 음악 취향이 단순히 개인 입맛taste의 문제가 아니라고 말한다. 오히려 사회·문화적 환경에 의해 결정된 제2의 천성이라 할 수 있는 아비투스habitus의 문제고, 그것은 개인의 취향이라기보다 그가 속한 계급의 취향이라고 할 만하다는 것이다. 소음이 취향과 관련이 있다면, 그리고 취향이 계급의 문제라면, 이 역시 소리가 얼마나 사회·문화적 맥락과 관계가 깊은지를 보여준다.

지금까지 소음을 통해서 살펴본 바와 같이 소리의 의미는 사회·문화적 맥락 안에서 구성된다. 소리연구의 출발점은 바로 이러한 인식이다. 소리연구는 '소리 자체'라는 개념에 의문을 제기한다. 이러한 의문은 꼬리에 꼬리를 물고 이어진다. 저 산골짜기 깊은 곳에서 혹은 망망한 바다 한가운데서 어떤 큰 소리가 났다고 하자. 그런데 그 소리를 아무도 듣지 못했다면, 그 소리는 의미를 가질 수 있을까? 듣는 사람이 있다는 전제 아래 소리의 의미가 존재한다면, 과연 그 소리를 듣는 모든 사람이 같은 느낌, 같은 생각을 하게 될까? 즉, 소리를 듣는 모든 사람이 같은 맥락 안에서 소리를 들을까? 과연 소리의 '객관적' 의미라는 것이 있을까? 소리연구는 이러한 질문을 전제한다. 소리의 의미가 이미 정해진 것이 아니라 늘 구성되는 것임을 전제로 하는 것이다.

만들어진 청취

'들음'과 관련하여 소리연구가 특별히 경계하는 것은 '보는 행위'와의 관계에서 '듣는 행위'의 가능성을 지나치게 평면적으로 이해하여 편리한 방향으로 단순화시키는 일이다. 예를 들면 '눈은 감아버리면 되지만 귀는 항상 열려있다'거나 '눈은 어떤 방향을 향하지만 귀는 모든 방향을 다 감싸 안는다' 같은 이분법이 그것이다. 이러한 이분법은 마치 '들음'이라는 행위가 그동안 근대 이후 서구가 집중했던 '봄'의 문제와 한계들을 극복할 수 있는 절묘한 대안인 것처럼 보이게 한다. 요컨대 봄은 나의 의지를 통해 세계를 재편하는 주체적 행위이고 이것을 객관성과 거리두기로 합리화하는 행위인 한편, 들음은 의지를 발휘하지 않은 수동적 주체에게 세계가 다가오는 행위이며 주관적이고 정감적 행위라는 것이다. 들음은 내 의지대로 세계를 왜곡하지 않는 '순수한' 지각, 자연스러운 행위라는 것이다.

이러한 사고가 영어에서의 'hearing'과 'listening'의 구분에서도 잘 나타난다. 잘 알다시피 영어에서 이 두 단어의 차이는 전자가 들려오는 것을 수동적으로 듣는 것을 의미한다면 후자는 주의를 기울여 듣는 행위를 뜻한다. 즉, listening은 소리에 대한 내 의지의 개입을 다소나마 인정한 행위지만 hearing은 오히려 이와 대비되어 전혀 내 의지가 개입되지 않은, 수동적이고 자연스러운, 자극을 왜곡하지 않는 행위라는 면모가 강조된다.

하지만 주의를 기울여 듣는 것이든, 그렇지 않고 듣는 것이든(listening이든 hearing이든) 들음은 듣는 주체의 사회적·문화적·역사적 맥락을 반영한다. 즉 듣는 행위는 어떤 경우든 매개된 행위다. 몇 해 전 동료 연구자들과 함께 인천국제공항의 소리에 대한 현장연구를 한 적이 있었다. 학생들을 데리고 가서 미리 답사한 인천국제공항의 정해진 코스를 걷게 하며, 귀 기울여 이 장소의 소리 환경을 듣게 한 다음 인터뷰를 통해 그들의 청각 경험의 특징을 확인하는 연구였다. 인상 깊은 소리가 무엇이었느냐는 공통 질문에 많은 여학생들이 '구두 굽이 바닥에 부딪히는 소리'라고 했던 반면 남학생들은 단 한 명도 이 같은 답을 하지 않았다. 많은 여학생이 공항에서 들은 특징적 소리라고 했던 바로 그 소리를 남학생들은 단 한 명도 '듣지 못한 것'이다. 그 이유는 알 수 없다. 어쩌면 남학생들은 높은 구두 굽이 바닥에 부딪혀 내는 소리에 익숙하지 않았고, 그러니 익숙하지 않아 무슨 소리인지 모르는 그 소리에 관심이 가지 않았을 수도 있다. 젠더, 즉 사회적 성차가 듣는 소리의 범위와 방식을 결정했다고 할 수 있다.

공항 내부를 걷다가 중간에 잠시 문밖으로 나가서, 차들이 다니는 찻길 옆 인도를 걸어 다음 문으로 들어오는 구간이 있었다. 한 남학생이 이 코스를 언급하면서 '갑자기 아무 소리도 안 들리는 조용한 곳'이라고 한 것도 매우 인상적이었다. 사실 그 구간은 버스와 자가용, 택시가 달리는 매우 번잡한 도로 옆 인도였기 때문에 제법 시끄러운 장소였다. 그러나 그 학생에게 너무나도 익숙한 자동차 소리라는 도시의 '기조음keynote sound'은 전혀 들리지 않았고 독특한 공항 내부의 소리와 비교할 때 그 구간은 '아무 소리도 들리지 않는' 조용한 공간이었던 것이다. 익숙한 문화와 사회의 소리가 들음의 성격을 간섭한 것이다.

이 예들이 알려주는 바는, 청취 역시 (의도적으로 듣건, 그렇지 않건 상관없이) 사회적·문화적이라는 사실이다. 우리에게 너무나도 익숙해 오히려 들리지 않는 소리가, 다른 지역, 다른 문화, 다른 사회, 다른 시대의 사람들에게는 어떻게 들릴까? 아니면 그 반대의 상황이라면? 우리가 다른 문화를 가진 사회에 방문한다면, 그 사람들에게는 너무나 익숙해 특별한 관심을 보이지 않는 소리를 유난히 민감하게 듣지는 않을까? 결국 우리의 청취 역시, 마치 소리처럼 문화와 사회의 맥락 안에서 지각되고 의미를 갖게 되는 것이라고 할 수 있다. 청취는 만들어지는 것이다.

그런데 청취가 사회, 문화와 갖는 복잡한 역학 관계는 여기서 끝나지 않는다. 사회적 삶을 살아가면서 우리는 때로 듣기 싫거나 관심 없는 소리를 들어야만 할 때도 있고, 또는 숨기고 싶은 소리를 남들에게 노출할 수밖에 없는 경우도 있다. 즉, 청취는 내 의지로 하거나 말거나 할 수 있는 것이 아니라는 점에서 또한 사회적이다. 인간의 삶과 소리에 관한 연구에서 듣고 싶은 소리를 듣고, 듣고 싶지 않은 소리를 듣지 않고자 하는 욕망은 매우 흥미로운 주제가 된다.

예컨대, 셰이퍼 이후의 '사운드스케이프'를 회복하고자 하는 운동은 우리가 어쩔 수 없이 듣고 싶지 않은 소리에 노출되어 있음을 자각하고, 이를 '오염'이라고 규정한 뒤, 그것을 옳다고 생각하는 방향으로 개선(혹은 조율)하려는 노력이라고 할 수 있다. 그러나 과연 그때 '오염된 소리'가 어떤 것인가를 좀 더 자세히 살펴보면, 오염된 소리를 규정하는 방식 역시 사회·정치적 권력, 문화적 배경이 개입된다는 것을 알게 된다. 최근의 연구들은 1900년대에서 2000년대에 이르기까지 소음을 관리하려는 노력, 그리고 어떤 소리가 '줄여야 할 소리'인지를 결정하는 일이 어떻게 각 시대의 사회적·문화적·정치적으로 변화되었는지 추적하고 있다. 이러한 추적을 통해 그는 우리의 청취가 철저히 사회·문화적으로 경도되어 있음을 드러낸다.

'무엇을 듣는가'의 문제는 더 나아가 '무엇을 들어야 하는가'의 문제와 밀접한 관계를 갖는다. 무엇을 들어야 하는가의 문제는 사회와 문화라는 '맥락'과 '조건'의 문제를 넘어 권력의 문제까지 가 닿는다. 예컨대, 영화 〈타인의 삶Das Leben der Anderen〉(2006)은 이러한 점을 잘 보여준다. 이 영화는 1960~70년대 동독을 배경으로 펼쳐진다. 주인공 비즐러의 임무는 반정부적 성향을 가진 것으로 여겨지는 위험 인사들을 도청하는 것이다. 비즐러는 자기가 들은 것들을 상부에 충실히 보고한다. 하지만 상부에서는 이미 비즐러가 '들어야만 하는 것'을 정해 놓았다. 상부는 비슬러가 '들은 것'들 중 오로지 상부에서 의심하는 반정부 인사가 낼 법한 소리로 정해 놓은 것만 유의미한 것으로 받아들인다. 즉, 나머지는 '듣지 않은 것'이 되어버리는 것이다. 그러한 면에서 청취는, 거듭 강조하지만, 사회와 문화의 맥락 안에서 선택적이며, 권력과 사회의 담론이 승인한 것에만 관심을 갖는다.

소리로 드러나는 계층의 문제

소리의 의미와 청취가 모두 사회와 문화의 맥락에서 구성되고 정향되는 것이라면, 소리연구자들은 이러한 전제에서 사회와 문화를 어떻게 듣는 것일까? 이제 구체적 사례를 한 가지 소개하려고 한다. 이 예는 데이비드 노박David Novak이라는 학자가 일본에서 일어났던 한 사건을 통해, 사회가 어떻게 구성원들을 계층화하며 그 계층화가 어떻게 소리를 매개로 하여 드러나는지, 그리고 소리라는 매체를 통해 계층의 이익과 주장이 어떻게 표출되는지, 그러한 과정을 통해서 청취의 방식이 권력과 계층화를 반영하며 변화하는지를 잘 보여준다.

일본 오사카 남부, 니시나리구에 있는 '가마가사키' 지역은 일본 전역에서 계층 갈등이 가장 빈번히 드러나는 지역으로 유명하다. 1960년대 후반, 1970년 엑스포 개최를 위한 건설 작업이 대규모로 이루어지면서 이 건설 현장에는 수많은 일용노동자가 몰려들었는데, 이들은 여인숙에서 머물며 공사에 참여했다. 공사는 매우 천천히 진행되었고, 마침내 건물이 완성되었을 때 나이 든 노동자들은 실직하게 됐다. 이 지역에는 노숙자들을 위한 텐트가 생겼고 수많은 노숙자가 여기에 머물게 되었다. 1990년에 이르러서는 이곳에 수천 명에 달하는 노숙자들이 모여들었다.

이 근방에는 텐노지라는 시립예술관과 동물원이 있는 공원이 있었다. 이후 이 공원의 담을 따라 공공도로변에 임시 가라오케가 생기고, 주말이면 노숙자들이 이 가라오케에서 노래를 부르면서 시끄러운 소리를 내기 시작했다. 이에 오사카시에서는 노숙자들의 소음이 공원을 이용하는 '시민'과 '소비자'들을 위협한다고 여겨, 이들의 거주 허가를 취소하고 텐트를 철거했고 실직보험도 철회하여 소음을 없앴다. 즉, 시민, 소비자 계층과 노숙자 계층을 구별하고 각 계층이 만들어 내는 소리가 그 계층의 특징이라고 여기며, 노숙자 계층이 만들어 내는 소리를 '소음'이라고 규정한 뒤 그 소음을 제거한 것이다.

그러나 소음은 완전히 사라지지 않았다. 오사카시의 이러한 조치와 강압적 철거에 항의하는 사람들이 같은 지역에 모여서 공공연주회를 열기 시작한 것이다. 또 다른 소음을 만들어 자신들의 의견을 피력하기 시작했다. 2006년에는 이 지역의 래퍼인 니시나리 싱고가 〈Welcome to Ghetto〉라는 미니 앨범으로 이 지역의 갈등을 소리로 알렸다. 소음을 규정하고 소음을 통해 사회적 계층을 구별한 것이 오사카시의 담론이었다면, 이 담론에 저항하는 소리, 즉 '소음'을 만들어 냄으로써 자신들의 입장과 생각을 알린 것이다.

이후로 특정 계층의 소리를 '소음'으로 규정하는 정부에 대해 소리로 저항하고 그들의 의사를 표현하는 방식이 일본에서 자리 잡게 되었다. G8 정상회담이 열리던 2008년에는 노동운동가들이 가마가사키 지역에 모여들어 '소리 시위'를 하기도 했다. 북을 치고 악기를 연주할 뿐 아니라 스피커를 통해 확성된 소리에 맞추어 춤을 추기도 했다.

이와 같은 '소리 시위'는 일본의 반핵 운동가들에게도 전파되었는데, 2012년 시위대는 당시 일본의 총리였던 노다 요시히코의 거주지 근처 히비야 공원에서 소리 시위를 벌였다. 총리는 처음에 이 소리를 '소음'으로 규정하고 탄압했으나, 시위대의 인원이 10만 명에 이르자, 이 소리를 더 이상 소음으로 규정하지 않고 '경청해야 할 소리'로 재규정한 뒤 이 소리에 '귀 기울이겠다'고 약속하게 된다.

노박의 연구는 노숙인들의 소리, 혹은 지배 권력에 대항하는 소리가 어떻게 사회 안에서 '소음'으로 규정되는지 잘 보여준다. 뿐만 아니라 다양한 소리들이 사회적 계층관계를 어떻게 드러내며, 그 의미를 어떻게 구성하는지도 잘 드러낸다. 더 나아가서 '소음'과 '소음이 아닌 것'의 규정이 소리 자체의 속성이라기보다는 사회와 문화 안에서 작용하는 권력, 이데올로기, 담론의 작용이라는 것을 보여준다. 또한 그것이 고정된 것이라기보다는 다양한 실천을 통해 수행perform된다는 점 역시 알려준다.

소리, 젠더,
수행성

소리 자체가 나름의 특성을 가진 것이 아니라 사회·문화적 실천을 통해 그 특성이 구성되고, 강화될 수 있다는 생각, 즉 소리의 성격은 수행된다는 생각은 소리와 젠더의 문제를 살피면 더욱 분명해진다. 소리연구자 마리 톰슨Marie Thompson은 소리와 관련하여 무엇보다도 젠더가 세 가지 유형으로 자주 드러난다고 말한다. 첫 번째는 소리와 관련된 담론에서 드러나는 젠더화된 사고다. 두 번째는 젠더화된 소리의 생산과 수용의 경우다. 세 번째는 소리에 대한 정치적 판단이 젠더를 포함하는 경우다. 첫 번째와 세 번째 경우는 소리와 젠더만의 구체적 문제라기보다는 더 넓은 틀에서의 다양한 이분법 문제와 정치적 판단 문제의 각론에 불과하므로 여기서는 두 번째 경우에 집중해 보려고 한다.

젠더화된 소리는 목소리에서 가장 잘 나타난다. 목소리의 젠더화, 즉 목소리의 성적 특징에 대한 사회와 문화의 관습은 젠더에 대한 일반 논의의 주요 이슈를 고스란히 가지고 있다. 목소리의 성적 특성은 '음높이'라는 '물리적 특성'으로 구별된다. 연구에 의하면 남성의 목소리는 100~150Hz의 음역대를, 여성의 목소리는 200~250Hz의 음역대를 갖는다고 한다. 그리고 이 음역대 차이는 남녀의 각기 다른 성대 구조, 특히 길이와 굵기에 따른 것이라고 한다. 생물학적 차이라는 것이다. 그렇다면 소리의 성차는 이미 정해진 것, 사회·문화의 맥락이나 개입과는 관계가 없는 것일까?

먼저 생각해 보아야 할 것은 이미 젠더 연구에서 생물학적 성차sex와 사회적 성차gender의 구별을 의심하고 있다는 점이다. 주디스 버틀러Judith Butler는 생물학적 성차 역시 젠더와 같이 사회적으로 구성된 것이라고 주장한다. 짧게 말하면 '무엇을 생물학적 성이라고 부를까'라는 담론조차도 사회적으로 구성된다는 것이다. 게다가 최근 활발하게 개발되어 쓰이고 있는 음성 사용자 인터페이스VUI, Voice User Interface의 문제까지 고려하면 목소리의 성차가 단순히 생물학적 차이에 기반한다는 생각이 지나치게 단순한 사고임을 알게 된다.

2020년 6월 11일자 중앙일보에는 이와 관련된 흥미로운 기사가 실렸다. "AI도 서비스 업무는 여성이? 그래서 중성 목소리 들어봤다"라는 제목의 기사였다. 이 기사에서 기자는 최근 늘어나고 있는 인공지능 비서 서비스(시리, 알렉사, 구글 어시스턴트, 기가지니, 프렌즈 등)가 이름도 대부분 여성의 이름이고, 이 기계들의 기본 설정 목소리도 여성 목소리라는 점에 주목한다. 실제로 대부분의 인공지능 비서 서비스 기기들에는 목소리의 성격을 바꾸는 기능이 탑재되어 있기는 하지만 기본 설정은 여성 목소리로 되어 있다. 뿐만 아니라 네비게이션, 목소리 알림 기능을 갖춘 대부분의 주방기기, 가전제품들의 목소리도 여성 목소리를 기본 설정으로 하고 있다.

기사는 계속해서 이러한 여성 목소리 기본 설정의 이유를 추적해 나간다. 사람이 태어나기 전, 엄마의 자궁 안에서 들었던 첫 번째 소리가 여성의 목소리이므로 여성 목소리에서 사람들이 가장 안정을 느낀다고 하는 설명에서부터 제품의 사용자들을 대상으로 한 조사에서 약 75퍼센트가 여성 목소리를 선호했다는 설문조사 결과까지 살피고 있다.

그러나 기사는 또 다른 견해, 즉 여성의 목소리가 '원래' 인간에게 더 친숙하다거나, 현재 더 선호된다는 이유 말고 또 다른 이유가 있지 않을까 의심한다. 그것은 바로 '사회·문화적 특성 때문에 음성 AI가 자연스레 여성으로 표현되었다는 의견'이다. 즉 음성 사용자 인터페이스나 음성 서비스를 제공하는 전자기기의 일이 대부분 '주로 여성이 해왔던 일'이었기 때문에 자연스럽게 이러한 기기들에 여성 목소리가 기본으로 들어가게 되었다는 것이다.

이 기사에 대한 댓글 대부분은 이 기사가 지나친 페미니즘으로 경도되었다고 비난한다. 한 댓글은 집에서 사용하는 알렉사도 여성 목소리지만 한 번도 여성의 목소리라고 생각해 본 적이 없고, '서비스직은 죄다 여자인 세상에서 자랐지만' 서비스는 여성이라는 마인드를 가진 적 없으므로 음성 비서의 목소리를 듣고 자라는 아이들이 여성에 대한 편견을 갖게 될 것을 우려할 게 아니라 부모가 어떻게 가르치느냐가 더 중요하다고 주장하고 있다.

이 글의 목적은 어떤 의견이 옳은 것인지를 규명하는 것은 아니다. 하지만 이 댓글들은 오히려 젠더 이론가들이 우려하는 바, 즉 젠더가 규정되기보다는 수행된다는 점을 분명하게 보여주고 있다. '서비스직이 죄다 여성인 세상'에서 자란 이에게 어쩌면 음성비서의 목소리는 한 번도 여성의 목소리로 들리지 않았을 수도 있다. 그러나 기사가 우려하는 부분은 바로 그 지점이다. 음성 서비스 기기, 음성 사용자 인터페이스에 소리를 집어넣는 일은 그저 사회의 통념, 문화를 반영하는 단순한 일이 아닐지도 모른다는 것이다. 이를 넘어서서 성에 대해 생산된 담론, 문화, 사고방식을 확대하고 재생산하는 일일 수도 있다는 것이다. 젠더가 수행적이듯 소리도 그렇다.

소리연구는 사회와 문화를 듣는다. 자연스러운 소리, 당연한 것처럼 들리는 소리, 상식적 소리를 곰곰이 듣고, 그 소리에 숨겨진 사회의 관습, 문화, 생각, 이데올로기를 들으려고 애쓴다. 그러기 위해 소리연구자들은 소리적 상상력을 발휘해 소리를 두껍게 그리고 비판적으로 듣는다. 즉, 소리연구도 수행적이다.

소리적 상상력과
비판적 듣기

> 지난 25세기 동안, 서구의 지성은 세상을 바라보려고 했다. 그들은 세상이 바라보는 것이 아니라는 것을 이해하지 못했다. 세상은 읽는 것이 아니라 들어야 하는 것이다.
>
> 자크 아탈리, 『소음』[1]

소리연구는 소리로, 소리를 통해 생각하는 것이다. 소리 그 자체를 생각하는 것과는 구별된다. 소리로 생각한다는 것은 소리와 문화를 동시에 생각한다는 것을 의미한다. 그것이 음악이든, 목소리든, 매체든, 건축물이든, 연주나 연행performance이든 그것을 그 자체만으로 이해하는 것이 아니라 그것의 유형을 구별해 내고 맥락을 이해하며, 의미를 파악하는 것을 의미한다는 것이다. 음악분석이 음악 작품이라는 맥락 안에서 음과 음 사이의 관계를 살피고 그 의미를 파악하는 것이듯, 소리연구는 사회와 문화라는 맥락 안에서 소리의 의미를 살피고 찾는다. 소리 자체의 특성 혹은 소리가 전달되는 기술이나 머무는 공간 자체의 특징을 살피는 것도 흥미롭지만, 소리연구는 거기에만 머물지 않는다. 소리 자체의 성질을 기술하기보다는 소리가 나와 만났을 때 일어나는 사건과 그 사건을 둘러싼 맥락들에 더 관심이 많다. 기술이나 공간에 관심을 갖는다고 해도 소리가 전달되는 기술이 왜 하필이면 그렇게 전개되었는지, 그 기술은 청취를 어떻게 정의하고 있는지, 그리고 그 이해가 역사적으로 어떻게 변하는지에 관심이 있다. 소리가 머무는 공간 자체보다는 그 공간을 그렇게 만들어 낸 생각과 담론, 그리고 그것을 형성한 사회와 문화에 관심을 갖는다.

소리연구자인 조너선 스턴Jonathan Stern, 1970~2025은 『청취의 과거The Audible Past: Cultural Origins of Sound Reproduction』라는 책에서 소리연구의 방법은 소리적 상상력sonic imagination이라고 말했다. 스턴은 이 용어에 대해 상세히 서술하고 있지 않지만 그의 저작과 그 후의 소리연구 문헌에서 등장하는 소리적 상상력이라는 말은 대체로 다음과 같은 세 가지 의미를 갖는다고 생각할 수 있다. 첫째, 앞에서 서술한 것처럼 소리를 재료로서가 아니라 그 자체로 사회·문화적 맥락 안에서 의미를 갖는 대상으로 여긴다는 뜻이다. 소리를 재료로 하여 음악으로 구성된 다음에야 그것의 의미와 가치에 대해 말하고 연구할 수 있는 것이 아니라, 소리 그 자체의 의미 작용에 관심을 가지라는 의미다. 둘째, 음악 작품을 연구할 때처럼 소리를 하나의 독립적 대상, 즉 하나의 작품이나 미적 관조의 대상으로서가 아니라 그것이 처해있는 맥락과의 관계 속에서 소리를 연구하자는 의미다. 셋째, 인간이 언제, 어떤 방식으로, 왜, '소리적 상상력'을 발휘하는지를 면밀히 관찰하자는 의미다.

'소리적 상상력'이라는 말은 매혹적이다. 또한 한편으로는 소리를 통해 세상을 '듣는'다면 우리의 문화와 우리 자신에 대해 뭔가 더 많은 것을, 막연한 기대를 갖게 하기도 한다. 그러나 스턴은 단호하게 '소리'나 '청취'를 막연하게 신비화하지 않아야 한다고 경고한다. 소리연구에서 막연한 신비화를 걷어내려면 소리연구는 비판적이어야 한다. 이때 '비판적'이란 단순한 지식의 축적이 아닌 지식을 통해 문제를 발견하고 문제를 통해 논증을 구성하며, 가능한 합리적이고 성숙한 답을 제시하는 학문적 활동을 말한다. 그런 점에서 소리연구는 지금까지의 학문들과 다르지 않다. 소리연구는 지금까지 인간과 그 문화를 이해하려고 시도했던 학문적 작업들이 이루지 못한 어떤 초월적이고 놀라운 사실이나 의미를 찾아내는 것이 아니라 어쩌면 그들이 미처 관심을 갖지 못했던, 작거나 사소하거나 아니면 관심의 변방에 있었던 것에 주의를 기울여 거기에 새겨져 있는 인간의 사고, 문화, 그리고 그 의미를 발견해 내려는 시도다.

소리적 상상력은 그렇게 소박한 곳에서 시작한다. 그러나 이제 막 시작한 이 학문이 언젠가는 소리와 청각을 가지고, 우리와 우리의 삶을 새롭게 이해할 수 있는 또 다른 방식을 제안하는 날이 올지도 모른다. 소리를 구성하는 다양한 요소들을 듣고, 그것의 특성을 구별하며, 시간 속에서 사라져 버리는 대상의 형식을 재구성하는 것에 오랫동안 천착해 온 음악학자로서 나는 세상을 '듣는' 일이 '보는' 일과 미묘하게, 그러나 의미심장하게 다르다는 것을 느낀다. 소리연구의 궁극적 목표는 바로 그 미묘한 느낌을 이론화하는 작업이다. 그래서 아탈리가 말했듯이 "사실 세상은 읽어내는 것이 아니라 듣는 것"이라고 말하는 것, 그것이 소리연구의 꿈이다.

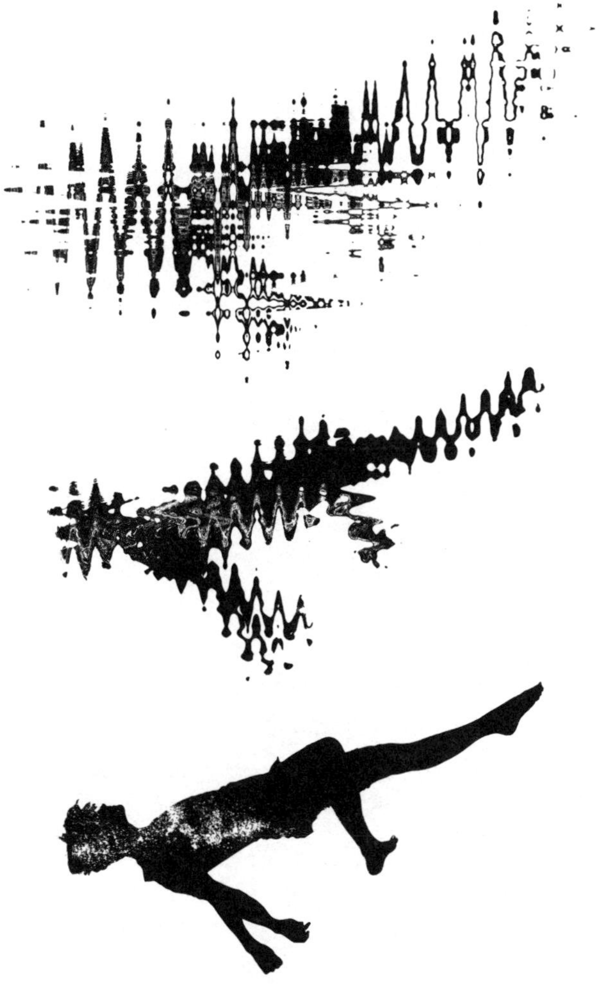

‘쩌는 음색’과 소리의 육체성

정경영

"어떤 음악을 좋아하세요?"라는 질문을 해보자. 이 질문에 대한 대답은 MBTI 못지않게 그 사람을 날카롭게 드러내 준다. 만일 그 사람이 "바흐의 〈두 대의 바이올린을 위한 협주곡〉인데요"라고 했다면 그가 어떤 사람인지, 어떤 취향의 사람인지 알 것만 같다. 만일 "에스파의 〈스파이시〉죠"라고 하거나 "임영웅이 부른 〈모래 알갱이〉요"라고 한다면 또 그 사람이 어떤 사람인지 대충 짐작할 수 있을 것 같다. 그래서 어떤 학자는 이렇게 말했다. "The Song is You(그 노래가 바로 너야)."

그런데 내가 좋아하는 노래, 즉 노래에 대한 내 취향이 나와 내 친구만 구별해 주는 것이 아니라 혹시 나와 내 아들, 나와 내 학생들 즉 세대 차도 드러내는 것은 아닐까? 어떤 노래를 좋아하는가의 문제는 개인의 취향 문제이기도 하지만 세대 문제이기도 한 것 아닐까? "어떤 음악 좋아하세요?"라는 물음에 〈밤비 내리는 영동교〉라고 한다거나 "그야 물론 최백호의 〈낭만에 대하여〉 아니겠어요"라고 말한다면 "음… 옛날 사람이군" 할 것이다.

이 장에서 살펴보려는 것은 바로 그것이다. 취향의 세대 차, 좋아하는 음악의 세대 차. 그런데 문제는 그리 간단치 않다. 과연 각기 다른 세대는 그저 좋아하는 음악적 취향이 다른 것일까? 아니면 아예 음악을 듣는 방식 자체가 다른 것일까? "왜 그 음악이 좋아요?"라는 물음에 "가사도 기막힌데 얼마나 구성지게 부르는지 몰라"라는 나의 대답과 "음색 쩔잖아요"라는 학생의 답을 비교하면 그건 그저 취향의 문제가 아니라는 생각이 든다. 그저 취향의 문제면 그나마 다행이겠으나 듣는 방식 자체가 다르다면 문제는 쉽지 않다. 나와 내 학생들은 같은 방에서 같은 음악을 듣고 있어도 서로 다른 방식으로, 다른 것을 듣고 있다는 뜻이니까!

내 학생들 또래, 대략 MZ세대라고 불리는 사람들이 나와 다른 방식으로 음악을 듣고 있다는 것을 깨달은 건 바로 그 표현 때문이었다. 내가 가르치는 학생들에게 처음 들었던 그 표현, "음색 쩔어요." 대체 '쩌는 음색'이란 무엇일까에 집착하게 된 것은, 어쩌면 내가 그 무렵 복잡한 여러 가지 학교 일에 '쩔어' 있었기 때문일지도 모른다. 모름지기 '쩔다'는 표현은 내겐 그렇게 쓰이는 거였으니까. 그 학생들이 음색 '쩐다'고 하던 노래는 '잔나비'

라는 가수의 〈주저하는 연인들에게〉라는 노래였다. 그 음악은 나에게 충격이었다. 그 노래는 당시의 내게 전혀 특별하거나 새롭지 않았기 때문이다. “이 노래 어때요? 음색 쩔죠?”라는 눈빛으로 음악을 들려준 학생들에게 나는 그저 어색하지 않게 억지로 미소를 지으며, “괜찮네” 할 수밖에 없었다. 내가 하필 잔나비(원숭이) 띠인 건 이 음악에서 ‘쩌는 음색’을 듣는 데 아무런 도움이 되지 않았다.

잔나비, 〈주저하는 연인들에게〉

청취의
기술

다른 세대에 속한 사람들이 각기 다른 방식으로 음악을 들을지도 모른다는 가정이 엉뚱하고 억지스러울 수도 있겠다. 하지만 역사적으로도 음악을 듣는 방식은 실제로 변해왔다. 예컨대 소위 서양의 클래시컬 음악의 경우, 대략 베토벤의 음악(과 그의 음악 전개 방식)이 등장하기 전과 후의 음악 듣기 방식은 다르다. 이전의 음악 청취를 ‘산만한 청취’라고 부른다면 이후의 청취 방식은 '집중적 청취'라고 부를 만하다. 그저 음악적 취향이 변한 것이 아니라 음악을 듣는 방식이 변한 것이다. 실은 듣는 것만 그런 것은 아니다. 우리가 너무나도 자연스럽게 생각하는 신체의 움직임, 몸을 사용하는 관습도 사회적·문화적 맥락에 따라 달라진다.

예를 들면, 이 닦는 일이 그렇다. 내가 어릴 때 이는 그냥 닦는 거였다. 아침에 일어나면 치약 묻혀 칫솔로 좌우로 닦는 것이었다. 그런 방식으로 이를 닦았는데 언젠가부터 이를 닦는 방식이 변했다. 아침, 점심, 저녁 이렇게 세 번, 매회 3분 이상, 그리고 이를 위아래로 닦으라는 거다. 위아래로 닦는 방식이 익숙하진 않았지만 왠지 더 깨끗해지는 느낌이어서 그렇게 했다. 최근에 치과에 갔더니, 치료가 끝난 뒤 의사선생님이 내게 이렇게 말했다.

"자 이제 끝났어요. 물로 헹구시고 간호사 선생님한테 칫솔질하는 법 배우고 가세요."

'뭐라구? 나, 거의 반세기를 하루에 한 번 이상 칫솔질하던 사람이야, 왜 이래!'라고 하고 싶었지만, 이미 한 시간 반에 걸친 치료에 마음도 몸도 지쳐있던 상황이어서 별수 없이 나보다 스물다섯 살은 어려 보이는 (그러니 나보다 적어도 칫솔질을 25년은 덜 했을) 간호사 선생님에게서 칫솔질을 '다시' 배웠다. 요점은, 좌우나 위아래로 닦는 것이 아니라 이빨을 가능한 한 빙 둘러 가며 각각

닦아야 한다는 것이었고, 이빨 사이에 낀 음식물이 문제가 되니 치간 칫솔과 치실을 반드시 사용할 것, 그리고 이빨만 닦지 말고 이빨과 잇몸 사이를 솔로 꼭 문질러야 한다는 것이었다. 50년 만에 새로운 양치 방법을 배웠다.

이 글의 주제가 치위생에 관한 것이 아님에도 이리 장황하게 이 닦는 법을 소개한 이유는 이 닦는 법도 '변한다'는 말을 하기 위해서다. 이 닦는 방식도 변한다. 뿐만 아니다. 예컨대 자전거 타는 법을 가르치는 방식도 바뀌었다. 나는, 뒤에서 '잡고 있으니 걱정 마'라는 아버지의 뻔한 거짓말로 자전거 타는 법을 배웠지만 내 아들과 그 친구들은 안장을 내려 발이 땅에 닿도록 한 상태에서 자기 스스로 타는 법을 터득했다. 자전거 타기 가르치는 법도 세월이 흐르니 달라졌다.

심지어 걷는 법도 변한다. 인간이라면 '두 발로 직립하는 유일한 동물이니 걷는 법만큼은 다르지 않겠지'라고 생각하면 오해다. 한동안 마사이족처럼 걷는 법이 유행한 적이 있다. 간단히 말하자면 걸을 때 발뒤꿈치부터 지면에 댄 뒤 둥글게 발 전체를 굴려 발끝으로 끝나도록 걸으라는 것이었다. 그 걸음이 '마사이족'이 건강한 원인이라고 알려진 후 이 걸음걸이는 대유행했다. 이 걸음이 우리의 보통 걸음걸이와 달라 따라하기 쉽지 않으니, 그냥 신으면 저절로 그 걸음걸이가 된다는 특별한 디자인의 신발도 유행했다. 요컨대 걸음걸이도 다르다. 그리고 변한다.

사회학자 마르셀 모스Marcell Mauss, 1872~1950는 이를 '신체의 테크닉Technique of Body'이라고 불렀다. 신체를 사용하는 데도 테크닉이 있다는 것이다. 그리고 그 테크닉은 사회와 문화, 개인의 환경과 문맥에 따라 다를 수 있다고 주장한다. 실제로 그는 걸음걸이, 수영하는 법 등의 사소한 일, '거기 뭐 별 차이가 있겠어?' 싶은 일들을 찬찬히 관찰하여 그런 사소한 일들에 사회와 문화가 새겨져 있다는 것, 그렇게 사소한 신체의 움직임이 실은 사회적 관습임을 밝혀냈다. 모스는 다음과 같이 말한다.

> 신체는 인류 최초의, 가장 자연적인 도구다. 엄밀히 말하면 도구라기보다는 인간 최초의 가장 자연스러운 테크닉의 대상이자 동시에 테크닉의 수단이 바로 인간의 몸이다. [중략] 도구를 사용하는 테크닉 이전에 신체의 테크닉이 있다. [중략] 특정한 물리적·기계적·화학적 목적에 부합하려는 끊임없는 노력—이를테면 물을 마시는 것—은 일련의 복합적 행위에 의존하는데, 이러한 복합적 행위는 설령 개인을 위해 사용된다 하더라도 개인이 혼자 이룬 것이 아니다. 그가 받은 교육 전반, 그가 속한 사회 전체에 의해서 구성되고, 그가 그 사회에서 점유하는 위치 안에서 실행된다.[2]

사소해 보이고 자연스러워 보이는 신체의 움직임들도 실은 사회적인 것이라면, 과연 '듣기'는 어떨까? 듣기에도 나름대로 사회적 테크닉, 그리고 세대의 테크닉이 있는 것일까? 혹시 '쩌는' 음색은 이른 바 MZ라고 불리는 새로운 세대의, 나와는 다른 새로운 듣기의 테크닉, 청취의 테크닉이 아닐까? 만일 그렇다면, 그 테크닉은 어떻게 생겨났을까? 난 왜 그 테크닉을 배우지 못했을까?

'노래를 잘 부른다'는 것

'쩌는 음색'은 그냥 노래하는 가수의 특징을 서술하는 것이 아니라 평가하는 말이다. 음색의 한 종류가 아니라 내 마음을 움직이게 한 노래를 들었을 때, 그럴 때 하는 말이다. 그러니까 '쩌는 음색'은 '잘 부르는 노래'에 대한 평가다. 그러나 문제는 노래를 잘 부르는 것이 어떤 것인지에 대한 생각도 변한다는 사실이다.

노래를 잘 부르는 것이 나름대로 좋은 발성을 통해 좋은 목소리를 가지고 있다는 의미일 때가 있다. 소위 '벨칸토Bel Canto, 클래시컬 발성' 발성이든, 아니면 트로트 가수의 발성이든, 나름의 방식으로 '목이 트인' 사람들의 노래를 들을 때, "노래 잘한다"라고 표현한다. 이와 조금 다르지만 역시 비슷한 찬사가 '열창'을 들을 때도 종종 사용된다. 조용필이 "누가 사랑을 아름답다~ 했는가~"를 목 놓아 부를 때 '열창'은 '절창'이 된다. '목이 트인 것'과 '열창'은 서로 관련이 있다. 둘 다 노래하는 이의 부단했을 노력을 인정하는 것이기 때문이다.

그런데 한편으로는 이런 노력과 전혀 관계없어 보이는 노래를 듣고도 '노래 잘한다'라고 표현하기도 한다. 노래 전체의 구성에 따라 적절한 목소리를 사용하고, 말하자면 기-승-전-결을 잘 만들어 내는 노래가 그렇다. 혹은 냉정하게 좋은 목소리라고 말하기 참 주저되는데, 묘하게 가사와 목소리가 잘 어울려 들리는 경우가 그렇다. 목소리 좋고 노래 잘하던 이문세가 유행하던 시기에 갑자기 등장한 유재하의 노래가 그렇다. 그때 그 충격을 잊을 수 없다. '아, 저런 목소리로도 가수가 되고 앨범을 낼 수 있구나'에서 '저 목소리가 아니면 저 노래가 저런 맛을 낼까?'라는 생각에 이르기까지, 뭐 그리 오랜 시간이 걸리지도 않았다.

종종 가창력이 곧 노래 잘하는 것으로 여겨지기도 한다. 말하자면 '누구누구는 몇 옥타브를 낸다더라' 같은 평가가 그렇다. 아이유의 3단 고음에 대한 찬사도 같은 맥락일 것이다. 사실 아이유의 그 노래에서 놀라운 건 3단 고음의 절대적 높이보다 그것을 불러내는 긴 호흡일 테지만, 그래도 그것이 '가창력'에 대한 평가임에는 다름이 없다.

이렇게 다양한 '노래 잘 부르기'는 종종 충돌을 일으키기도 한다. 아직도 곱고 맑은 '목소리'를 노래 잘 부르기로 생각하는 사람들이라면 여전히 유재하나 오늘날 래퍼들의 노래, 혹은 실리카겔 같은 그룹의 노래는 잘 부르는 노래라고 하기 어려울 듯하다. 클래시컬 성악가가 가끔 가요를 벨칸토 발성으로 부르는 것을 보면서 "목소리는 좋지만, 뭐 저렇게 감칠맛이 없을까, 성가대 노래 같아"라고 한다면 그건 또 나름의 '노래 잘 부르기'의 기준이 있는 셈이다.

노래 잘 부르기의 기준이 각기 다르다는 것은, 혹은 그것이 변해간다는 것, 다시 말해 노래 잘 부르기의 역사를 서술할 수 있다는 말은 노래 잘 부르기의 테크닉 혹은 노래를 듣는 청취의 테크닉이 존재한다는 증거라고 할 수 있다. 우리는 그냥 듣는 것이 아니라 사회적·문화적 맥락 안에서 듣는다. 심지어 좋고 나쁜 소리에 대한 평가, 잘하고 못하는 노래에 대한 평가도, 어떤 절대적 기준이 있다기보다는 그 역사, 문화, 사회적 문맥에 따라 달라진다는 것이다. 그렇다면 '쩌는 음색'이란 무엇일까? '쩌는 음색'을 결정하는 맥락은 과연 무엇일까?

'쩌는 음색'이란 무엇일까

쩌는 음색이 정확히 무엇인지 설명하기란 정말 어렵다. 솔직히 말하자면, 이게 옳은 표현인지 혹은 정말 실체가 있는 것인지도 의심스러울 지경이다. 하지만 이 표현이 잘못된 표현이라 할지라도, 설혹 실체가 없다 하더라도 사실 별문제는 없다. 여기서 이야기하고자 하는 것은 그저 '쩌는 음색'이라는 표현이 사용되고 있고, 그 표현이 지시하는 혹은 지향하는 '청취의 기술'이 음악과 소리의 경험에 관한 이야기 속에 실제적 힘을 발휘하고 있다는 것이니까.

사실 '쩌는'이라는 형용사뿐 아니라 '음색'도 문제적 용어다. 원래 음악에 관한 학문적 담론에서도, '음색'은 간접적 방식으로 정의된다. 음색은 '무엇이다'라고 정의되는 것이 아니라 '이러저러한 것이 아닌 것, 그것이 음색이다'라고 정의된다는 말이다. 즉, 음높이pitch(음고), 음길이duration(음가), 음크기volume(음량)가 모두 같은 두 가지 음악적 사건이 있을 때, 이들이 서로 구별된다면, 그것들을 구별시켜 주는 것, 그것을 음색이라고 한다. 그러니 음색은 직접적으로 정의하는 것이 아니라 음악의 이러저러한 다른 요소들이 아닌 그 무엇이라고 부정적으로 정의하는 셈이다. 이쯤 되면 '쩌는 음색'을 정의하는 것이 얼마나 어려운 일일지 짐작이 갈 것이다. 아직 '쩌는 음색'에 대한 학문적 연구의 사례가 없으니 더 막막했다. 할 수 없이 나는 인터넷을 뒤지고, 20~30대 젊은이들에게 설문과 인터뷰를 부탁해 '쩌는 음색'의 실체를 막연하게라도 정의해 보려고 노력했다. 그 결과 '쩌는 음색'에 대해 다음과 같은 것들을 알게 되었다.

첫째, 음악, 특히 대중음악에서 음색에 대해 언급하기 시작한 것은 특정한 시기 이후라는 것이다. 대략 2010년 이후의 일이다. 그러나 더 본격적으로 음색에 관한 이야기들이 등장하고 이와 관련된 '쩌는 음색' 혹은 '음색 깡패'라는 용어가 본격적으로 사용되기 시작한 것은 대체로 2017~2018년경이다. 이 시기에 오디션 프로그램이 급부상한 것도 한 가지 이유일 수 있겠다.

둘째, 음색은 가창력에 대비되는 가치로 부상한다. '음색'이라는 키워드를 인터넷에서 검색하다 보면, 쉽게 '음색 vs. 가창력'이라는 폴을 볼 수 있다. 이 폴들을 연대순으로 배열한 뒤 거기에서 어떤 선호의 경향성을 발견했으면 일이 참 단순해지겠지만, 실상은 그리 단순하지 않다. 일단 그 폴이 세워진 인터넷 커뮤니티의 성향이 매우 다르고, 거기에 모이는 연령층이나 성별이 또 다르기 때문이다. 그러나 '가창력'에 대한 관심이 '음색'에 대한 관심으로 변해가고 있다는 사실은 대략 짐작할 수 있다.

셋째, '쩌는 음색'이라는 표현은 독특하고 고유한 소리를 경험했을 때 주로 사용한다. 설문과 인터뷰에 응해주었던 20~30대들은 '독특한 목소리' '자기 고유의 목소리' '일반적 창법이 아닌' '본인만의 음성적 색채' '개성 있는 목소리' '남들이 가지고 있지 않은' '전에 들어보지 못한 목소리' 등을 쩌는 음색의 특징으로 꼽았다. '음색'이라는 말의 이러한 사용은 독특하다. 왜냐하면 음색은 종종 각기 다른 음악적 사건을 하나로 묶어주는 공통 성질을 지칭하는 말로 쓰이기도 하기 때문이다. 예컨대, 바이올린 음색, 성인 남성의 음색, 카운터 테너(파르세토, 즉 성인 남성의 가성을 사용하여 노래 부르는 가수)의 음색이라고 표현할 때 '음색'은 그 구성원들이 가진 모종의 동일성을 지칭하는 말이다. 그러나 쩌는 음색이 만일 '전에 들어보지 못한' '자기 고유의' 목소리를 지칭하는 것이라면 쩌는 음색이라는 범주에 들어가는 음색은 동일하거나 비슷할 리가 없다.

지금 생각하면 음색이 특이했던 1980년대 가수들에 대한 당대의 평은 '쩌는'이 아니라 대체로 '가창력'으로 묘사되거나 아니면, 어떤 특정 범주의 소리로 일반화시켜 표현되는 경우가 많다. 예컨대 들국화의 전인권에 관한 글에서는 '판소리 같은 허스키한'이라는 표현과 함께, '그럼에도 불구하고 옥타브를 무리 없이 소화하는'이라는 표현이 자주 등장한다. 〈누구 없소?〉라는 노래의 한영애는 '소울풀한 창법'의 소유자로 흔히 소개되며, 김현식 역시 허스키한 목소리로 소개된다.

그러니까 '쩌는 음색'의 음색은 그저 '음색이 특이한 소리'가 아니다. '허스키'라는 말이나 '소울풀하다'는 말이 함축하고 있는 일반화를 거부하는 표현이다. 그런 목소리의 '음색'이 일반적 범주로 표현되고 있었다면, 요즘 이야기하는 음색은 그것이 그만의 독특한 개성임을 강력히 드러낸다. 남들과 비슷한 소리는 '쩌는 음색'이 아닌 것이다. 물론 결과적으로 유형화될 수는 있을 테지만 그것이 일반적으로 묘사되는 특정 카테고리에 이미 포섭되어 있는 목소리라면 '음색 쩔어'의 대상이 아니다.

앞에서 '노래 잘 부르기'에 대해 말했던 것을 곰곰히 되새겨 보자면, '쩌는 음색'은 확실히 가창력에 대한 평가와 첨예한 차이를 보인다. 가창력은 앞에서 말했던 바와 같이 소리 질quality의 본질적 차이를 나타내는 말이라기보다는 훈련의 정도, 기간, 즉 연습 양의 결과를 함축하는 표현이다. 그래서 얻어지는 소리의 질은 여전히 몰개성적이다. '목이 트인 소리' '훈련이 잘된 소리' '가창력이 좋은 소리'는 저 목소리가 다른 목소리와 다르다는 뜻이라기보다는 저 목소리가 어느 정도 수준에 다다라서 그 수준을 갖춘 소리가 갖는 공통성을 획득했다는 의미를 갖는다.

넷째, 음색이 쩌는지 아닌지에 대한 판단은 즉각적이라는 것이다. 즉, 노래의 음악적 서사구조나 가사와 음악의 조화, 그 밖의 어떤 '인지적' 요소를 음미하기 전에 즉각적으로 느끼는 것이라는 말이다. 내가 인터뷰했던 어떤 사람들은 이렇게 표현했다.

"…잘하냐 못하냐 이런 거는 노래를 다 들었을 때 느끼는 거구요… 첫 소리가 딱 났을 때 뭔가 오, 이거 뭐지, 뭔가 굉장한 매력이 있는 소린데? 독특한 소린데? …딱 직감적으로 느껴지는 거?"

"…요즘 세대는 곡 안에 서사적인 것이 아니라 더 빠르게 자극할 수 있으면서 짜릿하게 청각을 자극할 수 있는 것을 탐미한다고 생각했습니다."

"…안 들어본 음색, 처음 들어본 음색인데… 일단 좋아야죠…. 플러스 안 들어본 음색이어야 하죠…. [빌리 아일리시의 노래를] 듣자마자 아, '이거 쩐다' 하고 느꼈는데, 원래 되게 유명한 사람이더라구요…."

이들 모두 '첫 소리가 딱 났을 때' 또는 '더 빠르게 자극할 수 있'는, 혹은 '듣자마자'라는 표현을 공통적으로 사용하고 있다. 설문 결과도 마찬가지였다. '첫 소절을 듣는 순간 직관적으로' 느끼는 것이라거나 '도입 첫 소절로 판단'된다고 대답했다. 많은 사람들이 '노래를 잘하는 것' 혹은 '음악이 좋다는 것'과는 구별된다고 말한 것도 흥미롭다.

이상의 관찰을 요약하더라도 '쩌는 음색'이 무엇인지 정의하기는 어렵다. 그러나 이 말이 적어도 2017~2018년 이후에 널리 사용된 표현이라는 점, 그리고 과거에 '가창력'이라고 표현하던 것과 다른 것을 지칭하는 것처럼 보인다는 점에서, 이전과 다른 청취의 테크닉이 발휘된 것임을 짐작해 볼 수 있다. 뿐만 아니라 이 청취의 테크닉은 노래를 차분히 처음부터 끝까지 듣는다거나 노래의 여러 가지 구성 요소를 분석적으로 이해하는 것이라기보다는 소리가 나자마자, 듣기 시작하자마자 판단을 내리는 독특한 것임을 알 수 있다.

하지만 이것만으로는 충분치 않다. 아직도 '쩌는 음색'이라는 것이 음악이나 소리의 어떤 면을 만나는 것이며, 어떻게 경험되는 것인지, 그러니까 '무엇을' '어떻게' 들어야 경험되는 것인지에 대한 서술은 아직 시작하지도 않았다. 조금만 더 살펴보자.

목소리의 결정

롤랑 바르트Roland Barthe, 1915~80는 "목소리의 결정"[3]이라는 흥미로운 글에서 우리가 지금 논의하고 있는 것과 매우 유사한 이야기를 하고 있다. 물론 바르트가 '쩌는 음색'이라는 표현을 알고 있었을 리는 없지만, 그가 이 글에서 말하고자 하는 바는 쩌는 음색과 매우 유사하고, 또 쩌는 음색이 무엇인지 이해하는 데 도움이 된다.

이 글에서 바르트는 예술가곡을 부르는 성악가 두 사람을 비교한다. 한 사람은 예술가곡 특히 슈베르트의 가곡을 부르는 데 있어, 그 당시에도 또 지금에도 최고의 전범으로 여겨지는 디트리히 피셔 디스카우Dietrich Fischer-Dieskau, 1925~2012. 또 다른 사람은 나도 이 글을 읽기 전까지는 잘 알지 못했던 샤를 판제라Charles Panzéra, 1896~1976. 바르트는 슈베르트 가곡의 표준적 해석가로 알려진 피셔 디스카우의 노래보다 판제라의 노래에 더 끌린다. 그리고 왜 그런지, 굳이 말하자면 흠잡을 데 없는 피셔 디스카우의 노래보다 판제라의 노래가 왜 자신한테 더 매력적인지 살피기 시작한다.

그는 우선 이 두 사람의 노래에서 보이는 차이를 설명하기 위해 줄리아 크리스테바Julia Kristeva, 1941~의 용어를 빌려온다. 바로 페노 텍스트pheno text와 제노 텍스트geno text의 구별이 그것이다. 크리스테바의 이 용어를 빌려, 나름대로 페노-송pheno-song과 제노-송geno-song을 구별한다. 바르트가 크리스테바의 용어를 얼마나 정확하게 이해하고 사용했는지는 이 글의 관심이 아니다. 그러므로 바르트가 이 용어들을 어떤 의미로 사용했는지만 살펴보기로 하자.

어려운 개념이기는 하지만 아주 간단히 정리해 말하자면 바르트가 말하는 페노-송은 노래가 의미를 만들고 소통하기 위해 지켜야 할 여러 가지 규칙, 관습, 약호 등을 말한다. 반면 제노-송은 말 그대로 노래가 움트는 자리라고나 할까? 구조화되고 약호화되기 이전의, 노래가 발생하기 위한 원초적 조건들, 예컨대 소리의 크기, 소리가 발음되는 방식 등 아직 정형화되지 않은 노래의 육체성 같은 것이다. 여기서 발견되는 것은, 말하자면 '목소리의 결정結晶'이라고 할 만한 것이다.

피셔 디스카우의 노래에 대한 바르트의 불만은 그의 노래가 언제나 페노-송에 머물러 있다는 것이다. 그의 노래는 표현적이고, 드라마틱할 뿐 아니라 의미 전달도 탁월하다. 마땅히 표현해야 하는 방식대로 노래의 정서를 표현하기도 한다. 그렇지만 바르트가 보기에 거기에는 제노-송의 요소, 그의 표현대로라면 노래의 결정, 노래의 핵이라고 할 만한 것이 없다. 피셔 디스카우의 노래는 마땅히 노래가 따라야 할 모범을 문제없이, 어쩌면 거의 완벽하게 따르고 있지만, 그것뿐이라는 것이다.

반면에 판제라의 노래에는 음악의 결정이 있다고 본다. 결정은 단순히 '음색'이라고 말할 수 없다고 말한다. 보다 원초적인 것, 노래가 그 나름의 규칙과 약호의 세계로 진입하기 이전 상태의 어떤 것, 그래서 말로 표현하거나 가르치기 어려운 것, 그리고 즉각적이고 육체적이고 물질적인 것이라고 말한다. 바르트는 이렇게 덧붙인다.

〔목소리의〕 결정은 노래하는 목소리의 신체다. 글을 적을 때의 손이며 움직일 때의 팔다리나 마찬가지다. 어떤 음악에서 결정을 지각하게 되고 이 '결정'에 이론적 가치를 부여한다면 나는 분명히 개인적일 수밖에 없는, 그러나 '주체적'이지는 않은 완전히 새로운 평가의 틀을 세우게 된다. 나는 노래하고 연주하는 남자 혹은 여자의 신체와 나의 관계를 들을 수밖에 없게 되는 것이다. 그리고 그 관계는 에로틱하다.

손을 움직여 적은 글은, 손의 움직임의 결과다. 그 글씨를 어떻게 썼는지 관계없이 사람들은 그 글씨를 읽고 의미를 파악한다. 그 글씨를 쓰는 과정에서 미세한 팔과 손의 움직임, 상상력을 좀 덧붙이자면 손과 종이 사이의 각도, 펜을 잡은 손의 감각, 특정한 글자를 쓸 때 약간의 불편함, 이런 것들은 글씨나 글에 드러나지 않는다. 그런 미세한 감각은 말하자면, '말로 표현하기 힘든' 지극히 개인적 느낌에 가깝다. 그러나 그 글씨에서 글이 전하는 내용이 아니라 글씨를 쓰던 사람의 손의 상태가 느껴진다면! 음… 혹시 이 글을 쓴 사람은 왼손잡이인데 억지로 오른손으로 쓴 걸까? 혹시 펜을 잡은 손의 새끼손가락이 불편했나? 같은 것이 그 글씨에서 느껴진다면, 그것은 글의 내용을 읽어내는 것과는 완전히 다른 경험이 될 것이다. 글의 내용이 아니라 글쓴이의 손, 그의 육체, 그 글과 글씨의 결정!

나는 바르트가 이 인용문에서 내가 관심을 갖는 '쩌는 음색'에 대해 말하고 있다고 생각한다. 바르트가 말하는 '결정'은 음색이 아니다. 곰곰이 생각해 보면 그렇다. 예를 들어 바이올린의 '음색'이라고 해보자. 이때 음색은 바이올린 소리를 다른 소리와 구별시켜 주는 '차이'다. 플루트나 피아노와 구별되는, 또는 첼로와도 구별되는 것이 바이올린 음색이다. 다시 말하자면 바이올린 음색은 스스로 결정되는 것이 아니라 다양한 소리의 정체성 속에서, 다른 소리와의 관계 속에서, 나름의 차이를 통해서 자기의 자리를 확보하는 것이다. 즉 일반적 의미의 음색이란 다양한 소리의 체계와 관계 안에서 결정되는 것이다.

반면 바르트가 말하고 있는 '결정'은 이런 의미에서의 음색과는 좀 다르다. 만일 노래하는 행위가 나름대로의 체계 안에서 관습, 질서, 약호화된 제스처 등을 가진다면, 그것이 바로 페노-송인데, 결정은 그 질서 안에서 파악되지 않는 것 혹은 그 질서에서 '미끄러진' 것이기 때문이다. 체계 안에서 그 의미가 결정되는 음색과는 달리 바르트가 말하는 '결정'은 아예 그 체계 안에서 파악되지 않는 그 무엇이라는 것이다.

바르트는 이 소리의 '결정'에 대한 경험을 '신체적'이라고 부른다. 아마 바르트는 판제라의 노래에서 말로 표현할 수 없는, 그러니까 발성의 체계로도, 음악의 구조로도, 의미화의 그물로도 설명할 수 없는 그 무엇인가를 느꼈던 것이고, 그 느낌은 머릿속에서 생각하거나 상상할 수 있는 그 무엇이라기보다는 몸으로 경험하는 어떤 것, 신체적, 육체적 경험이라고 느꼈던 모양이다. 나는 바로 이런 점에서 바르트가 말하는 '결정'에 대한 경험이 '쩌는 음색'의 경험과 닮아있다고 생각한다. 설문과 인터뷰에 응했던 사람들이 공통적으로 지적하듯, '쩌는 음색'의 경험은 즉각적이다. 노래 한 소절을 들어 음악의 구조를 파악하거나 아니면 발성의 특이점을 찾아내거나 그도 아니면 적어도 그 소리가 다른 소리와 어떻게 같고 다른지 판단도 하기 전에 즉각적으로 반응하는 경험이라는 것이다. 그 경험은 지각적이거나 인지적이라기보다는 육체적이다. 말하자면 뜨거운 물건을 잘못해서 손으로 만진 후에 '앗 뜨거!' 하듯, 그렇게 즉각적이고 신체적으로 하는 반응이다. 듣자마자 반응하는 것이다. '아, 쩔어!'

'음색 쩔어'가 육체성, 신체성을 드러내는 표현이라는 것과 더불어 '쩔다'라는 말이 어디에서 유래했는지 잠깐 생각해 보는 것도 의외로 흥미롭다. '쩐다'는 말은 대체로 이 맥락에서는 긍정적 의미를 갖는다. 그런데, '나무위키'는 이 표현이 인천에서 온 것이 아니냐고 조심스럽게 의견을 펼친다. 물론 학문적 엄정성이나 적합성을 주장할 수는 없지만 이 흥미로운 웹사이트는 이 표현이 염전에서 중노동을 마치고 난 사람의 몰골에 대해 묘사하는 말이었다고 주장한다. 예컨대 "김 씨는 왜 저리 몰골이 쩔었냐" 이런 식으로 쓰였다는 것이다

만일 이 말을 믿는다면, 긍정이든 부정이든 그 경험의 내용이 극단적이라는 점에서는 여전히 의미의 어떤 골자가 남아있는 것 같다. 문제는 부정적으로 사용되던 '쩔다'가 왜 긍정적 표현으로 변해 사용되었을까 하는 점이다. 혹 육체적으로 노동의 피로와 힘겨움이 온몸에 스며든 것이 '쩔다'의 원래 뜻이었다면, 마찬가지로 음악의 어떤 말할 수 없는 면모가 그와 비슷한 방식으로 내 육체에 스며들었다는 의미로 새기면 어떨까 싶기도 하다. 사실 '죽인다' '죽여준다'(영어에도 있다. "…killing me softly with his/her song…")는 말과 비슷한 용법 아닐까 하는 생각도 든다. 고된 노동 끝에 너덜너덜해진 것 같은 그런 느낌이 이 소리의 경험에서 느껴져, 이 소리의 느낌은 '정말 이러다가 죽을 것 같이 좋아…'라는 느낌? 어쨌든 이 설명도 '쩌는 음색'이 귀로 '듣는' 것이라기보다는 몸으로, 육체로 '느끼는' 것이라는 가설을 뒷받침한다.

쩌는 음색의 세대와 소리 테크놀로지

만일 어떤 음악에서 가창력이나 선율의 매력, 열창 등에 의해서가 아니라 말로 표현하기 힘든 그 무언가를, 바르트가 말하는 소리의 '결정'을 듣는 사람들이 특정 나이대에서 특별히 많이 나타난다면 아마 우리는 그들을 '쩌는 음색 세대'라고 부를 수 있을지도 모른다. 이 세대의 구성원들은 이전 세대들이 음악과 소리를 듣는 것과는 다른 '청취의 기술'을 사용하여, 이전 세대들과는 다른 것을 듣는다고 말할 수 있을 것이다.

'쩌는 음색 세대'는 대략 MZ세대라고 불리는 세대와 일치한다. 잘 알려져 있듯 MZ세대는 인터넷 세대라고 할 수 있는 M세대와 스마트폰 세대라고 할 수 있는 Z세대를 아울러 부르는 명칭이다. 이들은 현재(2025년) 기준으로 M세대는 30~44세, Z세대는 20~29세다. 이들은 어쩌다가 '쩌는 음색,' 그러니까 육체적, 신체적 음색을 듣는 특별한 청취의 테크닉을 사용하게 되었을까?

나는 이것이 소리와 관련된 테크놀로지의 발전, 특히 모바일mobile 음악 재생기기의 탄생과 밀접한 관계를 맺고 있다고 생각한다. 아이팟Ipod, 그리고 우리나라의 경우 아이리버Iriver의 탄생이 중요하다. 물론 이들이 최초의 모바일 음악 재생기기는 아니다. 1979년 워크맨walkman, 그리고 그 후의 다양한 포터블 카세트 플레이어portable casette player뿐 아니라 포터블 CD 플레이어poterble CD Player가 보급되었다. 하지만 이때까지만 해도 이 기기들을 일상생활에서 '늘' 지니고 다니는 일은 흔치 않았다. 오죽하면 워크맨 현상The Walkman Effect, 1984에 대해 글을 쓴 일본 학자 슈헤이 호소가와Shuhei Hosogawa는 워크맨을 들고 헤드폰을 쓴 사람들이 길거리에서 어떻게 주목을 받으며 어떻게 극장 효과를 만들어 내는지 서술하고 있을 정도다.

2001년 10월, 포터블 MP3 플레이어인 아이팟이 미국에서 출시되고, 우리나라에서는 2002년 아이리버 IFP-100시리즈가 등장하면서 이어폰을 귀에 꽂고 다니는 사람들이 눈에 띄게 많아진다. 그러다가 2007년 1월 드디어 아이폰이 등장한 후에는 외출할 때 이어폰을 옷 입듯 챙기는 사람들이 생기게 된다. M세대의 가장 나이 많은 사람이라면 2007년에 28살이었을 테고, Z세대의 가장 나이 많은 사람이라면 13살이었을 테니, 아마 MZ세대의 대부분이 이러한 새로운 청각 경험 시대, 즉 모바일 사운드스케이프mobile soundscape의 시대를 경험했을 것이다.

여기서 중요한 것은 바로 이어폰이라는 기기다. 이 기기는 착용하는 순간 주위의 자연스러운 사운드스케이프를 차단하고 자기만의 사운드스케이프를 구성하게 하는 막강한 기기다. 뿐만 아니라 이 기기를 통해서 들리는 소리는 세밀하고 섬세하다. 또한 자연적 사운드스케이프의 소리, 외부의 스피커를 통해 듣는 일상의 음악과는 달리 내 신체의 어떤 부분에서 흘러나오는 듯한, 내 양쪽 귀와 정수리 부분에 걸쳐, 그리고 그 주위를 둘러싸거나 왔다 갔다 하며 들리는 독특한 소리를 만들어 낸다. 즉, 소리와 신체가 하나가 된 것 같은 경험을 만들어 내는 것이다. 말하자면 내가 소리와 떨어져서 그 소리를 듣는 것이라기보다는 소리 속에 내가 빠져있는, 혹은 안겨있는, 즉 소리와 나의 거리가 사라져 버린 경험이다.

이 테크놀로지가 발전하기 전까지의 소리나 음악 경험은 그 음원이 청각적 지각 기관인 우리의 귀와 적절한 거리를 두고 있었다. 나에게 말을 거는 사람, 짖거나 우는 동물, 라디오, 악기, 이런 모든 것들은 우리의 귀에서 적절한 거리를 두고 그 거리를 메우고 있는 공기의 진동을 통해 '간접적'으로 전달되는 것이었다. 그러므로 직접 우리 귀에 대고 하는 말소리는 특별한 경험이었으며 에로틱하고 육체적 함축을 가진 것으로 여겨졌다.

이러한 특별한 육체적 경험을 일상화한 것이 이어폰과 헤드폰이다. 그리고 이 특별한 소리 테크놀로지를, 외출할 때마다 '옷 입듯' 입고 다닌 특정 세대의 듣기 방식, 청취의 테크닉이 이전 세대의 그것과 같을 리 없다. '쩌는 음색' 듣기 혹은 육체적 방식으로 소리 듣기 테크닉은 이어폰과 헤드폰을 옷 입듯 입고 다니게 한 테크놀로지의 산물이고 이 테크놀로지를 옷 입듯 자연스럽게 사용한 특정한 세대의 특별한 테크닉이다. '쩌는 음색'은 듣기의 세대 차를 드러낸다.

그리고 ASMR

그리고 그 끝에는 ASMR이 있다. ASMR은 소리의 육체성과 소리의 힘에 대한 신화들을 현대의 기술로 실현한 그 무엇이다. 오르페우스, 세이렌의 신화는 음악이 마음 따위가 아니라 내 몸과 신체에, 그리고 유기체의 생명에 직접 관여한다는, 소리의 육체성에 대한 강력한 신화다. 아마 현실에서 쉽게 경험할 수 없는 소리의 저 놀라운 힘은, 소리를 의미화하는 의미의 그물망을 빠져나간 그런 소리, 바르트의 '결정', 그리고 어쩌면 우리가 순간적, 파편적, 육체적으로 경험하는 '쩌는 음색'의 힘일지도 모른다.

이러한 상상력을 연장시키면 『천일야화』의 세헤라자데의 '목소리' 역시 그런 것이라고 생각할 수 있다. 과연 세헤라자데는 내러티브만으로 술탄왕의 폭력성을 잠재울 수 있었을까? 잠자리에서 귀에 대고 속삭이는 그 관능성, 목소리의 관능성, 그리고 그 관능성의 힘, 즉 목소리의 육체성이 이 이야기를 만들어 낸 것은 아닐까?

그렇다면 ASMR은 현대의 테크놀로지로 재현한 세헤라자데라고 할 수 있다. 그 소리는 '쩌는 음색'의 끝자리에, 그러나 같은 선상에 놓여있다. '쩌는 음색'을 듣는 청취의 테크닉을 통해서 그 쾌를 극대화할 수 있는 그런 소리라는 점에서 그렇다. ASMR

의 원래 이름, Autonomous Sensory Meridian Response는 무슨 전문 의학 용어처럼 들리지만 그저 새로 생긴 조어일 뿐이다. 주목할 것은 meridian이라는 단어인데, 이 단어는 육체적 절정감(물론 '자오선'이라는 뜻도 있지만)을 의미한다. 즉 오르가즘을 순화한 표현이다. ASMR을 '귀르가즘'이라고 부르는 데에는 나름의 이유가 있다. 그리고 ASMR을 즐겨 듣는 이들은 이 소리를 들으면서 느껴지는 육체적 쾌감, 팅글tingle에 대해서 이야기하곤 한다. '기분 좋은 소름끼침'이라고 하면 될까? '쩌는 음색'의 경험이 육체적인 것이라면 '팅글'이라는 육체적 경험을 목적으로 하는 ASMR 역시 같은 연장선상에 있는 청각적 경험이다. 그들이 같은 연장선상에 있는 이유는 이 두 경험이 이어폰이나 헤드폰이라는 테크놀로지 없이는, 그리고 그것을 옷 입듯 입고 다니며 개발시킨 독특한 청취의 테크닉 없이는 가능하지 않은 것이기 때문이다. '쩌는 음색'에 열광하는 세대가 ASMR에 열광하는 세대와 겹치는 것은 우연이 아니다.

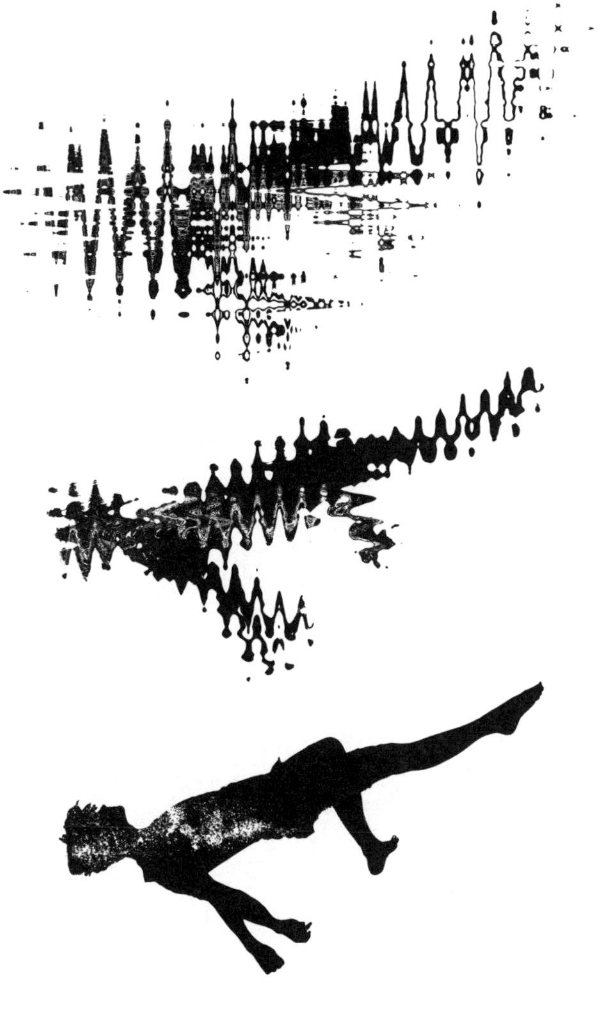

소리가 들려주는 젠더

김경화

삶은 소리로 가득하다. 사람과 사물이 만들어 내는 다양한 소리는 일상에 생동감을 불어넣기도 하지만 우리가 세상과 어떻게 관계 맺는지, 그 안에서 나와 타인을 어떻게 인식하는지 들려주기도 한다. 주위에서 들려오는 수많은 소리는 여러 가지 청각 정보를 전달한다. 소리를 들으며 우리는 끊임없이 무엇인가를 판단하고, 그에 반응하고, 또 앎을 얻는다. 누군가, 혹은 무엇인가가 내는 소리를 듣고 그가 기분이 좋은지 우울한지, 나에게 해를 끼칠지 신뢰할 만한지 판단하기도 하지만, 소리 내는 주체가 남성인지 여성인지 등과 같은 정체성을 파악하기도 한다. 소리는 단순히 정보 제공의 의미를 넘어 우리가 몸담은 사회와 문화, 세상을 듣는 하나의 방식이기도 하다.

스티븐 펠드Steven Feld가 이론화한 '음향인식론acoustemology'은 이러한 사고와 공명한다. '앎의 방식으로서의 소리'를 의미하는 음향인식론은 세상에 존재하는 수많은 소리와 관계 맺으며 내가 누구인지, 어떤 방식으로 존재하는지를 인식하고, 사람과 사물, 사회와 세계를 이해하는 것을 말한다.[4] 펠드의 음향인식론은 소리와 그 소리를 통해 수행되는 사회적 관계 또한 함축한다. 소리를 만들어 내고, 그 소리의 의미가 생산되고, 수행되게 하는, 사람들 간의 모든 사회적 관계가 소리와 함께 형성된다는 것이다. 좀 더 광범위하게는 현재 우리가 살아가는 삶의 방식과 문화를 구성하는 요소, 문화의 특정 양식을 이해하는 것으로 이어진다.

소리연구는 이러한 전제에서 출발한다. 단지 과학적, 물리적 현상으로 여겨지던 소리가 사회·문화적 맥락 안에서 의미화하고, 그 의미가 구성되며, 수행된다는 것이다. 그러므로 소리연구는 단순히 소리라는 물리적 현상 자체만이 아니라 우리의 청각 경험에서 비롯되는 자아와 세계에 대한 인식의 문제, 사회와 문화에 대한 이해와 비평, 현대 소리 환경의 변화와 새로운 듣기의 기술 등 다양한 문제를 아우른다.

소리가 사회와 문화의 다양한 의미를 생산하고 구성하는 매체라면 그 맥락 안에서 형성된 인식과 통념, 관습 또한 소리를 통해 들려질 수 있다. 같은 의미로 우리 사회의 뿌리 깊은 젠더 관념과 양식들도 소리를 통해 드러날 수 있다. 소리연구는 소리의 성격과 의미가 이미 정해져 있는 것이 아니라 사회·문화적 실천을 통해 구성되고 수행된다고 믿는다. 소리가 그렇듯 젠더도 마찬가지다. 젠더연구에 따르면 젠더 역시 몸의 경험에 선행하는 고정된 존재 체계가 아니라 몸이 사회·문화와 맺는 상호작용을 통해 끊임없이 생산되고, 재생산되며 수행되는 것이라고 말한다. 이러한 의미에서 소리와 젠더는 함께 구성되고 수행될 수 있다.

그렇다면 소리는 우리 사회·문화에 내재된 젠더화의 양상들을 어떻게 들려줄까? 소리는 어떻게 젠더화되며, 젠더는 소리를 통해 어떻게 구성되는 것일까? 이러한 물음에 답하기 위해 이 장은 우리 일상생활에 친숙해진 자동화기기의 소리에서 출발한다. 그로부터 음악과 소리 담론으로 이야기를 넓혀 음악의 이론화, 담론화의 과정에서 나타나는 젠더 문제가 사회 전반에서 발견되는 젠더 관념을 얼마나 분명하게 재현하는지 살핀다.

소리가 젠더와 결부되는 사례는 역사적으로 풍부하다. 고대 신화부터 현대의 경우까지, 아무런 의심 없이 받아들이는 친숙한 이야기들 속에 그 증거는 수없이 존재한다. 젠더의 문제는 특히 목소리에 투영되어 나타나는 경우가 많다. 목소리는 그 소리를 생산하는 몸의 문제와 필연적으로 관련될 수밖에 없기 때문이다. 이 글에서는 특히 목소리에 주목해 본다. 어쩌다 목소리는 젠더가 생산되고 전달되고 수행되는 주된 매개체가 되었을까. 이 말의 배경과 맥락, 숨은 의미를 탐구하는 과정에서 수 세기 동안 사회와 문화 속에 뿌리 깊게 자리 잡은 젠더화의 문제들이 자연스럽게 떠오를 것이다. 이 글은 고대 사회부터 현대에 이르기까지 신화와 문학작품, 일상생활, 문화관행과 예술행위 등을 자유롭게 오가며 소리와 젠더에 얽힌 수많은 문제와 논쟁적 이야기들을 풀어낸다.

소리와 젠더

소리에 젠더가 있을까? 우리는 주변의 여러 소리를 들으며 소리 내는 주체의 정체성을 쉽게 파악해 낸다. 누군가가 내는 소리를 듣고 그가 여성인지, 남성인지를 구분해 내기도 한다. 소리로 성차를 구분하는 것이다. 소리로 특정한 성을 구분해 낼 수 있다면 소리에는 자연적으로 젠더의 특성이 내재되어 있다고 볼 수도 있다. 그렇다면 정말로 소리에 젠더가 있는 것일까? 젠더와 소리의 관계를 살필 때 몸이 만들어 내는 '목소리'를 떠올리기 쉽다. 젠더의 문제 역시 몸의 세계와 관련되어 있기 때문이다. 일반적으로 사람의 목소리가 갖는 물리적 특성은 성의 특성과 연결되며 그 특성은 생물학적 차이, 즉 신체의 차이에서 비롯된다고 여긴다. 이 생물학적 차이는 목소리의 높낮이, 이를테면 주파수 차를 만들어 내는데 음향학적으로 약 100~150Hz의 주파수 영역은 남성의 목소리로, 약 200~250Hz의 주파수 영역은 여성의 목소리로 간주한다. 이러한 목소리의 주파수는 발성기관인 성대 길이와 굵기에 의해 결정되는 것이므로 일반적으로 남녀의 목소리 차이는 신체 구조와 관련된다고 간주한다. 여기서 목소리의 성차가 생물학적인 요인에 따른 자연발생적인 것이라는 견해가 생겨난 것이다. 그렇다면 소리의 성차가 이미 정해진 생물학적 차이에서 비롯된다는 이러한 관념에 문제는 없는 것일까? 이러한 대중적 관념이 사회·문화적 카테고리와는 무관한 것일까?

여러 연구자들은 목소리의 '타고난' 속성과 '학습된' 특성을 차별화하기 위해 생물학적이고 본질적인 성sex과 사회·문화 관계 속에서 형성된 젠더gender를 구분해 냈다. 그러나 성과 젠더를 구분하는 이분법 역시 문제적이라는 비판을 피하지는 못했다. 젠더 이론가 버틀러는 젠더뿐 아니라 생물학적 성 역시 사회적으로 구성된 것이라고 주장한다. 버틀러는 생물학적 성을 이해하는 방식들이 젠더에 관한 문화적 개념과 불가분의 관계에 있다고 보았다. 즉, 무엇을 생물학적 성이라고 규정할 것인가에 대한 개념과 담론조차도 사회·문화적 카테고리와 젠더 아이디어에 얽혀있다는 것이다. 그러므로 버틀러는 '성'은 이미 '젠더'이며 이들 모두 사회·문화적 구성물이라고 강조하여 말한다.

목소리의 성차가 생물학적 차이에서 비롯된다는 사고가 갖는 한계는 우리가 일상에서 자주 접하는 인공지능 자동화 목소리의 사례에서도 드러난다. 우리 주변에서 자주 들리는 GPS 네비게이션 목소리나 시리, 빅스비, 알렉사, 에코 등의 인공지능 음성비서, 지하철이나 공공장소의 안내 방송을 생각해 보자. 이렇게 음성 정보를 제공하는 자동화기기들은 개인의 기호에 따라 얼마든지 소리의 선택이 가능하다. 남성 혹은 여성의 목소리뿐 아니라 유명 배우, 애니메이션 주인공의 목소리, 혹은 젠더 중립적인 사운드 등 다양하다. 그럼에도 불구하고 이러한 디바이스에 장착된 소리의 초기 설정은 대부분 여성 목소리인 경우가 많다. 심지어 그 목소리를 듣고 우리는 그 기기를 여성으로 인식하기도 한다. 이러한 디바이스에서 나오는 소리들이나 지하철, 공원, 공공기관, 혹은 엘리베이터의 안내 목소리가 여성의 목소리로 들리는 것이 자연스럽고 당연하다고 여겨진다면, 혹은 듣기 좋고 편하다고 생각된다면 우리 사회와 문화 안에서 이러한 소리들이 '젠더화'되었을 가능성이 크다.

2013년 스파이크 존즈Spike Jonze의 영화 〈그녀Her〉는 이와 비슷한 사례를 보여준다. 주인공 시어도어가 인공지능 운영체계Operating System를 소유하고, 그 목소리를 여성으로 설정하자 '사만다'라는 이름을 가진 여성의 목소리가 들려온다. 그는 '사만다'와 대화를 나누고 정서적 교감을 느끼다가 마침내 사랑에 빠진다. 이 영화는 인공지능이 인격을 가진 존재로 여겨지며 인간과 어디까지 교감할 수 있는지를 흥미롭게 보여주는 것 같기도 하지만, 소리와 젠더에 대한 문제에 접근할 중요한 단서를 제공한다. 이 영화에서는 컴퓨터 운영체계에 여성의 목소리를 부여하고, '사만다'라는 여성의 이름을 붙여주면서 그것을 '여성성'을 가진 존재로서 상상하도록 만든다. 그런데 만약 젠더가 몸의 세계와 관련된 것이라면, 즉 신체의 차이에서 비롯된 것이라면, 애초에 몸이 없는 이러한 컴퓨터 시스템이나 자동화된 목소리를 마치 몸이 있는 존재처럼 상상하면서 그것을 남성masculine 혹은 여성feminine으로 나누어 묘사한다는 것이 문제적이지 않을 수 없다. 소리연구자 톰슨은 이와 같은 문제 제기를 통해 소리가 어떻게 젠더화되는지 설득한다.

물론 로봇공학이나 음성 합성 분야의 전문가들은 이러한 젠더의 사운드가 단지 주파수에 따라 결정된 것일 뿐이라고 주장한다. 그러나 이들의 주장과 달리, 톰슨은 여러 기계화된 스피치 사운드의 주파수를 결정할 때 얼마나 적극적으로 약 100~150Hz, 또는 약 200~250Hz로 주파수를 이원화하여 다루어 왔는지를 지적한다. 전술한 바와 같이 이 주파수 영역은 남성과 여성의 목소리를 구분하는 기준이 된다. 소리와 젠더를 연구한 AO 로버츠AO Roberts 역시 이러한 현상이 어떠한 사운드를 유형화하고 물질화하는 데 있어 특정 생물학적, 신체적 특성과 연결 지어 젠더를 고정하려는 사회·문화적 경향성이 음향에 고스란히 반영된 결과라고 밝힌다. 젠더가 어떠어떠할 것이라는 대중적 상상에 따라 목소리의 표현을 남성 혹은 여성이라는 이분법으로 고정하고 그 차이를 정량화해 왔다는 것이다. 이는 소리 내는 디바이스를 물질화하는 데 있어, 또 그것을 인식하는 데 있어서 오랫동안 우리의 사고를 지배해 온 담론과 사회적 통념을 따르고 있다는 것을 시사한다. 이렇게 몸과 분리된 목소리나 성이 없는 로봇에 부여된 젠더, 그리고 젠더화된 소리 표현은 젠더와 소리에 얽힌 관계를 드러낸다. 자동화기기나 인공지능 음성 비서의 사운드를 다시 생각해 보자. 시리나 알렉사, 영화 〈그녀〉에서 '사만다'는 보디body가 없는 존재다. 그저 소리 나는 디바이스에 불과하다. 그런데 이 디바이스에 여성의 목소리로 여겨지는 주파수 영역의 소리를 적용하자, 이 기기의 성이 결정되었다. 우리도 모르는 사이에 우리는 시리나 알렉사를 여성으로 인식하는 것이다. 이 기기의 젠더는 이렇게 소리를 통해, 그리고 소리의 청취 경험을 통해 구성된다. 반대로 이 디바이스의 소리를 합성할 때, 다시 말해 특정한 목소리로 구현하는 과정에서도, 그것을 특정한 육체와 결부시키는 이원적 사고, 곧 이분법의 젠더 관념이 그대로 작동했다. 대중적 상상과 이해에 의존하여, 또는 지배적인 문화 경향성에 따라 이 기기의 소리는 젠더화된 것이다.

톰슨은 바로 이 지점에 주목한다. "젠더가 어떤 인식적이고 실천적인 구성체에, 혹은 어떤 기술적 장치나 매체에 필연적으로 장착되는 요소라면, 또 그 기기나 구성체를 통해 소리가 생산되고, 경험되고, 이해된다면 소리는 '젠더화'되기 쉽다는 것"이다. 즉 소리에 젠더가 따로 있는 것이 아니라 여러 외적인 요인들, 예컨대 인식이나 이해, 그러한 인식이나 이해를 주도하는 지배적인 관습, 담론과 문화 등에 의해 소리는 '젠더화'될 수 있다. 그러나 이렇게 '소리가 젠더화되었다'고 이야기한다면 마치 젠더는 고정된 상태로 존재하며 소리에 가하는 '그 무엇'이라고 풀이될 수도 있다. 이에 대해 톰슨은 소리가 이미 젠더화된 어떤 존재 방식을 수동적으로 반영하거나 단순히 매개하는 것이 아니라 오히려 젠더는 "소리 나는 것들과 함께, 소리 나는 것들을 통해 구성된다"고 말한다. 앞서 언급한 영화 〈그녀〉에서 인공지능 운영체계 '사만다'에 여성의 목소리로 여겨지는 사운드를 탑재하자, 그 소리를 통해 여성성을 갖는 존재로서 정체성이 부여된 것처럼 말이다. 이러한 이유로 톰슨은 "젠더와 소리는 함께 구성되고, 생산된다"고 주장한다. 그러므로 소리는 젠더가 일어나는 매체일 수도 있고, 젠더가 생산되고 재생산되며 반복적으로 수행되도록 만드는 여러 물질적, 문화적 요소의 하나일 수 있다.

페미니스트 이론가들은 젠더가 체현된 경험에 선행하는 고정된 존재의 카테고리가 아니라 오히려 몸, 신체가 우리 사회와 물질계에 맺는 반복적이고 지속적인 상호작용을 통해 끊임없이 생산되고 재생산되며 반복적으로 수행된 결과물이라고 말한다. 마찬가지로 소리연구자들은 소리 그 자체가 어떤 순수한 형태나

가치중립적인 대상으로 여겨지기 쉽지만 실은 외부적인 요인들, 이를테면 특정 맥락과 환경, 사회·문화적 담론, 인식과 이해, 혹은 소리에 대한 개인적, 내적 경험이나 다양한 문화적 경험 등과 끊임없이 관계를 맺으며 그 의미와 정체성이 구성된다고 본다. 소리는 젠더와 마찬가지로 고정된 존재의 카테고리가 아니라 비소리적 현상들과의 다양한 관계 속에서 의미 지어진다는 것이다. 톰슨의 주장을 빌려 다소 극단적으로 표현하자면 "소리도, 젠더도 순수한 그 자체로 존재할 수도, 경험될 수도 없다"는 것이다. 소리와 젠더는 몸과의 관계 속에서, 환경과 맥락, 인식과 이데올로기적 장치들과의 관계 속에서 존재한다. 그렇다면 음악과 소리에 대한 담론이 어떻게 젠더 담론으로 연결될 수 있을까? 이제 음악과 소리 담론에 내재한 젠더의 문제들을 살펴보자.

소리와 젠더 담론

일찍이 페미니즘 이론을 수용한 음악학 분야에서는 창작, 연주, 공연 등의 음악 실천과 이를 분석하고 이론화하는 작업에 내재한 젠더의 면모들에 주목했다. 음악에서 젠더 담론을 이끈 수전 맥클래리Susan McClary는 음악과 음악이론이 중립적이고 객관적이며, 사회적 자율성을 보장받는 영역으로 오랫동안 받아들여졌지만 실은 수많은 젠더화된 가치들로 얼룩져 있다는 것을 폭로한 바 있다. 그 비평은 맥클래리의 대표 저술 『페미닌 엔딩Feminine Endings: Music, Gender & Sexuality』에서 다양한 음악 영역을 넘나들며 이루어진다.

맥클래리는 성 차이를 암시하는 음악의 약호들이 당시 널리 퍼진 사회 관습과 태도에 영향받은 것임을 밝혔다. 특히 그는 음악에서 남녀의 성 역할을 구분하고 그 차이를 구성해 내는 방식이 사회에서 오랜 시간 형성된 남성성과 여성성이라는 이분화한 젠더 관념을 재현하는 것이라 보았다. 그뿐 아니라 개인 주체가 음악을 둘러싼 문화 담론과 상호작용하며 "젠더화된 개체가 되어가는 현상"에 주목하며, 역으로 음악에서 형성된 약호들이 젠더의 사회적 구성에 동참하고 강화할 수 있다는 것도 지적했다. 결과적으로 음악은 사회·문화의 여러 측면과 공조하여 구성되는 "다양한 젠더의 모델들이 진술되며 수용되고 경쟁하고 협상하는 공론의 장으로서 기능한다"고 주장한다.

맥클래리는 음악을 설명하는 음악이론의 다양한 메타포들 역시 사회의 지배적인 젠더 관념을 반영한다고 밝히며, 그 단적인 예로 1970년 버전의 『하버드 음악사전Harvard Dictionary of Music』이 정의한 음악의 종지 개념을 든다. 지금은 이미 폐기된 낡은 정의일 수 있지만 그 설명에 내재한 젠더 고정관념은 다시 생각해 볼 만하다. 이 종지 항목의 저자 윌리 아펠Willi Apel은 음악의 종지를 '남성'과 '여성'이라는 두 개의 카테고리로 나누어 이렇게 설명한다.

> 남성 종지masculine cadence, 여성 종지feminine cadence. 한 악구와 악절의 최종 화음이 강박에서 일어나는 종지 혹은 종결은 "남성" 종지라 부르며, 최종 화음이 약박에서 떨어지도록 종지를 미루는 것은 "여성" 종지라 부른다. 남성 종지는 정상적인 것으로 간주하는 반면, 여성 종지는 보다 낭만적 스타일에서 선호된다.[5]

아펠은 '남성 종지'가 어떤 프레이즈나 섹션의 최종 화음이 '강박'에서 나타날 때를 의미한다고 정의하는 반면, '여성 종지'는 최종 화음이 '약박'에서 떨어지도록 종지를 미루는 것을 의미한다고 보았다. 이 내용은 이론가 개인의 견해라기보다는 오랫동안 통용되던 종지에 대한 표준적인 설명을 따른 것이다. 맥클래리 역시 종지의 성격에 남성성과 여성성이라는 이분법을 적용하고 있는 아펠의 정의가 자의적이거나 임의적이기보다는 당시 성차에 대한 지배적인 신념을 수용한 것이라고 지적한다. 그러나 맥클래리가 보기에 문제는 음악 종지의 특성이 '강함'과 '약함'이라는 상대적인 힘에 근거하여 차별화되었다는 것과 그것을 남성성과 여성성이라는 성차의 특성에 대응시키고 있다는 점이다. 결국 남성은 강하고, 여성은 약하다는 식으로 차이를 만들고 구분해 그로부터 비롯된 권력관계를 암묵적으로 인정하도록 만든다는 것이다. 그뿐 아니라 남성 종지를 '정상적normal'인 것과 결부시킴으로써 자연스럽게 여성적인 것은 '비정상적abnormal', 혹은 정상에서 벗어난 그 무엇을 암시하는 메타포로 작동하도록 한다.

이렇게 음악의 종지 타입을 젠더에 따라 분류하고 남성과 여성의 상대적인 힘에 근거하여 그 차이를 설명하는 방식은 젠더를 남성과 여성이라는 이분법으로 분류하고, 남성성과 여성성의 특징을 힘의 논리로, 정상과 정상에서 벗어난 그 무엇인가로 구분 짓는 뿌리 깊은 젠더 편견에 기대고 있다고 맥클래리는 지적한다. 표면적으로는 리듬과 관련하여 종지의 특성을 포착해 낸 간결한 설명에 불과하지만 아펠의 정의에서 성차를 이해하는 가장 두드러진 서구의 신념이 노출되고 있다는 것이다. 맥클래리의 이러한 시각은 페미니스트 이론가 조앤 스콧Joan Wallach Scott의 젠더 이론과 결을 같이 한다.

스콧은 젠더를 사회 전반에서 발견되는 특정 육체 간 권력 관계의 메타포로 간주했다. 스콧은 "성차가 어떠한 방식으로 만들어져 왔는지"에 대해 물으며 젠더 문제는 차이의 문제라고 밝힌다. 즉 젠더란 성차 담론이라는 것이다. 성차 담론은 결국 "의미를 여성과 남성의 육체적 차이"의 문제로 환원한다. 다시 말해 "성들 간의 차이를 설명하기 위해 '자연'을 끌어들이며 그 차이를 명확히 설정하려고 한다는 것"이다. 예컨대, 여성이 정치에서 배제된 이유에 대해 정치에 적합한 '신체'와 '정신'을 가지고 있지 않다는 식의 설명으로 그 정당성을 확보한다는 뜻이다. 다른 말로 "여성의 신체는 출산이나 가사에 적합"하도록 조직되어 있고 "그 예민한 감수성"은 정치적 결정보다는 "성적 과잉이나 종교적 광신에 빠져들기 쉽다"는 식이다. 이러한 표현은 언뜻 여성의 타고난 생물학적 실재를 반영하는 것처럼 보이지만 실은 그에 대한 의미를 창조하고 있다는 것을 주목할 필요가 있다. 그리고 그 의미는 사회 구조 안에서 구성되고, 담론의 영역에서 확정된다. 이와 같이 스콧은 젠더 담론이 얼마나 적극적으로 여성과 남성의 차이를 구분하면서 그에 대한 의미를 부여해 왔는지를 역설한다.

스콧이 주장하듯 젠더가 성차에 의한 권력관계를 드러내는 은유 체계로서 작동하고 있다는 사실은 소리 영역의 여러 담론에서도 동일하게 목격된다. 소리연구자들은 객관적이고 가치중립적이고, 측정 가능한 범주로 여겨온 소리의 파라미터들, 예컨대, 음고pitch, 음색timbre, 진폭amplitude 등의 관념 또한 젠더의 가치들로 뒤섞여 있다고 말한다. 톰슨은 그 단적인 예로 헤르만 폰 헬름홀츠의 음향학에서 기준이 되는 사인파sine wave, 혹은 정현파를

든다. 헬름홀츠의 이론은 과학적 음향학의 규범을 정의한 소리 인식론의 표준으로서 여전히 영향력을 행사하고 있다. 그러나 톰슨은 헬름홀츠의 이론이 과학적 음향학의 일반적인 모델이 될 수는 있으나 가치중립적인 모델은 아니라는 점을 지적한다.

톰슨에 따르면 헬름홀츠의 음향학 이론에서 미적 우위를 차지하는 것은 사인파다. 사인파에 미적 스탠더드를 부여한 것이다. 헬름홀츠의 정의에서 사인파는 '단일'하고, '순전'하며, '질서'와 '통제'를 상징하는 기준이 된다. 보디와 컬러가 없는, '순수'하고 '깨끗한' 음의 톤이기도 하다. 헬름홀츠는 이 사인파를 음향적 이상이자 표준으로 취급하면서 이를 척도로 '일탈'의 정도를 측정한다. 즉 보디가 있고, 컬러가 있는 톤은 이상적 기준인 사인파의 순수함으로부터 음향적 일탈이라는 것이다. 사인파에 대한 이러한 정의가 문제적일 수 있는 이유는 소리 파동sound wave의 정도와 차이를 구분하고 표현하는 방식이 성차를 구분하고 그 권력관계를 드러내는 방식과 동일한 구조를 갖는다는 것에 있다. 젠더 문제를 탐구하는 소리이론가들은 소리 파동에 대한 이러한 평가에서 암시적인 젠더화가 발견된다고 지적한다.

왜냐하면 사인파의 질적 특성이라 간주되는 요소들이 '역사적'으로 '백인 남성성white masculinity'을 특징짓는 요소로 여겨졌기 때문이다. 즉 사인파의 특성으로 간주된 '순수' '순전' '깨끗함' '질서' 등은 역사적으로 백인 남성성을 설명하는 메타포로 이해됐고, 이와 반대 개념인 '유색' '신체' '무질서' '혼돈' '소란스러움' '과잉' '일탈' 등은 인종화한 타자나 일탈적인 여성성과 결부됐다는 것이다. 그러므로 헬름홀츠가 묘사한 사인파의 특성은 백인 남성 주체를 유색인이나 여성과 구분 짓는 담론의 재현이다. 이는 남성 종지를 '정상적임'으로 일반화했던 아펠의 사고와도 유사한 구조를 갖는다. 이러한 이분법의 메타포들은 사회와 문화의 차원에서, 특히 차이와 차별을 만들어 내는 구조적 장치로서 특정 육체들과 결부되어 반복적으로 생산되고 재현되어 왔던 것이다.

목소리의 젠더화

소리가 젠더화되는 양상을 확인할 수 있는 중요한 단서는 목소리다. 목소리는 몸을 통해 만들어지는 소리로, 그 소리를 만들어 내는 주체의 몸과 필연적으로 결부된다. 또 목소리는 소리 내는 주체의 정체성을 구성하고 의미화하는 메타포이기도 하다. 이러한 이유로 목소리는 젠더가 생산되고, 전달되고, 수용되는 주된 매개체가 될 수 있다. 어떤 목소리를 듣고 그 특성을 남녀의 성차로 파악하려는 태도는 자연스러운 것이라 여겨지기 쉽다. 그러나 이 또한 오랜 역사와 사회·문화의 규범 안에서 형성되어 온 젠더의식의 영향일 수 있다. 따라서 목소리의 의미가 사회·문화적으로 어떻게 형성되는지를 살피면 목소리가 어떻게 '젠더화' 되는지 이해할 수 있다.

역사적으로 목소리의 젠더화가 발견되는 사례는 풍부하다. 시인이자 고전 문학 비평가인 앤 카슨Anne Carson은 과거 가부장적 문화에서 여성의 목소리가 어떠한 문제와 결부되어 왔는지 되돌아보았다. 카슨은 가부장적 문화 속에서 여성의 목소리가 남성의 목소리와 끊임없이 구분 지어져 가치평가 되었으며, 여성이 내는 목소리를 부조리와 비이성, 부도덕과 동물적인 것에 결부시키고 이를 정치적 위협으로 파악해 왔다고 말한다. 카슨은 이러한 관념이 고대 그리스 문학에서 이미 등장하기 시작해 오늘날까지도 이어진다고 보았다. 그는 여성의 목소리가 역사적으로 폄하되어 왔다는 점에 주목하며 그 근거를 고대 그리스 철학자 아리스토텔레스로 거슬러 올라간다. 아리스토텔레스는 남성의 굵고 낮은 목소리를 용맹스러운 피조물의 소리로 규정하면서 고음의 여성 목소리는 악마적 기질의 증거로 구별했다. 또 고음의 목소리를 수다스러운 성격과 연결 지어 자기 통제가 부족한 사람, 혹은 자기 통제라는 남성적 이상에서 벗어난 사람을 특징짓는 요소로 간주했다. 이처럼 여성의 높은 목소리를 성격과 결부시키고 이를 자기 통제와 절제라는 이성의 영역과 구분하여 타자화하는 방식은 과거 아리스토텔레스 시대부터 오랫동안 대중의 사고방식에 영향을 미치며 오늘날까지도 젠더 통념을 생산하고 있다.

목소리의 특성을 성차의 문제로 환원하고 그 안에 권력관계를 새겨 넣는 방식은 신화의 서사에도 그대로 투영되어 나타난다. 카슨의 지적대로 고전 문학에서 여성의 목소리에 대한 묘사는 당시 가부장적 사회가 여성을 어떻게 바라보고 규정해 왔는지 보여준다. 신화 속 여성의 목소리를 연구한 찰스 시걸Charles Segal은 여성의 목소리에 거부할 수 없는 마법의 힘과 재앙을 불러오는 치명적인 위험 사이의 모순적 가치가 부여되었다고 주장한다. 그 전형적인 예가 오디세우스를 위험으로 몰아넣은 세이렌송과 오디세우스의 동행자들을 재앙에 빠뜨린 키르케송에 대한 서사에서 발견된다는 것이다. 사이렌의 목소리는 거부할 수 없는 힘으로 항해자들을 유혹하고 그들을 죽음의 섬으로 이끈다. 오디세우스는 사이렌송의 유혹을 이겨내기 위해 귀를 막고 스스로 몸을 결박하여 그 위기를 빠져나간다. 키르케는 아름다운 노랫소리로 오디세우스의 동행자들을 그의 집으로 유인하고 마법의 약을 먹여 동물로 변신시킨다. 오디세우스의 동행자들 역시 키르케의 목소리에 매혹되어 속절없이 무너진다.

이 두 사례에서 발견되는 것은 물질성, 육체성과 연결되는 목소리의 특성인 '보컬리티'를 여성의 것으로 돌리고 있다는 것이다. 동시에 여성을 정신적이고, 이성적인 주체가 아닌 신체적인 대상으로 관념화한다. 또 목소리에 유혹과 위험이라는 의미를 부여하고 이를 목소리의 물질성과 밀접하게 연결하여 작동하도록 디자인하고 있다. 다시 말해 "사이렌의 목소리는 그것이 실제로 들려질 때에만 제 기능"을 할 수 있으며 "그 위험은 몸과 청각기관을 물리적으로 차단"할 때 회피될 수 있다는 것이다. 이와 유사하게 귀를 현혹하는 키르케의 노랫소리의 매혹적인 힘은 "몸을 변신시키는 그 변형적 힘"과 함께 일어난다.

신화나 고전 문학에서 목소리가 젠더화되는 양상은 고르곤의 외침이나 나이팅게일의 지저귐에 대한 서사에서도 발견된다. 그리스 신화에서 고르곤은 끔찍한 목소리를 내는 괴물이다. 그 이름의 의미가 비명, 포효, 고함을 뜻하는 것처럼 고르곤의 정체성은 목소리로 완성된다. 크게 벌어지는 턱과 입에서 쏟아내는 위협적인 소리는 이 괴물에 대한 혐오를 강화한다. 그런데 신화적 상상은 이 괴물에 동물의 몸과 뱀의 형상으로 꿈틀대는 머리카락에 험악한 여성의 얼굴 이미지를 결합시켰다. 고르곤을 위협적이고 '악마적인 여성성'에 동화시킨 것이다. 고르곤은 실체가 불분명한 괴물이지만 신화는 그것을 여성으로 인식하도록 만든다. 또 고르곤의 포효와 으르렁거림, 고함소리는 동물적인 소리에 가깝지만 이러한 소리를 여성의 보컬리티로 상상하도록 만든다. 고르곤을 여성화하고 그것에 악마적 여성성을 부여하면서 그의 입을 통해 나오는 소리를 부정하고 혐오스러운 여성의 목소리로 여기도록 한 것이다. 신화는 고르곤의 고함, 비웃음, 비명, 울부짖음 등과 같은 목소리의 특성을 "규범에서 벗어난 여성의 목소리"로 젠더화하며 터부시하고 있다.

한편 나이팅게일의 지저귀는 소리는 종종 콜로라투라 소프라노의 목소리와 비견된다. 마음을 사로잡는 콜로라투라의 아름다운 목소리가 나이팅게일의 지저귐과 닮았다는 의미에서다. 그런데 나이팅게일의 소리가 여성의 목소리와 연결된 사례는 고대 문학 『변신 이야기』에서도 발견된다. 나이팅게일로 변한 프로크네 이야기에서 나이팅게일의 울부짖음은 여성성과 동일시되어 묘사된다. 프로크네가 남편 테레우스에게 복수하기 위해 아들 이티스를 죽여 그 살점을 남편에게 먹게 한다. 그 사실을 알고 격노한 테레우스를 잠재우고 프로크네를 벌하기 위해, 제우스는 프로크네를 나이팅게일로 변신시킨다. 나이팅게일로 변한 프로크네는 아들을 잃은 슬픔과 죄책감으로 평생 아들의 이름을 울부짖었고, 비통에 젖어 힘없이 흐느끼는 프로크네의 애가는 나이팅게일의 지저귐이 되었다는 이야기다. 이 서사에서 나이팅게일의 소리에는 아들을 잃은 비통함과 슬픔, 죄책감으로 애처롭게 흐느끼는 어머니의 이미지와 통제당한 여성의 무력함이 투영되고 있다.

사이렌과 키르케의 매혹적이지만 재앙을 불러오는 보컬리

티, 나이팅게일의 달콤하고 서정적이지만 애처롭고 힘없고 무능한 지저귐, 고르곤의 위협적이고 소름 끼치는 고함과 외침, 이들은 모두 고대 남성 중심 사회에서 여성을 바라보는 이중적인 사고가 소리의 특성으로 표현된 것이라 볼 수 있다. 고대 사회에서 여성은 오염과 부패, 무질서와 동일시되어 위험한 존재로서 타자화된 반면, 이와 모순적으로 여성의 목소리는 청각에 어필하고 그 매력에 의해 그들이 가진 두려움과 근심을 떨쳐버리게 하는 마법의 힘을 행사하도록 설계되었다. 여성의 목소리에 대한 신화적 상상은 수 세기를 거쳐 남성 중심의 서양 문화에서 반복적으로 재현되며 여성의 목소리가 갖는 아름다움은 칭송하되 그 위험성은 터부로 여기는 문화 관행을 만들어 낸다.

목소리의 의미와 특성을 젠더에 의해 구분 짓는 행위는 계몽주의 시대 근대성의 프로젝트와 연결되기도 한다. 목소리의 사회·문화적 의미를 연구한 인류학자 어맨다 와이드먼Amanda Weidman은 문화적 맥락에서 목소리가 어떻게 인식되고 규정되었는지를 밝힌다. 특히 와이드먼은 서양의 형이상학, 언어학 전통에 따라 목소리에 이중적 의미가 부여되었다고 보았다. 와이드먼에 따르면 철학적, 언어학적 맥락에서 "목소리는 진리와 자기 존재를 보증한다"는 관념이 형성되었다. 이를 비롯하여 목소리는 자아와 정체성을 표현하는 수단으로 기능하며 그 행위 주체는 목소리, 즉 발언권을 갖는다는 사고가 생겨났다. 이러한 사고는 곧 의미와 메시지를 만들어 내는 권위의 목소리와 육체적이고 물질적인 속성을 지닌, 그러나 말의 의미와는 거리가 먼 목소리의 음향적 특성을 구분해 냈다. 목소리에 대한 이원화된 이해는 자연스럽게 젠더 권력관계와 연결되면서 사회·문화의 행위 주체인 남성과 그 대상인 여성에 대응되었다. 말의 권위를 실은 목소리는 남성에게, 목소리의 음향적 특성은 여성에게 부여된 것이다.

목소리의 의미를 정체성의 문제와 연결 지어 차별화하는 태도는 유럽 사회가 근대화하는 과정에서 강화되었다. 와이드먼에 따르면 근대성의 사회 프로젝트 안에서 계몽주의 남성 주체는 미신적이고 관습적이라 여겨지는 민중의 언어와 자신들의 언어를 구분하는 방식으로 스스로의 정체성을 획득했다. 이러한 구분은 불순하다 여겨지는 언어를 정화하고 보편적인 개념 표현에 어울리는 합리적인 언어를 구사함으로써 이루어졌다. 언어를 정화한다는 것은 언어의 다양한 기능을 능가하는, 언어의 지시성에 특권을 주는 것이었다. 이는 지시적인 의미를 갖는 목소리, 저자의 목소리, 또는 권위의 목소리와 신체적이고 물질적인 목소리 사이의 이분법을 형성함으로써 강화되었다. 즉 합리성과 이성을 토대로 지시적인 힘을 갖는 목소리와 의미가 제거된, 혹은 말의 권위와 구분되는 목소리의 물질적이고 육체적인 특성 사이의 구분이 생겨난 것이다. 목소리에 부여된 이러한 이중적 의미는 사회·문화의 여러 대립 관계들에 대응하여 재생산되었으며 무엇보다 남성과 여성의 정체성과 연결되어 사회·문화의 전 영역에 적용되었다. 이성적이고 합리적인 목소리는 사회에서 발언권을 획득한 남성과 연결되고, 반면 말의 권위와 구분되는 육체적이고 물질적인 목소리는 여성화되어 인식되도록 규범화한 것이다.

그러나 이러한 인식이 온전히 근대성의 산물이라고만 보기는 어렵다. 신화나 고전 문학이 기록하고 있듯 여성의 목소리는 이미 오래전부터 말의 권위보다는 청각에 어필하고 감각을 자극하는 소리의 물질적 특성과 연관되어졌다. 이러한 사고는 수 세기를 거쳐 되풀이되면서 남성 중심의 사회에서 여성, 그리고 여성의 목소리를 청취하는 편향된 양식을 만들어 냈다. 동시에 이 젠더 편향적 청취는 여성의 말까지도 진정성을 의심하며 마음을 현혹하는 자극적인 소리로 들리도록 했다. 진실을 이야기하는 목소리라 하더라도 여성의 목소리는 정서를 자극하고 혼란을 야기하는 소리로 여겨 경청하려 들지 않았다는 것이다. '여성의 침묵은 미덕'이라는 관습이 보여주듯 여성은 오랫동안 사회적으로 목소리를 내지 못하도록 강요받았다. 여성의 침묵을 미덕으로 여기는 관습은 여성의 발언권과 사회 참여를 제한하는 가부장적 사회의 규범과 젠더 인식에 공명한다고 볼 수 있다. 이러한 관념은 남성이 여성의 목소리를 듣는 문화적 편견을 만들어 내며 반복적으로 수행되고 재현된다. 서구 문화 담론 안에서 여성의 목소리는 이처럼 의견을 내거나 메시지를 전달하는 의미화된 목소리이기보다는 목소리의 물질적 특성인 보컬리티를 강조하는 도구로서 역할을 수행해 왔던 것이다.

문학과 오페라, 영화까지 다양한 문화 프로덕션 안에서 여성의 목소리는 주로 보컬리티와 연계되어 과도하게 길들었다. 여성의 목소리는 언제나 높고 부드러운 톤을 내도록 요구받았고 그 기준에 부합하지 않는 불편한 부분들은 조절되거나 제거되었다. 여성의 목소리에 대한 통제는 오페라 관행에서 쉽게 목격할 수 있다. 오페라에서 여가수의 목소리는 통상적인 음역 이상의 고음을 낼 수 있어야 하지만 언제나 그 소리는 적절히 통제되어야 했다. 이를테면 여가수의 기량이 극치에 달해 고음역에 오르면 가사의 의미보다는 보컬리티가 강조되면서 전율을 일으키는데, 이러한 상태를 가리켜 나이팅게일의 아름다운 지저귐, 인간의 한계를 뛰어넘은 천상의 목소리라 묘사한다. 그러나 그 목소리가 점점 높아져 내지르는 상태에 이르면 그 찬사는 끔찍함으로 변하게 된다. 불편함과 혼란의 상태에 이르기 전에 목소리가 적절히 통제되어야 했던 것이다.

이러한 관행 속에서 여가수는 목소리의 한계에 늘 도전하면서 그 기량을 갈고닦아야 했지만, 한편으로는 과잉의 상태에 이르지 못하도록 스스로를 끊임없이 통제하고 길들여야 했다. 여성의 보컬리티에 대한 집착은 문화를 주도하던 남성 주체가 여성의 목소리를 어떻게 듣고 소비해 왔는지를 보여준다. 즉, 길들여진 목소리가 주는 아름다움은 칭송하지만, 통제를 벗어난 목소리의 위험성은 금기시하여 제거하려는 전형적인 태도를 보인다는 것이다. 이는 가부장적 사회에서 비롯된 왜곡된 젠더 관념이 여성의 목소리를 듣는 남성적 편견으로 이어지며 예술과 문화 활동에 적용되어 수행된 결과일 수 있다. 이처럼 문화적 실천 안에서 여성의 목소리가 통제되는 방식은 사회에서 여성이 종속되고 길들여지는 방식을 동일하게 모방한다.

그렇다면 현대의 환경에서는 목소리의 젠더화가 어떻게 드러날까? 역사적으로 반복되는 목소리와 젠더의 문제는 현대의 상황에서도 크게 달라지지 않는다. 페미니스트 문화이론가 로절린드 길Rosalind Gill은 현대의 라디오 사례를 언급하면서 라디오 문화가 시작되던 시기, 라디오 토크에서 여성 디제이의 목소리가 부당하게 인식되었다는 점을 지적한다. 길에 따르면 "여성의 목소리가 너무 날카롭고, 너무 높고, 너무 흐릿하여 신경에 거슬린다는 이유로 라디오에 적합하지 않다고 여겨졌다." 또한 전화 역사에서 젠더의 문제를 다룬 카라 월리스Cara Wallis는 전화의 목소리가 "문화적으로 구성된 젠더 개념에 직접적으로 연관된다"고 지적한다. 그 이유는 전화 산업이 이를 적극적으로 활용하고 조장했기 때문이라는 것이다. 이와 관련하여 월리스는 전화기

속 목소리가 어떻게 '젠더화'되는지, 초창기 전화교환원부터 이동통신의 '여성 목소리'까지 전화 목소리에서 젠더의 의미가 어떻게 표현되고 구성되는지 검토한다. 먼저 윌리스는 유선전화가 최초로 도입되었을 때 전화가 여성화된 테크놀로지로 간주되었다는 점에 주목한다.

윌리스에 따르면 전화를 사용하는 빈도는 남성에 비해 여성이 월등히 높았고, 그에 대한 대중의 상상은 여성이 "수다스러운" 존재이기 때문이라는 것이었다. 여성이 특별히 하는 일 없이 대부분의 시간을 전화 통화에 쓴다는 이유에서다. 이에 반해 남성의 전화 사용 빈도가 현저히 낮은 이유에 대해서는 수다스러운 여성과 정반대의 과묵한 남성이라는, 문화적으로 구성된 남성성을 그들 스스로가 인정하려는 태도 때문이었다는 것이다. 그러나 윌리스는 전화기 목소리가 흔히 여성인 이유에 대해, 여성이 수다와 가십을 좋아하도록 '타고난' 것이라기보다는 가정 영역에서 가족을 위해 지루하고 고단한 돌봄 노동을 담당하는 여성의 위치 때문이라고 해석한다. 이 시기 전화가 "여성화된 테크놀로지"로 인식되면서 남성들은 역으로 그것을 사용하는 것에 강한 거부감을 드러냈다. 이러한 현상은 암묵적으로 "여성이 전화를 이용하여 일정과 약속을 잡고, 쇼핑을 하고, 가족들을 살피는 집안의 운영자operator로서의 역할을 수행하도록 인정하는 것"을 의미한다고 윌리스는 말한다. 즉, 전화기는 여성에게 어느 정도의 권력과 통제권을 넘겨주었지만 다른 한편으로 그들에게 가정 안에서 전통적인 성 역할을 유지하도록 했다는 것이다.

또한 윌리스는 과거 교환전화를 이용하던 시절의 사례를 들어 교환원의 목소리가 젠더화된 과정을 설명한다. 윌리스에 따르면 최초로 교환전화가 도입되었을 때 교환원으로 고용된 사람은 여성이 아니라 소년이었다. 전화교환원이 처음부터 여성화된 직업이 아니었다는 뜻이다. 그러나 남성 교환원이 이용자에게 무례하고, 전화를 고의로 잘못 연결하는 등의 부적절한 행동을 반복하자 경영진은 이 업무 수행자를 여성으로 대체했다. 여성이 사적인 가정 영역에서 벗어나 직업을 얻는 일이 드문 시대였음에도 불구하고 전화 교환원이 여성의 영역으로 정착하게 된 것이다. 그런데 전화 회사들은 기업의 성공이 교환원의 목소리에 있다고 생각하며, 앞다투어 '이상적인' 교환원의 이미지를 찾기 시작했다. 전화 산업의 성공을 위해 대중의 상상에 따라 특정 시대가 여성성의 규범으로 제시한 이미지를 여성 교환원에게 부여한 것이다. 이를테면 "백인, 미국 태생, 중고등 교육을 받은 중산층의 젊은 여성"이라는 빅토리아 시대의 '이상적'인 여성성의 개념을 교환원의 이미지 구축에 적용했다. 뿐만 아니라 젊은 여성은 "진지하고, 순종적이고, 참을성이 있으며, 적은 보수로도 만족한다"는 젠더 편향적 사고를 교환원이라는 직업에 투영하기도 했다. 특정 계층, 인종, 지역, 연령에 의존하여 여성의 '이상적'인 이미지를 구축하던 관습은 교환원이라는 직업이 젠더화되는 과정에 그대로 적용되어 나타난다.

교환원은 보이기보다는 들리는 사람들이므로 이들의 목소리 또한 전화 산업의 주요 관심 대상이 되었다. '이상적'인 여성 교환원의 이미지는 그들의 '이상적인 목소리'를 구축하는 것으로 이어졌다. 그들은 상냥한 목소리를 가져야 했고, 이용자와 대화를 나누기 위해 말투는 딱딱하지 않아야 하고, 대화는 일상적이고 평범하도록 요구되었다. 이 시기 전화교환원은 이용자에게 날씨나 기차 스케줄, 스포츠 결과 등의 정보를 안내하는 중요한 자원으로 여겨졌다. 이러한 이유로 전화기의 목소리는 이 시기 전화 산업의 경제적 성공의 주된 요인이 되었다. 전화 회사들은 그들의 성공을 여성 교환원의 목소리에 걸고 적극적으로 이들의 목소리를 통제하고 구성해 냈다. 그러므로 시각 정보 없이 어쩌면 몸과 분리된 채 목소리만으로 관계 맺는 교환원이라는 직업은 상업 논리에 따라 대중의 상상과 요구에 반응하며 적극적으로 젠더화되었을 가능성이 크다. 그리고 그들의 목소리는 여성의 몸이 대상화되는 것과 동일한 방식으로 대상화되고 상품화되었을 것이다.

과거 수화기 너머로 들리던 전화교환원의 목소리부터 오늘날 콜센터 음성, 공공장소의 안내 목소리, 냉장고, 세탁기, 밥솥 같은 전자제품의 음성, 시리나 에코, 알렉사 등의 인공지능 자동화 목소리까지 이들의 목소리는 모두 여성화되어 있다. 이러한 기기들이 젠더를 가졌다는 것은 인정하기 어려우나 이 기기들이 여성의 목소리를 낸다는 것에는 별다른 문제 제기를 하지 않는다. 실제로 인간과 컴퓨터의 상호작용 연구가 시행한 목소리 선호도 조사에 따르면 남녀 사용자 모두 "여성의 목소리가 더 듣기 좋다"고 밝혔다. 권위적이고 딱딱한 남성의 목소리보다는 여성의 목소리가 더 안정감 있고, "기분 좋게 한다"는 이유에서다. 이러한 견해를 지지하는 사람들은 본래 인간은 여성의 목소리를 선호한다고 주장한다. 인간이 태어나기도 전에 최초로 들은 소리가 어머니의 뱃속에서 들리던 어머니의 목소리, 즉 여성의 목소리이기 때문이라는 것이다. 어머니의 목소리가 주는 안정감은 여성의 목소리에 대한 감각과 인식을 결정하고 그에 대한 대중적 선호에 일정 부분 영향을 주었다고 그들은 말한다.

그러나 지금까지 이야기했듯이 수 세기에 걸쳐 여성의 목소리가 어떻게 규정되고 인식되어 왔는지를 고려한다면 자연스럽게 여겨지는 이러한 사고들이 사회·문화적으로 구성된 젠더 관념에 얼마나 많은 영향을 받고 있는지 알 수 있다. 우리 사회의 여러 영역에서, 심지어 영화나 텔레비전 드라마, 뉴스 아나운서 목소리까지 대중이 상상하는 여성의 목소리는 친절하고 상냥하며 부드러운 소리로 정형화되어 있다. 그러나 이와는 정반대로 여성의 목소리는 때로 너무 높고 날카롭고 거칠어 신경에 거슬린다고 여겨지기도 한다. 또한 말이 많고 수다스러운 사람을 여성적이라고 보기도 한다. 여성의 목소리에 대한 이러한 모순된 이해는 사회 전반에서 오랫동안 형성되고 고착된 젠더 인식이 우리의 사고와 태도에 깊숙이 영향을 미친 결과일 수 있다. 그리고 이는 버틀러가 주장하듯 생물학적 성차나 젠더가 이미 정해진 것이 아니라 그 의미가 사회·문화의 맥락에서 반복적으로 구성되고 재생산되며 누적된 수행의 결과물이라는 사실을 보여준다.

음악과 문화 영역의 젠더 역할과 그 해체

맥클래리는 음악 창작과 연주가 정신과 육체의 영역으로 분리되면서 이를 남녀의 성 역할로 구분한 문화 관습에 주목한 바 있다. 음악이라는 것이 소리의 물리적 원천으로부터 분리될 수 없고 이를 실행하는 육체와 밀접하게 관련되어 있음에도 불구하고, 서구의 진지한 음악 문화는 정신과 육체를 극단적으로 분리해 음악 그 자체를 정신의 영역으로 규정했다는 것이다. 그리하여 음악 창작은 진지한 정신 활동의 범주로 간주되어 남성 주체와 연결되는 반면, 육체적 움직임과 물질성을 기반으로 하는 연주와 퍼포먼스는 여성의 영역으로 제한되었다. 음악 실천에 있어서 이와 같은 성 역할 구분은 오랫동안 문화의 장에서 견고하게 유지되어 여성의 활동을 제약했다. 또한 남성 중심의 사회에서 여성의 몸은 끊임없이 누군가의 시선에 의해 관찰되고 소비되는 존재로서 대상화되었다. 여성을 정신적 주체로 보기보다는 물질적 대상으로 여기는 오랜 사회 관습이 문화와 예술 영역에도 동일하게 재현되면서 여성 예술가들의 활동과 역할을 제한한 것이다. 이러한 현실에서 여성 예술가들은 창작의 주체로서 인정받기보다는 창작된 예술을 수행하는 대상으로 여겨지기 쉬웠다. 따라서 신체의 행위와 움직임에 의해 주도되는 연주와 퍼포먼스는 젠더 통념에 따라 여성의 역할로 고정되었다.

연주 혹은 퍼포먼스를 펼치는 여성의 음악 행위에는 암시적인 젠더화가 나타난다. 연주나 퍼포먼스라는 신체 행위에 사회의 젠더 규범이 우회적으로 관통하기 때문일 것이다. 맥클래리는 문화 실천 안에서 여성과 여성의 몸이 어떻게 통제되었는지, 여성의 몸에 대한 인식이 예술에서 여성의 역할을 어떻게 제한시켜 왔는지 지적한다. 맥클래리에 따르면 남성 중심의 문화 속에서 여성의 몸은 항상 디스플레이의 대상으로 여겨졌다. 몸만이 아니라 몸을 울려 만들어 내는 목소리도 마찬가지다. 전통적으로 공연예술은 남성 창작자들에 의해 만들어진 시나리오가 "여성의 몸을 통해 펼쳐지도록" 기획되었다. 여성은 자신의 몸을 무대에 올려 몸짓이나 신체 활동으로 누군가에 의해 창작된 예술을 구현해야 했다. 대부분의 여성은 몸으로 실행하는 역할을 담당하도록 제한되었다는 의미다. 이는 곧 무대 위의 여성이 "남성적 시선masculine gaze을 만족시키기 위해 움직이는 육체가 되는 것"을 의미한다. 그 과정에서 여성의 몸은 언제나 관조의 대상으로 전락했으며 남성적 시선에 부합하도록 그 육체성을 끊임없이 드러내며 소비해야 했다. 결국 남성 중심의 문화 체계는 여성을 순수하게 예술 창작의 주체로 인정하기보다는 육체성을 소비하는 대상으로서 간주하도록 했다.

음악을 정신과 육체로 분리하면서 남성 주체는 음악을 정신적 이상이라는 목표에 둘 수 있었다. 그러나 필연적으로 물리적 소리 현상과 육체적 움직임에 결부되는 음악의 또 다른 측면은 타자화되고 젠더화될 수밖에 없었다. 맥클래리의 주장에 따르면 서구 문화에서 드러나는 육체에 대한 "이상주의적 불신"은 "음악을 구성하는 소리를 생산하는 것이 실제로 인간"의 몸이라는 사실을 은폐하려 했다. 음악을 만들고 음악에 반응하는 것이 몸이 관여하는 신체성의 문제임에도 불구하고 수많은 음악 관행은 이를 지우려 노력했다는 것이다. 맥클래리가 제시한 예시에서도 알 수 있듯 르네상스 귀족이 천상의 하모니를 듣는다는 인상을 주기 위해 음악가의 물리적 신체를 스크린 뒤로 감춘다거나, 오케스트라 연주자들이 그들 몸의 현전으로 야기되는 불편함을 최소화하기 위해 연주 시에 검은색 복장을 한다거나, 쇼펜하우어가 음악을 형이상학적 의지 그 자체의 흔적으로 정의하는 것 등에서 이러한 관념이 은연중에 드러난다.

음악에서 육체성을 타자화하거나 여성의 영역으로 젠더화하는 관습은 현대의 퍼포먼스 아트에서 저항을 받게 된다. 퍼포먼스 아트는 일정 부분 인간의 육체성이 예술에서 지워진 그 역사에 대한 반발로 일어났다. 이러한 이유로 퍼포먼스 아트가 보여주는 가장 강력한 특징은 퍼포먼스를 하는 예술가의 몸을 강조하는 것이다. 퍼포먼스 아트에서 예술 창작 주체와 이를 수행하는 퍼포머는 대개 하나로 통합되어 있다. 창작 주체인 예술가는 자신의 몸을 이용하여 자기 재현을 통해 예술을 표현한다. 여기서 작품은 예술가 자신의 육체에 새겨지는 그 무엇이다. 서구의 진지한 음악이 전통적으로 추구해 왔던 정신과 육체의 극단적인 분리는 퍼포먼스 아트에 와서 그 의미를 잃게 된다. 정신을 표상하는 창작자나 물질적 소리를 만들어 내는 연주자의 역할 구분도 퍼포먼스 아트에서는 큰 의미를 얻지 못한다.

창작과 연주가 결합된 퍼포먼스 아트에서 예술가는 주로 여성인 경우가 많다. 창작 주체가 예술의 실행자임에도, 오랜 문화 전통이 무대 위에서 노래 부르고 몸을 움직이며 육체성을 드러내는 역할에 '여성성'이라는 젠더 관념을 부여해 왔기 때문이다. 신체 활동이나 목소리 등으로 펼치는 퍼포먼스를 여성적 영역으로 규정한 문화적 통념이 현대 퍼포먼스 아트를 바라보는 시선에도 동일하게 적용된 것이다. 예술가의 몸이 무대에서 관조의 대상이 되고 사람들에게 감정적 자극을 전달하는 것이 남성보다는 여성에게 적절하다는 젠더 편견은 역설적으로 퍼포먼스 아트에 여성의 진입율을 높였다. 그러나 퍼포먼스 아티스트는 스스로를 단순히 누군가가 창작한 예술 작품을 무대 위에서 재현하는 수동적 존재로 규정하지 않는다. 직접 작품을 쓰고, 무대 공간에서 자기 정체성이 새겨진 몸을 드러내며 스스로를 창조해 나간다. 여성 예술가가 무대에 올랐을 때 그것이 의미하는 바가 무엇인지를 상징적으로 드러내는 여러 젠더화의 약호들은 여성 퍼포먼스 아티스트에 의해 의문시되고 해체된다. 이러한 맥락에서 퍼포먼스 아티스트의 무대 공간은 수많은 젠더의 문제들이 제기되고 성찰되는 장으로 자리매김했다.

실제로 다수의 여성 퍼포먼스 아티스트는 퍼포먼스 공간에서 자신의 육체를 이용해 남성 중심의 지배적인 문화에서 형성된 젠더 관행을 전복하거나 고정된 젠더 스테레오타입을 독창적인 방식으로 해체한다. 예컨대, 다이아만다 갈라스Diamanda Galás나 메러디스 멍크Meredith Monk 등은 전통적으로 여가수에게 금지되었던 규범에서 벗어난 극단적인 보컬리티를 강조함으로써 여성 목소리에 대한 차별적 관습을 무너뜨린다. 특히 멍크는 길들여진 여성의 보컬리티를 거부하고 악마적 여성성과 동일시한 극단적 고음이나 비명, 비웃음, 동물이 울부짖는 듯한 날것의 목소리로 퍼포먼스 공간을 점유하고 여성의 목소리에 부여된 젠더 관념을 해체한다.

또 다른 퍼포먼스 예술가 로리 앤더슨Laurie Anderson은 서구 문화가 오랜 시간 축적한 약호와 상징성을 퍼포먼스 공간에서 해체하는 작업을 펼친다. 앤더슨은 무대 위 여성의 몸을 관조와 전시의 대상으로 여기던 관습을 거부하며 그를 바라보는 고정된 시선들을 혼란스럽게 뒤흔든다. 주로 성차에 따른 권력관계와 이를 상징하는 음악적 약호를 가지고 들어와 전복하거나 젠더화한 메타포를 퍼포먼스 공간에 노출시킨다. 무대 위에서 기계를 조작하면서 '기계를 다루는 역할은 남성'이라는 전형적인 성 역할에 혼란을 주거나 자신을 남성성의 이미지로 탈바꿈하여 '남성의 외적 조건을 갖춘 여성의 육체'라는 모순된 상황을 재현하면서 고정된 젠더 구분에 혼란을 야기한다. 또 보코더로 목소리를 변조하거나 콘택트 마이크를 드럼 머신에 연결하여 자신의 신체 부위에 부딪혀 소리를 만들고 필로우 스피커를 입에 물고 노래하기도 한다. 앤더슨이 보코더를 이용해 목소리를 변조하는 것은 목소리와 그 생산 주체인 몸 사이의 존재론적 커넥션을 해체하는 과정이기도 하다. 예컨대, 퍼포먼스 공간에서 그의 목소리가 기계적인 음성으로 변조되거나 갑작스럽게 남성의 저음으로 변조되는 과정을 실시간으로 보여주며, 목소리가 여성의 육체에서 생산되고 있음에도 그 본래의 육체와 목소리가 일치하지 않는 데서 오는, 즉 몸과 목소리의 분리가 일어나는 데서 기인한 경험을 하게 한다.

여성 퍼포먼스 아트가 젠더와 직결되는 이유는 그들의 창작이 여성의 몸에서 이루어지며 자기 재현을 통해 성취되기 때문이다. 여성 퍼포먼스 예술가들은 그들의 육체와 목소리를 창조적으로 컨트롤하면서 몸에 부여된 암시적인 젠더화를 극복한다. 이들의 퍼포먼스에서는 여성에게 부여된 문화적 제약과 젠더 관념의 틀이 청각적으로 드러나는 긴장의 순간을 맞기도 하고, 젠더 구분으로 인한 경계의 문제들이 뒤섞이고 해체되고 변환되는 과정을 보여주기도 한다. 무엇보다 이들이 다루는 젠더 갈등과 경계의 문제들은 오롯이 예술가 자신의 몸을 통과하며 이루어진다. 과거 오랜 세월 반복적으로 재현된 여성의 몸과 목소리에 대한 편견과 억압의 체계들이 이들의 퍼포먼스 무대를 통해 재고되고, 극복될 수 있었던 것이다.

이 글은 소리와 젠더가 어떻게 구성되고 들려지는지에 대한 이야기에서 출발했다. 논의를 위해 젠더와 소리의 문제를 함께 살필 수 있는 목소리에 주목했다. 목소리의 성차가 생물학적 차이에서 비롯된다는 사고에 문제를 제기하며, 생물학적 성을 이해하는 방식들이 젠더에 관한 문화적 개념과 불가분의 관계에 있다는 버틀러의 주장을 빌려와, 그 역시 문화적으로 구성된 것임을 제안했다. 목소리에 성이 따로 정해져 있는 것이 아니라 목소리를 생산하는 신체의 차이를 구분하고 그 차이를 소리의 특성과 대응해 왔다는 것이다. 목소리의 성차가 몸의 차이에서 비롯된 것이라는 인식의 한계는 일상생활에서 흔히 들을 수 있는 전자기기들의 음성, 공공기관의 안내방송, 인공지능 음성비서의 사례에서도 드러났다. 앞서 살펴본 바와 같이 음성을 탑재한 디바이스들의 소리는 여성화되어 있는 경우가 많았다. 이 기기들이 내는 여성의 음성이 육체와 무관함에도 불구하고 우리는 그 목소리를 듣고 그것을 몸을 가진 존재로 상상하며 자연스럽게 여성으로 인식한다는 사실을 발견했다. 이러한 현상은 젠더가 소리를 통해, 그리고 소리의 청취 경험을 통해 구성될 수 있으며 소리 또한 인식과 이해, 혹은 지배적인 관습과 담론, 그리고 문화를 통해 '젠더화'될 수 있다는 것을 보여주었다.

음악과 소리 담론 역시 사회의 젠더 담론에 영향을 받을 수 있다는 것은 이 글이 주목한 또 다른 부분이다. 이를 위해 맥클래리의 주장을 가져와 젠더 담론과 성에 대한 통념이 음악 작품과 관행, 연주와 퍼포먼스에 얼마나 깊이 새겨져 있는지, 음악을 설명하는 이론적 메타포나 음악 담론들에 얼마나 영향을 주고 있는지를 확인했다. 또한 톰슨의 주장을 빌려와 음악뿐 아니라 소리 영역의 여러 담론 역시 젠더의 문제와 직결되어 있다는 것에 주목했다. 객관적이고 중립적인 모델이라 여겨지던 소리의 파라

미터들이 성차로 구분된 권력관계를 드러내는 은유체계로 작동하고 있다는 것은 헬름홀츠의 사인파에 대한 설명에서 확인할 수 있었다. 이러한 관념은 젠더 이론가 조앤 스콧이 바라본 젠더 개념, 즉 젠더는 사회 전반에서 발견되는 특정 육체 간 권력관계의 메타포라는 아이디어와 공명하는 것이기도 하다.

한편 이 글에서는 목소리의 의미가 사회·문화적으로 어떻게 구성되었는지, 목소리가 어떻게 '젠더화'되었는지에 대해 다양한 역사적 사례를 들어 검토했다. 고대 신화에서부터 오페라 여가수의 목소리, 현대의 라디오, 전화기, 전자기기나 음성 비서의 목소리에 이르기까지 수 세기를 거쳐 여성의 목소리가 어떻게 규정되고 인식되어 왔는지를 살폈다. 목소리가 젠더화된 것은 단지 목소리의 의미와 특성 때문이 아니라 그 의미를 구성하는 지배적인 문화 담론과 관행에 녹아든 젠더 통념으로 인한 것임을 확인했다.

마지막으로 이 글은 음악 창작과 연주 행위를 정신과 육체의 영역으로 분리하고 남녀의 성 역할로 구분해 온 서구의 문화 관습에 주목했다. 이러한 관습으로 인해 육체성을 드러내는 연주와 퍼포먼스는 여성의 영역으로 간주되었다. 음악 실천의 영역 또한 성 역할에 따라 젠더화가 이루어진 것이다. 무대 위 여성의 몸과 목소리는 관조와 소비의 대상이 되었고 반복적인 문화 재현으로 인해 대다수의 여성은 이러한 시선에서 벗어나기 어려웠다. 그러나 현대의 여성 퍼포먼스 예술가들은 그들에게 부여된 젠더 편견에 맞서며 자신의 육체를 자신의 것으로 돌렸다. 소리와 소리를 통해 수행되는 사회적 관계, 또 그와 함께 구성된 젠더의 양상들은 이 연구가 주목한 광범위한 주제였다. 소리를 비롯하여 소리를 생산하는 매체들, 문화 실천과 담론에서 발견되는 젠더의 문제들은 현재 우리 삶에서도 여전히 존재한다. 사회의 편견과 젠더의 문제들이 소리를 통해 여전히 들리고 있는 이유다.

2

소리, 공간을 채우다

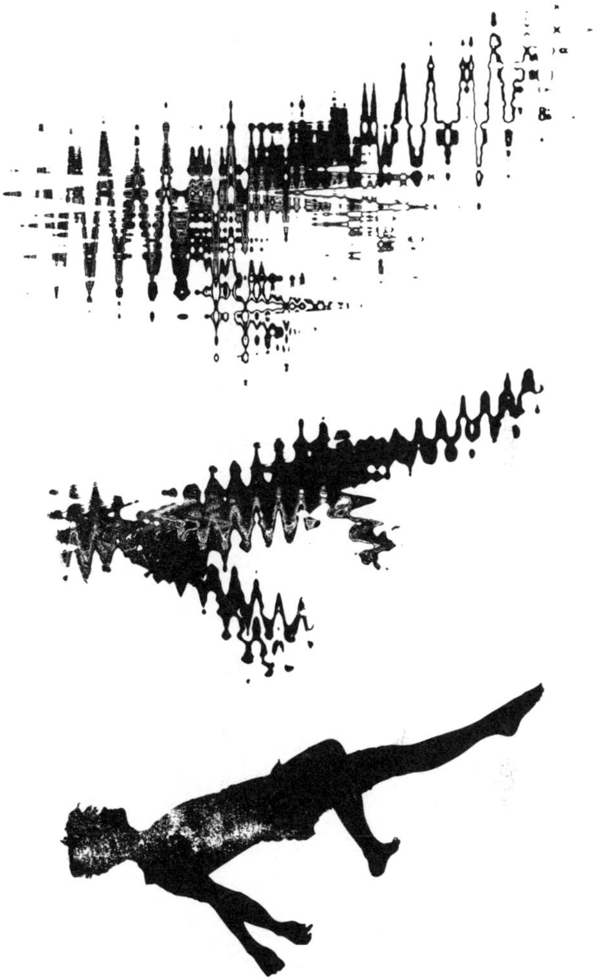

소리풍경으로의 여행

권현석

잠깐 하던 일을 멈추자. 그리고 주변 소리를 들어보자(나는 독자들이 주변 소리를 들을 때까지 정말 기다릴 것이다). 아마 다양한 소리가 하나둘 들릴 것이다. 대로변을 활보하는 사람에게는 빵빵거리는 자동차 경적, 휘익 하는 바람 소리, 사람들의 휴대폰 통화 소리, 여러 가지 유형의 발걸음 소리가 들릴 것이다. 집에서 노트북으로 일하는 사람은 윙 하는 노트북 작동 소리, 두다다다 자판 두들기는 소리, 째깍째깍 시계 초침 소리, 윗집에서 아련하게 울리는 피아노 연주 소리가 들릴지도 모른다. 어느 가을날 가까운 곳을 산책하고 있다면, 후두둑 나뭇잎 떨어지는 소리가 이따금 들릴 것이다. 아침에 일찍 일어나 창밖을 보는 이에게는 누군가가 밖에서 빗질하며 주변을 깨끗하게 하는 소리가 들려올지도 모르겠다.

이렇게 가만히 귀를 기울일 때 들려오는 다양한 소리들의 모든 것을 '소리풍경'이라고 말한다. 소리풍경은 우리가 보는 풍경에 대응하는 듣는 풍경이다. 다른 말로 하면, 소리 환경이라고 할 수 있다. 우리는 수많은 환경에 둘러싸여 있고, 그 환경 안에는 소리풍경도 있다! 창밖을 바라보자. 아니 들어보자. 우리의 눈앞에는 계절의 그림이 펼쳐져 있지만, 귓가에는 이곳저곳에서 소리들이 울리고 있지 않은가? 소리풍경은 이렇게 오래전부터 우리를 감싸고 있는데도 평소에는 눈치채지 못하다가 누군가가 '큐' 사인만 주면, 그제야 비로소 느끼게 되는 묘한 풍경이다.

소리풍경의 개념은 1장에서 이미 언급된 셰이퍼가 앞장서서 주장한 개념이다. 그는 캐나다를 대표하는 작곡가일 뿐만 아니라 화가, 발명가, 과학자이기도 하다. 셰이퍼는 1960년대 이후부터 아방가르드 음악으로 분류될 수 있는 실험적인 음악 작업을 해왔다. 예컨대, 그는 전자음의 이미지가 도형으로 표현되는 악보를 보면서 연주했다. 또 호숫가 주변의 소리풍경을 합창으로 표현하는 작품을 발표했다. 그러한 실험 정신의 연장선에서 1960년대 후반, 셰이퍼는 문제의 소리풍경 개념을 주창했다.

소리풍경 연구soundscape studies란 은근하게 우리와 함께 있는 소리 환경을 살펴보는 일이다. 소리풍경 연구를 한마디로 하면, '가지 않은 음악학의 길'이라고 말할 수 있다. 소리풍경 연구의 경우 학자들의 이론을 봐도 그렇고, 이들의 행동을 봐도 그렇고,

익숙한 음악학을 과감하게 벗어나고자 하는 경향이 있다. 이러한 움직임은 소리풍경의 개념을 주창한 셰이퍼의 생각에서 어렵지 않게 찾을 수 있다.

셰이퍼의 입장은 '익숙한 음악을 넘어서서 그것을 즐기자'는 것으로 정리할 수 있다. 이를 두 가지로 나누어 보면 다음과 같다. 첫째, 많은 사람들이 익숙한, '조직화'된 소리를 음악이라고 본다면, 그 조직화된 소리를 넘어서는 주변의 모든 소리들을 음악으로 바라봐야 한다. 둘째, 그렇게 넓은 의미의 음악을 사람들이 즐길 수 있도록 듣는 환경을 좋게 만들어야 한다. 잠깐, 휘익하는 바람 소리, 눈밭을 밟을 때 나는 뽀드득 소리, 벤치에 앉아서 하늘을 보며 '와, 날씨 좋다' 하고 말하는 누군가의 목소리가 음악이라고? 윗집에서 크게 울리는 쿵쾅거리는 발소리, 잠 못 이룰 정도로 요란하게 지나가는 차 소리를 다듬자고? 그렇다. 셰이퍼의 입장은 익숙한 음악학에서 다루지 않는 소리들을 다루고, 사람들에게 피해를 주는 소리들을 통제하려 하는 입장이다.

이러한 생각은 대안적인 음악학의 주춧돌인 소리풍경 연구가 만들어지는 데 중요한 자양분이 되었다. 셰이퍼는 동료 학자들과 세계 소리풍경 프로젝트World Soundscape Project, WSP를 진행했다. 이 프로젝트는 세상의 소리풍경을 진단하고, 더 나은 소리풍경을 모색하기 위한 일종의 연구 사업이다. 1960년대 후반에 시작되어 1970년대 후반 전성기를 맞이했다. 캐나다의 사이먼

프레이저대학교 소리연구 스튜디오Sonic Research Studio가 이 프로젝트를 주도했다. 그러면서 캐나다, 독일, 프랑스, 영국, 이탈리아 등지의 소리풍경을 조사했다. 이 프로젝트를 통해 다양한 성과가 나왔다. 그중 셰이퍼의 『사운드스케이프: 세계의 조율The Soundscape: Our Sonic Environment and the Tuning of the World』(1977)도 소리풍경 연구, 나아가 소리연구 분야가 태동하는 데 큰 기여를 했다.

동시에 좋은 소리 환경을 모색하는 오늘날 환경 운동의 지류에도 셰이퍼의 생각이 엿보인다. 둘러보면, 세계 곳곳에서 많은 사람들이 삶의 소리 환경에 대해 고민하고 있지 않은가? 국내의 경우, 층간소음을 둘러싼 크고 작은 일상의 전쟁이 눈에 띈다. 점잖게 호소하기도 하고, 고성을 지르기도 하고, 경우에 따라서는 법으로 해결하려 하기도 한다. 이러한 움직임은 쾌적하지 못한 소리 환경을 벗어나려는 몸부림으로 볼 수 있다. 그리고 이러한 몸부림은 바로 더 나은 소리 환경을 향한 셰이퍼의 첫 생각과 맞닿아 있다.

이런 점에서 소리풍경 연구는 익숙한 음악학을 과감하게 벗어나 오늘날 우리의 삶에 실질적인 도움이 되려 하는 분야로 볼 수 있다. 그래서 이러한 소리풍경 연구에 대해 살펴보는 일은 참으로 '시의적절'한 일이다.

'이제
들어야 한다'

먼저 소리풍경 연구가 어떻게 시작되었는지 살펴보자. 소리풍경 연구는 셰이퍼가 주도했지만 그 배경은 보다 넓게 살펴볼 필요가 있다. 소리풍경 연구는 세상을 새롭게 이해하려는 20세기 후반 현대 시민사회의 한편에서 일어나는 생각과 관계가 있기 때문이다. 그것은 앞서 언급한 대로 '이제 들어야 한다'로 요약할 수 있다. 이 입장은 자크 아탈리의 시선과 맥이 통한다. 그는 자신의 저서 『소음Bruits』(1977)에서 '세상은 바라보는 대상이 아니라 들어야 하는 것'이라고 말했다. 정리하면 '이제 들어야 한다'는 생각은 눈을 통해서만 세상을 이해해 온 것을 반성하는 과정에서 나온 깨달음이라고 볼 수 있다. 주요 내용은 두 가지다. 첫째, 세상을 가려서 담아내는 인쇄물만 봐서는 안 된다. 둘째, 이제 귀를 열어 오늘날의 복잡다단한 시민사회를 비교적 충실하게 반영하는 주변의 소리를 들어야 한다(물론 소리가 예상치 못한 순간에 등장해 놀라기도 하지만, 생각해 보면 이 또한 현대 사회의 모습이 아닐지!). 이러한 성찰은 1960년대 후반 음악을 치열하게 고민하는 지식인들 사이에서 잘 보인다. 이들은 주변의 소리풍경에 대해 새롭게 눈뜨며 '이제 들어야 한다'는 생각을 실천하기 시작했다.

조금 더 살펴보면, '이제 들어야 한다'는 생각에 현대 시민사회의 세 가지 생각의 흐름이 보인다. 하나는 '음악에서 소리로', 즉 '조직화된 소리로서의 음악에서 벗어나 주변의 소리로 가자'는 것이다. 이러한 입장은 20세기 초부터 작곡가들 사이에서 나타났다. 여러 작품 중 가장 파격적인 형태는 존 케이지John Cage, 1912~1991의 〈4분 33초〉(1952)일 것이다. 알려진 대로 이 작품은 쉼표로만 가득 차 있다. 연주자가 등장하고 피아노 앞에 앉아 4분 33초 동안 가만히 있는 작품이다. 이러한 작품이 공연된다면 관객들은 어떻게 반응할까? 모르는 상태에서 연주된다면, 웅성거리다가 이내 항의할 것이다. 케이지의 의도는 바로 이 지점이다. 4분 33초 동안 연주자가 아무것도 하지 않게 만들어 주변의 소리만으로 작품을 구성해 사람들을 그 소리들에 주목시키는 것이다. 케이지의 생각은 '음악에서 소리로'를 외치는 지식인들의 입장에 중요한 밑거름이 되었다. 이 입장은 두 가지로 풀이할 수 있다. 첫째, 음악은 다양한 소리를 아울러야 하지만, 사실 특정한 소리인 '음악적 소리musical sound'만을 취한다. 둘째, 음악은 누구나 할 수 있어야 하지만 많은 경우, 적은 수의 직업 음악인들만 음악을 하고 있다. 정리하면, 음악에서 소리로 가자는 외침은 전문 음악인이 다루는 음악적 소리에서 시민들이 삶을 통해 경험하는 소리(어쩌면 삶 그 자체)로 가자는 부르짖음이라 할 수 있다.

귀를 기울이면 보이는 것들

두 번째 흐름은 소리풍경 연구 분야의 기존 문헌에서 본격 조명되고 있지는 않지만, '소리 외의 환경에서 소리 환경으로'라고 정리할 수 있다. 이는 '시민 의식을 가지고 환경을 지키자'는 입장에서 자라나는 생각의 흐름이다. 환경에 대한 폭넓은 관심은 1960~70년대 미국의 시민사회에서 시작되어 세계로 퍼졌다. 1960년대 미국의 상황을 살펴보면, 여러 가지 계기를 찾을 수 있다. 하나는 책이다. 레이철 카슨Rachel Carson, 1907~1964이 살충제의 위험을 알리는 문제작 『침묵의 봄Silent Spring』(1962)을 썼다. 당시 미국 사회에서 이 책이 가지는 울림은 컸다. 다른 하나는 자동차이다. 자동차가 발전하면서 사람들의 여가 생활 공간도 그만큼 넓어졌다. 이러한 계기를 통해 미국 사람들은 삶의 '질'을 지향하기 시작했고, 이러한 흐름은 전 세계로 퍼져 나갔다. 지식인들은 환경에 대해 활발하게 이야기했다. 대기, 수질, 토양 환경은 중요한 주제로 다뤄졌다. 아쉽게도 소리 환경은 사각지대에 있었다. 그런데 1960년대 후반 셰이퍼를 포함한 일련의 지식인들이 절묘하게 현대 시민사회의 소리 환경의 문제점과 개선 방안에 대해 적극적으로 논의함으로써 소리 환경을 주목시키기 시작했다. 그리고 지금 세계 시민사회는 소리 환경이 주변 환경의 일부로서 가까운 곳에서 은연중에 영향을 준다는 것을 서서히 깨달으며, 이대로 괜찮은지 고민하고 있다. 이런 점을 고려할 때 '소리 이외의 환경을 넘어서 소리 환경으로 나아가자'는 관점은 우리와 가장 가까운 주변 환경에 눈 돌리자(아니 귀를 열자)는 시각일 것이다.

소리풍경 연구 분야에서 활발히 논의되고 있지는 않지만, '중심 감각에서 주변 감각으로'라는 생각은 세 번째 흐름으로 제시되기에 충분하다. 이는 '신체를 움직이는 이동 행위를 할 때 소외된 주변 감각으로서의 청각을 만족시키는 방향으로 해야 한다'는 입장으로 풀이할 수 있다. 현대 시민사회에서는 사람들이 신체를 움직여 어디론가 이동하는 모습이 두드러지게 보인다. 코로나19 사태 이전 우리는 자유롭게 국내외를 끊임없이 이동했다. 코로나19 상황에서는 오프라인 이동이 축소되었지만, 온라인 이동은 그 어느 때보다 활발했다. 그리고 펜데믹 이후 우리는 다시 활발히 이동하고 있다. 이동하는 사람들을 가만히 보면 상당수가 무언가를 듣고 있다. 오프라인, 온라인 상관없이 어디론가 이동을 하기만 하면 이어폰을 꺼내거나 음악을 튼다. 경우에 따라 귀를 열고 주변 소리를 섬세하게 듣기도 한다. 왜 그럴까? 심심하지 않기 위해서일 수도 있지만, 신체의 청각적 욕구를 충족시키기 위해서일 수도 있다. 이동할 때는 보통 여유가 생긴다. 그러한 여유 속에서 사람은 모든 감각을 충족시키고 싶어

한다. 때문에 이동 중에는 평소 시각을 주로 활용하느라 상대적으로 소외되는 청각이 선택된다고 말할 수 있다. 결국 '중심 감각에서 주변 감각으로'라는 외침은 '현대 사회를 잘 살아갈 수 있는 균형 있는 신체를 만들자'는 이야기일지도 모른다.

소리 환경 연구가 주목하는 것들

그렇다면 소리 환경 연구는 구체적으로 무엇을 연구할까? 다양한 소리 환경이 연구되고 있지만, 중심 주제는 우리가 모르는 사이에 끈끈하게 맺어지는 '소리 환경과 사람의 관계'라고 할 수 있다. 이 주제를 '소리 환경'과 '사람'의 측면에서 각각 조명하면 ① 어떻게 소리 환경이 사람에게 영향을 끼치는가, ② 사람은 소리 환경을 어떻게 듣는가로 나눌 수 있다.

소리 환경 관련 이슈는 크게 세 가지다. 첫 번째는 소리 환경의 공간적 측면이다. 소리 환경 연구는 특정 공간의 소리 환경을 연구한다. 공간이 먼저일까, 소리가 먼저일까? 이 질문은 닭과 달걀의 선후를 가리는 것만큼 어렵다. 그러나 특정 공간과 소리 환경이 너무나 가까운 관계라는 것은 분명하다. 따라서 소리 환경 연구에서는 소리 환경이 존재하는 특정 공간에 대한 이야기가 빠지지 않는다. 이 공간이 어떠한 공간인가, 즉 공간의 정체성에 관한 이야기는 단골 주제이다. 소리 환경은 해당 공간의 현재 모습을 충실하게 보여준다. 이 공간이 어떻게 달라졌는지, 경우에 따라서는 해당 공간이 어떻게 달라질지 보여주기도 한다(소리는 예언이라고 했던가?). 따라서 소리 환경 연구는 소리 환경을 면밀하게 살펴보면서 이 소리 환경이 존재하는 특정 공간의 독특한 모습이 무엇인지 살펴보려 한다. 소리 환경 연구에서 다루는 특정 공간에는 현대 사회를 살아가는 사람들의 삶과 관련된 곳이라면 어디든 다 포함된다. 아시아, 유럽, 북미, 남미, 아프리카, 오세아니아 등 세계 여러 지역의 도시부터 농촌, 그리고 아마존처럼 멀리 떨어져 있는 오지까지 소리 환경 연구 분야에서는 다양한 공간의 소리 환경과 이 공간의 정체성이 다뤄지고 있다.

예컨대, 클레르 귀유Claire Guiu의 바르셀로나 부둣가 소리풍경 연구를 살펴보면, 1992년 올림픽이 개최된 이후 국제도시로 성장한 현재 바르셀로나 모습의 단면을 엿볼 수 있다. 이 연구는 몰 데 라 푸스타Moll de la Fusta라는 부두 주변 소리풍경을 들여다본다. 이곳은 1992년 올림픽을 위해 새롭게 재개발된 곳으로 세계 각지의 사람들이 방문하는 유명한 관광지 중 하나다. 이 부두 주변의 소리풍경은 어떠할까? 이곳에 있으면 다양한 사람들의 발걸음 소리, 프랑스어, 영어, 지중해 지방 언어로 말하는 소리, 그리고 브라질 음악이 들린다. 소리가 많아지니 특정한 소리를 통제하는 새로운 안내방송도 잇따른다. 이렇게 바르셀로나 부둣가 소리풍경은 새로운 관습이 빚어지는 국제도시로서의 바르셀로나를 가감 없이 보여준다.

그러한 가운데 오늘날 흥미로운 삶의 현장이 탐구되고 있다. 그중 하나는 '사이 공간'이다. 여기서 사이 공간이란 우리가 머무는 거주지도, 돌아다니는 여행지도 아닌, 단순히 지나치는 공간을 의미한다. 예컨대 거리, 엘리베이터, 버스 정류장, 지하철역, 기차역, 공항, 로비, 주차장, 공원 같은 곳이 이에 해당한다. 지금까지 사이 공간은 특별히 주목되지 않았고, 그 안에서 형성되는 소리 환경 또한 연구 대상으로 주목받지 않았다. 그러나 생각해 보면, 이동하는 시민사회의 모습이 두드러지게 나타난다는 점에서 사이 공간만큼 중요한 공간도 없다. 이 공간에서는 수많은 사람들의 흐름 속에서, 또한 공간 자체에서 다양한 소리들이 끊임없이 만들어지며 사이 공간을 섬세하게 잘 보여준다. 그럼에도 사이 공간의 소리 환경은 그동안 본격적으로 논의되지 못했고 인문학 또는 사회과학적인 방법론으로는 사실상 탐구되지 못했다.

이러한 점에 주목하며 일부 연구 단체들은 사이 공간의 소리풍경을 주의 깊게 탐구하고 있다. 그중 하나는 한양대학교 음악연구소이다. 연구소는 사이 공간을 경유하는 현대인의 삶이 주변의 소리 환경에 섬세하게 스며든다고 보면서, 다양한 유형의 사이 지대의 공간적 측면이 그곳의 소리풍경에 어떻게 반영되는지 활발히 살펴보고 있다. 사이 공간으로서의 인천국제공항의 소리 환경 연구가 하나의 예이다. 사이 공간은 거주 공간과 이동 공간이 교차하는 공간이다. 다시 말해 우리가 집에서 가족들과 대화하는 식의 '거주 행위'와 여행지에서 자유롭게 이루어지는 산책 같은 '이동 행위'가 동시에 활발히 행해지는 공간이다. 소리 환경은 이러한 공간적 특성을 섬세하게 포착한다. 인천국제공항에서 진행된 실험에 기반하는 사례 연구는 이 점을 뒷받침한다. 연구에 따르면, 사람들의 대화 소리 같은 '거주음'과 이들이 끌고 다니는 캐리어 바퀴 소리 같은 '이동음'이 공항 소리 환경의 후경과 전경을 균형 있게 부각시킨다. 그러면서 '공항'의 사이 공간적 특성을 그 소리 환경이 은밀하지만 생생하게 담아낸다.

두 번째는 소리 환경의 요소이다. 소리 환경 연구는 소리 환경을 이루고 있는 소리들을 탐구한다. 무엇보다 소리 환경에 어떠한 소리들이 있는지, 이 소리들을 어떻게 분류해야 하는지를 살펴본다. 소리 환경은 다양한 소리들로 가득 차 있지만, 발음체가 무엇이냐에 따라 생물의 소리biophony, 토양의 소리geophony, 인간의 소리anthrophony 혹은 자연, 인간, 사물, 기계, 음악 소리 등으로 구분할 수도 있고, 소리의 전달 방식에 따라 전체 잔향과 직접음으로 구분할 수 있다.

소리들을 파악하고 분류한 뒤에는 경우에 따라 '소리들이 어떻게 사는가'의 문제, 즉 소리들의 존재 방식을 검토한다. 구체적으로 무엇을 검토하느냐는 살펴보는 대상이 총체적 소리냐, 음악적 소리냐에 따라 두 가지로 나눌 수 있다. 총체적 소리를 살펴보는 경우, 연구의 초점을 다시 몇 가지로 구분할 수 있다. 하나는 구조이다. 소리 환경 연구자는 무엇보다 소리들이 어떻게 전체를 이루고 있는가를 살펴본다. 연구자들은 대체로 총체적 소리를 '전후 구조'로 파악한다. 이 구조는 '전경음foreground sound, 앞면'과 뒤에 있는 '후경음background sound, 뒷면'이 이루는 양상을 말한다. 전경음은 소리풍경의 앞에서 울리는 것으로 지각되는 소리이다. 이 소리는 소리들이 반사되지 않고 청취자의 귀로 바로 도달하는데, 예를 들어 거대한 쇼핑몰 내부에서 이동하는 사람들의 신발 소리 같은 것이다. 후경음은 소리풍경의 뒤에서 나오는 것으로 감각되는 소리이다. 이 음은 다양한 소리들이 혼합되며 은은하게 울린다. 쇼핑몰 안의 메아리가 이에 해당한다. 다른 하나는 주기이다. 연구자들은 소리 환경을 살펴볼 때 다양한 소리들이 하루 중 어느 시간대에 얼마나 오랫동안 울리는지 측정해, 소리들이 울리는 주기를 자세히 파악하여 의미를 찾고자 한다. 예컨대 창을 열면 아침에는 새소리와 누군가 빗질하는 소리가 들리고, 오후 시간대에는 아이들이 놀면서 떠드는 소리와 자동차가 움직이는 소리, 저녁 시간대에는 (만약 초가을이라면) 귀

뚜라미 소리가 들릴 수 있다. 이 소리들이 말하는 건 한마디로 우리의 환경이다. 그것은 자연, 사람, 기계로 구성되는 주변의 모습이자 동시에 인간이 섬세하게 상호작용해야 할 소중한 울타리가 아닐까. 소리풍경 연구가 소리들의 주기를 파악해서 얻으려는 것은 이러한 환경의 의미와 맞닿아 있다.

한편, 음악적 소리를 들여다보는 경우는 연구의 주요 주제 중 하나로 '다양한 음악적 소리들이 어떻게 공존하고 있는가'의 문제, 즉 음악적 소리들의 질서를 꼽을 수 있다. 소리연구는 음악적 소리를 벗어나려 하지만, 이 말이 '소리 환경 연구가 음악적 소리에 관심 없다'는 뜻은 당연히 아니다. 오히려 음악을 소리 환경의 일부로서 폭넓게 바라본다. 그러면서 익숙한 음악학에서 주로 살펴보는 예술 음악부터 전 세계에서 인기 있는 케이팝과 같은 대중음악, 그룹 잠비나이의 '국악록' 같은 새로운 음악까지 우리 주변의 다양한 음악들과 세부 장르를 두루 살펴본다. 이때 음악 내적 논리에 집중하기보다는 음악의 전체적 맥락을 파악하려 한다. 이러한 음악들이 어떠한 관계를 맺고 있는지, 대등한 관계에 있는지, 아니면 특정한 음악 혹은 장르로 기울어져 있는지, 그렇다면 왜 그런지, 여러 가지 이유들을 찾으려 한다. 예컨대, 예술음악과 대중음악의 관계는 오래전부터 논의되어 왔다. 각 음악이 가지는 나름의 가치를 고려해야 한다는 시선이 전 세계에 퍼지고 있지만, 여전히 한쪽에서는 예술음악을 위에, 대중음악을 아래에 두려는 '소리에 대한 오래된 편견'이 엿보인다. 이러한 편견은 유럽과 '그 이외' 지역이 이루었던 정치 및 경제의 질서와 긴밀한 관계를 맺고 있다. 소리풍경 연구는 바로 이러한 연관성에 주목하며 소리들의 질서를 은연중에 만드는 사회적 요인들을 찾고자 한다.

세 번째는 소리 매체의 역할이다. 우리는 많은 경우, 소리 환경을 소리 매체를 통해서 경험한다. 도시 소리풍경이 특히 그렇다. 이러한 사실은 지나치기 쉽지만, 생각해 보면 매우 중요하다. 따라서 소리 환경 연구자들은 이 점을 주의 깊게 살펴본다. 소리 환경 연구는 여러 가지 매체 중에서 전 세계 많은 사람들이 쉴 새 없이 활용하는 '이동식 소리 매체mobile sound media'를 주목한다. 스마트폰과 스마트폰의 기능이 발달되기 전에 적극 활용되었던 아이팟, 그 이전에 즐겨 사용되었던 MP3 재생기기나 워크맨 등을 대표적인 예로 들 수 있다. 이러한 매체는 하루하루 심화되는 현대 기술 혁명의 흐름을 그대로 보여주고 있을 뿐 아니라 오늘날의 소리 환경을 여러 층으로 만들고 있다.

통제되고 개인화된 소리풍경들

소리풍경의 한 장면을 살펴보자. A는 스마트폰을 만지며 강남역 11번 출구로 나간다. 거리에는 빵빵거리는 차 소리, 슥삭슥삭 발걸음 소리들이 울려온다. 잠깐 멈춰 이어폰을 귀에 꽂고, 나만의 재생 목록을 재생한다. 자, 이때 A를 둘러싼 소리풍경은 무엇인가? 처음에는 강남역 11번 출구 밖 거리의 소리들이지만, 스마트폰을 작동시킨 뒤부터는 나만의 재생 목록 속 음악들이지 않은가? 이 사례는 특정인에게만 해당되는 이야기는 아닐 것이다.

오늘날 소리풍경을 자세히 보면, 거리의 소리풍경이 존재하는 가운데 스마트폰을 통해서 '나만의 소리풍경들'이 만들어지고 있다. 마이클 불Michael Bull이 언급하는 '아이팟 문화'의 경우처럼 우리는 스마트폰으로 현대 사회·문화의 흐름에서 벗어나 때때로 우리만의 세계를 만들고 있다. 소음 제거noise cancelling 이어폰까지 가지고 있다면, 사람들은 현대 사회·문화의 흐름을 적극 통제한다고까지 말할 수 있다. 스마트폰이든 소음 제거 이어폰이든 여러 가지 소리 매체를 활용해 우리만의 세상을 만들 때, 우리는 사람들에서 멀어지기도 하고, 네트워크 속에서 다른 사람들을 만나기도 한다. 이렇게 복잡다단한 모습 속에 오늘날을 살아가는 다양한 사람들의 온오프라인 풍경이 담겨있다. 그리고 그 한가운데에 소리 매체가 있다. 소리풍경 연구자들은 이 점에 착안해 소리풍경을 연구할 때 소리 매체를 빼놓지 않는다.

한편 사람과 관련된 이슈는 다름 아닌 사람 내면의 요소에 관한 것이다. '어떻게 사람이 소리 환경을 듣는가'의 문제와 '사람이 어떠한 내면의 요소를 지니고 있는가'의 이슈는 많은 경우 같은 이야기다. 오늘날 우리는 부지불식간에 다양한 형태의 소리 환경을 듣고 있다. 그런데 듣는 방식은 비슷하면서도 다르다. 스티븐 펠드에 따르면, 칼루리Kaluli족은 자연을 하나의 오케스트라라고 생각하며 노래할 때 자연에서 만들어지는 '겹치는 소리'를 만들려고 한다. 그러나 이러한 청취 방식을 다른 모든 지역에서 찾을 수 있다고 보장할 수는 없다. 사무실에 있다가 실외로 나갔을 때 들려오는 자동차 경적 소리에 어떤 사람은 상쾌함을 느끼지만, 어떤 이는 외로움을 느낀다. 어떤 소리가 울릴 때 여성들은 자연스럽게 듣지만, 남성들은 무심코 지나치기도 한다(반대의 경우도 마찬가지다). 듣기는 '내면'과 밀접하게 연결되어 있기 때문이다. 소리를 들을 때 지식, 감정, 정체성, 가치관, 계급 의식, 젠더, 세대 정서, 정치적 성향, 미적 태도, 성장 배경 등 내면의 요소들은 같이 움직인다. 따라서 어떤 사람이 무엇을 어떻게 듣는가를 알아보는 과정에서 이 사람이 어떤 생각을 하는지 살펴볼 수 있다. 그래서 소리 환경 연구자들이 인간 내면의 요소에 대해 관심을 가질 수밖에 없다.

더 나은 삶을 모색하는 소리풍경의 길

소리풍경 연구는 학문과 학문의 담을 넘나드는 '학제 간 접근법'을 적극 활용한다. 소리 환경이 현대 사회 환경의 많은 영역과 겹쳐있기 때문이다. 그래서 소리풍경 연구에 정치학, 경제학, 사회학, 문화 연구, 매체 연구, 음악사 연구, 음악인류학, 대중음악 연구 그리고 공학적 음향학의 방법론이 두루 쓰인다. 소리 환경 연구는 여기서 한 단계 더 나아간다. 다양한 학문 분야의 이론적 접근법에 '경험적 접근법'을 더한다. 경험적 접근법이란 특정한 연구 대상을 경험을 통해 이해하려는 접근법을 말한다. 음악인류학을 포함하는 문화인류학의 주요 방법론으로 활용되는 '참여관찰법'을 대표적인 예로 꼽을 수 있다. 이 시점에서 왜 소리 환경 연구에 경험적 접근법이 활용되는지 묻지 않을 수 없다. 그 이유는 너무나도 당연하지만 중요한 사실, 소리 환경을 경험하지 않고서는 소리 환경을 제대로 이해하기 어렵기 때문이다.

소리 환경 연구에서 적극 활용되는 경험적 접근법은 '소리 산책'이다. 소리 산책은 말 그대로 주변의 소리를 들으면서 하는 산책을 말한다. 대개 소리 산책의 경우, 안내자가 제시하는 규칙에 따라서 행한다. 즉 소리 산책에 참여하는 사람들은 안내자가 정한 구간을 일정한 속도로 걸으며 주변 소리를 듣는다. 설령 안내자가 없어도 스스로 이동 구간 및 속도에 관한 규칙을 정해 이 방침에 따라 이동해도 소리 산책으로 부를 수 있을 것이다.

소리풍경 연구자들은 특정한 구간의 소리풍경을 파악하기 위해 참여자가 소리 산책을 통해 전체적인 모습을 파악하는 방법을 적극 활용한다. 그런데 사람마다 듣는 방식이 비슷하면서도 다른데, 이 방법이 소리풍경을 이해하는 적절한 방식이 될 수 있을까? 소리풍경 연구자들은 바로 그 점 때문에 소리 산책의 접근법을 취한다. 청취 방식에 유사성과 차이점이 있기에 많은 사람들이 느끼는 소리풍경의 공통된 모습을 파악할 수 있고, 또 취향, 젠더, 세대 등의 차이에 따라 다르게 인식되는 소리풍경의 들쑥날쑥한 모습들을 찾을 수 있다. 기계를 통해 데시벨을 파악할 수도 있지만, 그것만으로는 소리풍경과 사람 간의 떼려야 뗄 수 없는 운명적인 관계를 다 알기는 어렵다.

소리 산책의 가장 적극적인 형태는 '기록하는 소리 산책'일 것이다. 방법은 간단하다. 어딘가를 여행할 때 흥미로운 것을 보면 기록을 하듯이, 들리는 소리와 짧은 감상을 메모장에 기록하면서 산책하면 된다. 다시 잠깐 책을 덮자. 그리고 코스를 정해 '기록하는 소리 산책'을 해보자.

소리 환경 연구를 하는 이유는 무엇일까? 첫 질문으로 돌아가는 것 같지만, 어쩌면 궁극적인 물음일지도 모른다. 소리 환경 연구의 이유를 한마디로 표현하자면, 보다 나은 소리 환경을 만

듣기 위해서라고 할 수 있다. 소리 환경 연구는 도서관 안에서 도서관 밖으로, 이론에서 실천으로, 환경 연구에서 환경 운동으로 나아가고자 한다. 그래서 언제나 주변의 소리 환경을 세밀하게 둘러본다. 이 환경에 대한 느낌은 사람마다 다를 것이다. 평소 듣지 않던 소리를 들으며 주변을 둘러보고 있으면, 마음이 안정될 수 있다. 그러나 어떤 경우는 공사장에서 나는 굉음, 윗집에서 나는 쿵쿵거리는 소리 등 예상치 못한 시점에 들리는 소음 때문에 놀랄 수도 있다. 이러한 소리가 계속 반복되면 힘들어진다. 이때 소리풍경 연구자들은 소리 환경 개선 방법에 대한 고민을 하지 않을 수 없다.

소리 환경을 개선하는 방법은 크게 주체적 접근과 환경적 접근으로 나누어 볼 수 있다. 주체적 접근은 소리를 듣는 주체의 차원에서 하는 접근을 말한다. 주체적 접근에는 여러 가지가 있다. 예컨대, 하나는 '인식의 전환'이다. 주변의 소리 환경이 마음에 들지 않지만 수용할 수 있다고 판단될 때, 쉽지는 않지만 우리가 그 풍경에 대한 인식을 바꾸는 경우가 있다. 이 경우가 바로 인식의 전환에 해당한다. 다른 하나는 '맞춤형 소리 환경 만들기'이다. 앞서 언급한 대로 소리 환경이 마음이 들지 않을 때 우리는 이어폰으로 미리 만들어 놓은 재생 목록을 듣거나 과감하게 소음 제거 이어폰을 껴, 주변 소리를 차단하고 나만의 소리 환경을 만들곤 한다. 맞춤형 소리 환경 만들기의 대표적인 예로 이 사례를 꼽을 수 있다. 환경적 접근은 주변의 소리 환경을 실제로 바꾸는 환경 차원의 접근을 말한다. 이 접근으로는 방음벽을 세우거나 여러 가지 방법으로 외부 소리를 차단하는 공학적 접근이 있다. 또 소리 환경 개선을 위한 담론을 주도하거나 법률에 호소해 해결하는 사회적 접근도 있다. 그리고 주변의 소음을 흥미로운 음악으로 바꾸는 예술적 접근도 있다. 자동차가 특정한 구간을 지나가거나 사람이 특정한 계단을 오르락내리락할 때 '도레미파솔라시도'가 나오게 하거나, 바람 소리가 유리병에 들어갈 때 독특한 음악으로 전환시키는 조치가 이에 해당한다.

지금까지 소리풍경 연구가 어떻게 현대 시민사회의 사상적 흐름에서 나왔는지, 소리풍경 연구는 무엇을 어떻게 왜 연구하는지 살펴봤다. 종합하면, 소리풍경 연구는 가지 않은 음악학의 길에 들어서는 첫 번째 발걸음이라고 정리할 수 있다. 이론적인 측면에서 그렇다. 익숙한 음악학에서 다루지 않는 다양한 환경음을 아우르면서 기존의 테두리를 벗어나려 한다. 나아가 경험적인 측면에서는 정말 그렇다. 전통적인 음악학은 주로 악보를 보면서 시대의 흐름과 음악을 이해해 왔다. 소리풍경 연구는 음악의 현 상황을 진단하고, 더 나은 소리풍경을 제시하고자 한다. 다시 말해 소리풍경 연구는 익숙한 음악학의 길에서 벗어나 새로운 음악학의 길을 개척하려 한다.

다른 길을 가려는 이유가 무엇일까? 궁극적으로는 급변하는 현대 시민사회를 보다 폭넓게 이해하기 위한 데 있을 것 같다. 음악을 넘어서는 주변의 소리는 우리가 몸담은 이곳의 모습과 닮아있다. 이런 점에서 소리풍경 연구는 현대 시민이 사는 곳, 아니 살아야 하는 곳에 대한 연구로 볼 수 있다. 소리풍경 연구는 대안적인 음악학의 첫걸음이다. 아니다. 오늘날 사람들이 소리풍경을 들으며 더 나은 삶을 모색하는 소풍길(소리풍경의 길)이다.

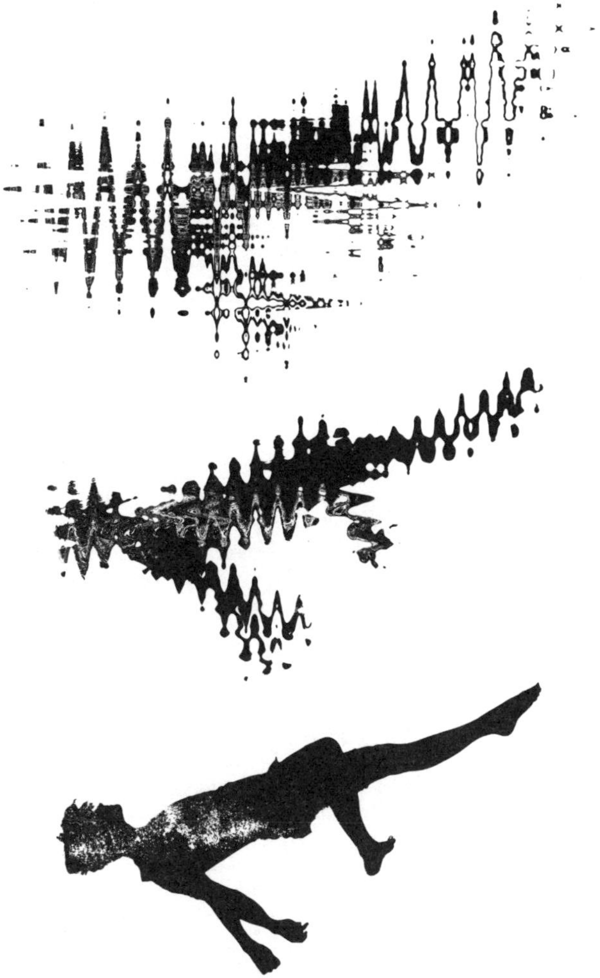

소리 생태계, 소리니치로 듣다

정혜윤

이 장에서 우리는 인간을 둘러싸고 있는 소리 환경과 인간 사이의 관계에 대해 현대철학과 인지과학이 들려주는 흥미진진한 이야기에 귀 기울여 보려 한다. 이 이야기를 통해 우리는 인간의 삶이 우리가 생각하는 것보다 주변의 소리 환경과 훨씬 더 내밀한 방식으로 깊게 뒤엉켜 있다는 사실을 알게 될 것이다. 그리고 소리 환경이 인간의 삶에서 생각보다 큰 역할을 한다는 사실을 깨닫게 되면서, 주변의 소리들을 새삼스레 다시 둘러보게 될 것이다. 이야기를 듣기에 앞서 몇 가지 사실과 개념들을 알아둘 필요가 있다. 이는 소리에 대한 이야기를 좀 더 잘 이해하기 위함인데, 준비가 충분히 되었을 때 본격적인 이야기를 시작할 것이다. 자, 이제 소리에 대한 이야기는 잠시 뒤로 하고 먼저 동물들의 세계로 떠나보자.

2010년 영국 「텔레그래프」는 캐나다 앨버타주 북부에 자리하고 있는 우드 버팔로 국립공원의 남쪽 모서리에서 비버가 만든 것으로는 세계에서 가장 큰 댐이 발견되었다는 소식을 알렸다. 우드 버팔로 국립공원은 잘 보존된, 광대한 생태환경으로 1983년에 유네스코 자연유산으로 등록된 곳이다. 발견된 댐의 길이는 850미터로 우주에서도 보일 정도였는데, 이는 1936년 건설 당시 세계 최대 댐이었던 미국 후버댐보다도 2배 이상으로 긴 것이었다. 이 댐은 북미 지역에서 비버가 만든 댐들의 크기와 확산 상태를 조사하던 전문가들에 의해 발견되었는데, 이 댐의 존재는 우드 버팔로 국립공원에서 일하는 직원들조차 알지 못했던

캐나다 앨버타주에 있는 비버 댐. 길이가 무려 850미터나 된다.

것이었다. 그럴만한 것이 이 국립공원은 스위스보다 더 큰 데다 야생동물들의 서식지로서 인간이 다닐 만한 도로나 오솔길이 매우 드물기 때문이다. 더군다나 비버들이 댐 건설을 위해 선택한 구역은 버치산 산악지대와 북미에서 가장 큰 담수 내륙 삼각주인 피스아타바스카델타Peace-Athabasca Delta 사이에 위치한 매우 외진 곳으로, 주변으로부터 전혀 방해받지 않는 곳이었다. 산악지대로부터 흘러나오는 물과 북쪽 수림대樹林帶는 비버가 댐과 집을 짓는 데 필요한 음식을 충분히 제공해 주었다. 비버들은 수개월 동안 수천 그루에 달하는 나무를 모아 이 댐을 만든 것으로 추정된다.

이처럼 대규모의 비버 댐이 발견된 것은 드문 일이지만, 사실 하천이나 늪에 사는 비버가 훌륭한 댐 건축가라는 사실은 잘 알려져 있다. 비버들은 서식지 근처의 나무를 이빨로 갉아 무너뜨린 뒤 물가로 끌고 와 쌓아서 흙이나 돌을 첨가해 댐을 만들고, 그 중앙에 섬과 같은 형태로 자신들의 보금자리를 마련하는 것으로 유명하다. 댐의 건설로 생겨난 연못은 나무껍질이나 가지 등 비버들의 겨울 양식을 보관할 수 있는 서늘한 장소를 제공해 주고, 육식동물들의 공격에서 비버들을 보호해 준다. 또한 비버들이 얼음이 얼어있는 표면 밑을 헤엄쳐 식량을 숨겨둔 곳까지 갈 수 있도록 물의 깊이를 적당히 유지해 준다. 생물학자들은 비버 댐이 가뭄과 홍수를 막는 등의 작용을 함으로써 다른 생물들의 생태환경에도 영향을 미친다고 말한다. 흥미로운 점은 비버에 의해 변화된 생태환경이 다시 비버에게 영향을 준다는 사실이다. 비버에 의해 적극적으로 조성된 생태환경은 비버의 후손들에게 새로운 생태적 조건과 생존에 대한 도전의 가능성을 제공한다. 이런 방식으로 비버와 환경 사이에는 순환적인 영향 관계가 형성된다. 그런데 이러한 활동과 작용이 비버에게만 고유한 것은 아니다. 가령 푸른 지느러미 참치는 지느러미들로 소용돌이를 일으켜 근처의 해류를 변화시킨 후 이를 이용해 자신의 해부학적 역량이 허용하는 수준보다 더 빨리 헤엄친다.[6] 거미줄은 세대를 거듭하는 가운데 거미줄에 토대를 둔 보호색이 발전되도록 함으로써 거미들의 서식 조건을 변화시킨다.[7] 또 다른 예로는 토끼굴과 흰개미집, 새 둥지 등을 들 수 있다.

이처럼 유기체가 자신의 신진대사 작용, 선택과 활동을 통해 서식지의 생태환경을 능동적으로 변화시키고 창출해 나가는 과정을 '니치 구성niche construction'이라고 한다.[8] 그런데 니치 구성은 동물에게서만 발견되는 것이 아니다. 인간 역시 다양한 소도구와 인공물, 기술을 이용해 환경을 변화시킨다. 그리고 변모된 환경은 인간의 신체적, 사회·문화적 조건에 다시 변화를 초래한다. 인간과 환경이 서로 영향을 주고받는 순환적인 고리 속에 놓이는 것이다. 니치 구성의 과정을 잘 보여주는 사례로 인류에게 젖당 내성이 점점 증가하게 된 이유를 들 수 있다. 일단 인간이 젖소를 가축으로 키우는 일이 발생했을 것이다. 이후 이러한 일이 여러 세대에 걸쳐 지속적으로 이루어짐으로써 결국 우유와 유제품들이 인류의 일상적인 먹거리로 굳어지게 되었을 것이다. 그러자 이러한 식생활의 변화는 젖당 내성에 더 강한 신체를 갖도록 인류에게 변화를 초래했을 것이다. 이처럼 인간 역시 적극적으로 니치를 구성하는 동시에 구성된 니치에 적응하는 삶을 살아간다. 한편 니치가 물리적인 환경만을 토대로 구성되는 것은 아니다. 인류 사회에서 니치는 사회·문화적인 환경을 배경으로 해서도 구축될 수 있다. 언어와 그 밖의 기호들, 문화적 규준과 실제, 법 체제나 교육체계, 의복과 같은 사회적 제도나 조직, 관습 같은 문화생태계의 요소들이 바로 그 예들이다.

인간 사회에서 니치는 인간의 마음에 부과된 과제를 거들어 대신함으로써 인간의 부담을 덜어주는 중요한 역할을 한다. 인간에게 부과된 인지적 과제들은 전통적으로 뇌가 전적으로 수행하는 것으로 여겨져 왔다. 그런데 이러한 고전적 견해는 최근 30여 년 동안 강력한 도전을 받았다. 반대의 목소리는 오늘날 '체화된 인지embodied cognition'라는 이름으로 강하게 울리고 있는데, 이는 인간의 인지적 과제가 뇌신경계뿐 아니라 이를 포함하는 인간의 몸 전체와 인간을 둘러싼 환경으로 구성된 통합적 체계에 의해 수행된다고 주장한다. 오늘날 인지의 체화를 주장하는 학자들은 관심의 초점과 강조점에 따라 새로운 분파들을 형성하며 다양한 주장을 펼치고 있는데, 다음과 같은 점에 대해서는 모두 한목소리를 내고 있다. 이들은 인간의 뇌를 몸의 나머지 부분과 분리하고 뇌에 우리 몸의 사령탑으로서의 특권을 부여하는 데카르트적 이원론을 부정한다. 그리고 인간의 인지적 절차를 외부로부터 유입된 객관적 정보가 뇌의 계산적 처리 과정을 통해 유의미한 인식적 결과물로 산출되는 과정으로 보는 것에 반대한다. 대신 이들은 인지적인 작용이 인간의 신체 전반에 분산된 채 일어난다고 믿는다. 그리고 이때 인지적인 작용이 이루어지는 상황적인 맥락과 환경에 결정적인 중요성이 있다고 본다.

체화된 인지주의의 분파 중 인간의 인지적 작용에 대한 환경의 개입을 특히 강조하는 입장을 '착근된 인지주의embedded cognitivism'라고 한다. 착근된 인지주의의 관점은 니치가 인간 사회에서 담당하는 중요한 역할 중 하나가 인간의 인지적 과제를 거들어 돕는 것이라는 생각과 공명한다. 착근된 인지주의를 대표하는 학자인 로버트 루퍼트Robert Rupert는 인간의 인지적 과정이 인지가 발생하는 외부 환경 구조에 강하게 의존한다고 주장한다.[9] 착근된 인지주의자들은 인간의 인지 과정 가운데 적어도 어떤 것들은 외부 환경의 도움 없이는 적절히 수행될 수 없으며, 이러한 의미에서 인지는 환경에 본질적으로 착근되어 있다는 주장을 편다. 그리고 인간은 환경의 구조들을 활용해 인지적 과제의 부담을 환경에 분산시킴으로써 인지 과제를 수행하기 위해 요구되는 내적 절차를 감소시키기는 방식으로 인지적 과제를 수행한다고 주장한다. 착근된 인지주의의 이러한 견해는 철학자 킴 스터렐니Kim Sterelny가 제안한 '스캐폴딩scaffolding'이라는 개념에 잘 반영되어 있다.[10] 스터렐니에 따르면 인간은 능동적으로 니치를 구성해 나가는 가운데 자신의 활동을 지지하는 방식으로 환경을 설계하고 조작한다. 그리고 그럼으로써 자신에게 부과된 과제를 환경이 거들어 부담하게 한다. 스터렐니는 환경이 인간의 과제를 분담하여 거든 결과가 세대를 이어서까지 매우 깊은 영향력을 행사한다고 주장한다.[11]

인간이 자신의 마음에 부과된 인지적 과제를 주위 환경이 거들어 분담하게 하는 예는 무수히 많다. 세 자리 숫자 사이의 곱셈을 암산으로 바로 해내기는 쉽지 않다. 하지만 펜과 종이가 있으면 그리 어렵지 않게 할 수 있다. 세 자리 숫자 사이의 곱셈에 필요한 인지적 절차의 상당 부분을 펜과 종이가 대신 맡아 거들어 주기 때문이다. 계산기를 사용한다면 부담은 한층 덜해질 것이다. 수십 명이 넘는 친구들의 전화번호를 굳이 외우고 있는 사람은 별로 없다. 휴대폰에 저장된 연락처를 통해 전화번호를 쉽게 알아낼 수 있기 때문이다. 작성된 문서에 입력된 단어의 개수를 확인하기 위해 단어의 개수를 하나하나 모두 셀 필요도 없다. 한글 프로그램의 문서정보 기능을 클릭하면 금방 알아낼 수 있기 때문이다. 소리에 대해서도 마찬가지다. KTX에 몸을 싣고 여행할 때 승객들은 시계를 보고 정착지를 추측하는 대신 정착지에 대한 안내방송을 통해 그때까지 경과된 시간과 종착지까지 남은 여정을 가늠한다. 많은 승객들은 특정한 음들의 울림과 더불어 퍼지는 승무원의 목소리에 의지함으로써 목적지를 지나치지 않기 위해 계속 신경을 곤두세워야 하는 부담을 털어버리고 잠을 자거나 다른 일에 몰두한다. 이처럼 계산기나 휴대폰, 컴퓨터뿐 아니라 우리 삶을 둘러싼 다양한 소리들 역시 알게 모르게 우리의 인지적 과제를 나눠 맡아 부담을 덜어주고 활동을 지원한다.

인지적 소리니치
: 소리가 인간을 돕는 첫 번째 방식

소리 환경과 인간 사이의 관계에 대한 흥미로운 이야기를 듣기 위한 우리의 예비 작업은 비버 댐과 더불어 시작되었다. 그리고 인간의 인지적 과제를 분담하는 소리 환경의 작용에 주목했다. 그렇다면 이제 우리는 이야기를 들을 준비가 충분히 된 것일까? 물론이다. 사실 우리는 이미 이야기의 한가운데 들어서 있다. 이제 소리 환경이 인간의 인지적 과제를 거들어 인간의 인지적 부담을 줄여주는 다른 사례들을 살펴보면서 좀 더 본격적으로 이야기를 전개해 보겠다.

어떤 예식이 진행될 때 우리는 보통 여러 가지 소리를 듣는다. 많은 경우 우리는 이 소리에서 예식이 진행되는 순서에 대한 정보를 얻음으로써 예식의 복잡한 절차를 모두 외우거나 의식하지 못한 채로도 무리 없이 예식에 참여한다. 개신교 교회에서 행해지는 주일예배의 경우를 살펴보자. 예배가 시작되었음을 알리는 사회자의 목소리와 더불어 피아노 소리가 조용히 울려 나오기 시작하면 교회 신도들은 일제히 눈을 감고 묵도를 드린다. 그러다가 시간이 어느 정도 흘러 피아노 소리가 갑자기 바뀌기 시작하면 신도들은 각자 드리던 기도를 얼른 마무리하고 일제히 찬송가를 펼쳐 든다. 다 같이 찬송가를 불러야 할 차례라는 사회자의 안내는 굳이 필요 없다. 예배가 진행되는 과정에서 꾸벅꾸벅 졸고 있던 신도가 있다면 설교 후 기도 중이던 목사님의 어조가 힘 있는 선언조宣言調로 갑자기 바뀔 때 놀라서 잠을 떨치고 고개를 들어 몸가짐을 바로 잡을 것이다. 예배를 마무리하는 목사님의 축도가 시작되었음을 직감할 것이기 때문이다. 이때도 역시 사회자의 안내는 굳이 필요 없다. 예배당에 울려 퍼지던 소리의 성격이 갑자기 변한 것만으로도 상황을 파악하기에 충분하다.

인간에게 부과된 인지적 과제를 소리가 분담하여 지원하는 경우는 이 밖에도 많다. 잘 드러나지 않지만 암보暗譜 연주의 사례 역시 이러한 경우다. 복잡하고 긴 악곡을 모두 외워서 연주하기란 쉬운 일이 아니다. 프란츠 리스트Franz Liszt, 1811~1886의 피아노 소나타 b단조 S.178은 피아노 소나타로서는 엄청난 규모의 곡이다. 모두 760마디로 된 이 소나타는 연주 시간만 보통 30분에 달한다. 평범한 사람이 이 곡을 모두 외우기란 매우 어렵다. 어쩌면 이것은 영화 〈뷰티풀 마인드〉의 주인공 존 내시John Nash가 칠판 한가득 풀어놓은 경제학 문제의 답을 찾는 것만큼이나 불가능한 일이다. 하지만 전문적인 훈련을 받은 피아니스트들은 일정 기간 연습할 기회가 주어진다면 대부분 이 곡을 외울 수 있다. 전문적인 피아니스트라면 760마디 정도를 머릿속에 새겨 넣는 것쯤이야 부담 없이 할 수 있는 일이기 때문일까? 이 소나타의 연주를 방금 마친 연주자에게 서른 번째 마디를 구성하고 있는 음들이 무엇인지를 물어본다면 연주자는 난색을 보일 가능성이 크다. 참을성 있는 연주자라면 이를 재미있는 장난쯤으로 받아들여 첫 번째 마디의 구성음들부터 오선보에 차근차근 채워나가 마침내 서른 번째 마디의 구성음들을 찾아낼지도 모르겠다. 760마디를 거뜬히 외워서 연주한 연주자가 막상 서른 번째 마디의 구성음들을 단박에 기억해 내기는 어려워한다는 사실은, 연주자의 머릿속에 760마디 모두가 각인되어 있는 것이 아님을 보여준다. 또한 첫 번째 마디부터 시작해서 서른 번째 마디에 이르기까지 소나타의 소리가 진행되는 과정을 추적함으로써 서른 번째 마디의 구성음들을 알아낼 수 있다는 사실은 첫 번째 마디부터 서른 번째 마디까지 이어진 소리의 전개가 서른 번째 마디의 구성음들을 찾아내는 데 필요한 인지적 자원을 제공해 주기 때문이라는 추측을 낳는다. 서른 번째 마디까지 진행된 소리가 서른 번째 마디의 구성음들을 떠올리는 데 필요한 인지적 부담을 상당 부분 분담하여 거들어 주는 덕분에 연주자는 760개의 마디 각각을 일일이 기억에 담고 있지 못한 채로도 서른 번째 마디의 구성음들을 알아낼 수 있다는 것이다.

프란츠 리스트, 피아노 소나타 b단조 S.178

암보할 시간이 충분히 주어진 전문적인 피아니스트라고 할지라도 760마디에 달하는 악곡의 구성음들을 스캔하듯 머릿속에 모두 입력해 아무 부분이나 불쑥 인출하는 것은 매우 힘든 일이다. 연주자의 신체 내적인 절차를 통해서만 감당하기에는 인지적으로 지나치게 부담되는 일이기 때문이다. 물론 연주자의 인지적인 부담을 덜어주는 역할을 소리만이 할 수 있는 것은 아니다. 사실 연주 시의 몸동작이 암보에 큰 도움을 준다는 것은 많이 알려져 있다. 서른 번째 마디의 구성음들을 찾기 위해 첫 번째 마디부터 소리들을 하나하나 복기해 나가면서 연주자는 마치 에 어피아노라도 치는 것처럼 양손과 양팔을 부지런히 함께 놀릴 것이다. 연주 시의 몸동작은 반복된 연습을 통해 체화되어 음악이 진행되는 매 단계에서 양손이 건반의 어디쯤 놓여야 하는지를 '암묵적 지식'의 형식으로 알려준다. 그럼으로써 음들의 진행을 기억해야 하는 연주자의 부담을 크게 덜어준다. 그러나 몸동작의 이러한 기여는 소리에 대한 상상이 동반되지 않고서는 불가능하다. 연주자가 소리의 전개를 떠올리지 않은 채 오직 몸동작의 진행만을 외운다는 것은 그럴듯하지 않으며, 몸동작은 언제나 소리와 더불어 수행되기 때문이다.

리스트의 피아노 소나타가 너무 도전적인 사례라면 일곱 살 꼬마들의 무용 발표를 생각해 볼 수도 있겠다. 5분 정도에 달하는 길지 않은 안무라 할지라도 일곱 살 어린이들이 이를 정확히 외우기란 쉽지 않다. 많은 경우 아이들은 소리의 안내에 따라 자신의 동작과 자리를 결정할 것이다. 고음의 선율이 부드럽게 울릴 때 양팔을 살포시 들어올려야 한다거나 쿵 하는 북소리가 들릴 때 무대 반대편으로 이동해야 한다는 식으로 말이다. 앞서 KTX나 주일예배의 경우에서 엿볼 수 있듯이, 소리가 인간의 인지적 부담을 덜어주는 사례는 일상생활에서 그야말로 무수히 많이 발견할 수 있다.

우리는 때때로 어떤 사람의 행동을 보지 않은 채로 그 사람이 내는 소리를 듣는 것만으로도 그의 심리 상태를 꽤 정확하게 읽을 수 있다. 그 사람과 우리 사이의 관계가 오래되고 긴밀할수록 심리 상태에 대한 우리의 독해가 섬세하고 정확해질 가능성은 더욱 커진다. 평소보다 빠른 속도로 울리는 현관문 비밀번호 누르는 소리, 평상시보다 다급하고 거친 발걸음 소리가 '쿵' 하는 가방 던지는 소리로 이어질 때 우리는 동거인을 대면하기 전부터 긴장한다. 무엇 때문에 저리 예민해져 귀가했을까 궁금해하는 동시에 날카로운 심기를 더 건드리고 싶지 않아 조심조심 말을 아낀다. 소리가 전하는 정보가 아니라면 우리는 상대방의 마음을 읽기 위해 아마도 훨씬 더 많은 노력을 기울여야 할 것이다.

정감적
소리니치

인간의 부담을 덜어주는 소리의 역할이 인지적 차원에만 국한된 것은 아니다. 어쩌면 훨씬 더 중요하게, 소리는 인간을 정감적으로도 지원해 준다. 소리가 인간에게 정감적인 영향을 끼친다는 생각은 전혀 새로울 것이 없다. 이러한 생각은 심지어 플라톤과 아리스토텔레스 시대로까지 거슬러 올라간다. 사람들은 아주 오래전부터 음악이 다른 어떤 예술 장르보다도 감상자의 정서에 더욱 직접적이고 강력한 영향력을 행사한다는 믿음을 가져왔다.

사실 우리를 깊은 감동에 젖게 하는 시나 소설, 우리의 마음을 강렬하게 사로잡는 그림이나 건축물에 대한 경험을 반추해 볼 때면, 음악이 정말로 다른 예술 장르들에 비해 월등한 정감적 힘을 갖는가에 대해 살짝 의구심이 들기도 한다. 실제로 오늘날 음악의 정감적 우월성에 대한 오랜 직관을 터무니없는 것으로 치부하는 학자들도 있다. 이러한 학자들의 생각처럼 음악이야말로 가장 강력한 정서적 힘을 갖는다는 믿음이 정말로 말도 안 되는 것인지, 아니면 조금의 일리라도 있는 것인지 여부는 우리의 경험에 대한 반성을 통해서가 아니라 과학적인 실험과 측정에 의해서만 판가름 날 수 있는 문제인지도 모른다. 다만 한 가지 분명한 사실은 그간 예술과 정서에 대해 이루어진 연구들을 살펴보면 타 예술 장르에 비해 음악과 정서를 주제로 이루어진 연구의 숫자가 압도적으로 많다는 것이다. 또한 많은 수의 연구가 행해진 만큼 음악과 정서에 대한 연구의 다채로움과 깊이, 정교함은 단연 독보적이다.

그런데 음악과 정서에 대한 대다수의 연구는 음악이 인간의 정서를 불러일으키는 다양한 메커니즘, 음악이 환기하는 정서의 정체와 특성, 특정한 정서를 불러일으키는 음악의 특징들을 밝히는 데 집중하고 있다. 감상자를 중심으로 다시 말하자면, 감상자가 음악을 듣고 이런저런 정서적 경험을 하게 되는 다양한 경로들, 감상자가 음악을 듣고 느끼는 정서의 종류와 특성, 특정한 음악 요소들에 대한 감상자의 정서적 반응에 대한 연구들이 주가 되어왔다는 것이다. 이러한 연구들이 때로는 철학자들의 치밀한 사변을 통해, 때로는 심리학자들의 경험 과학적 실험과 모델에 의해 수행되었는데, 오늘날 신경과학의 눈부신 발전에 힘입어 더욱 뚜렷하게 과학적인 방향으로 선회하는 양상을 보여주고 있다. 나날이 정교해진 이러한 연구들을 통해 음악과 정서 간의 관계가 갖는 특정한 면모들, 특히 음악이 감상자에게 정서를 환기하는 다양한 메커니즘과 음악 감상 시 감상자의 뇌에서 일어나는 작용에 대해 전에는 알지 못했던 많은 것들이 속속들이 밝혀지고 있다.

이러한 연구들이 인간의 음악적 경험에 대한 이해에 크게 기여한다는 점은 논란의 여지가 없다. 그런데 이러한 연구들이 음악과 정서에 대한 이야기의 전부인 것처럼 말한다면 그것은 문제다. 왜냐하면 이야기의 반은 여기에서 빠져있기 때문이다. 빠진 이야기란 도대체 무엇인가? 여기에 답하기 위해서는 먼저 이야기의 다른 반쪽, 즉 위에서 언급한 종류의 연구들이 말해주는 것이 무엇인지 좀 더 명확하게 알 필요가 있다. 위의 연구들은 우리가 통상 '음악'이라고 부르는 소리들과 인간의 정서 사이의 관계를 원인과 결과의 관계로 본다. 음악은 감상자에게 정서적 경험을 불러일으키는 자극원이며 음악을 듣고 감상자가 느끼는 정서는 그 결과라는 것이다. 이러한 견해는 감상자에게 유약함과 슬픈 느낌을 불러일으킨다는 이유로 특정 선법들을 이상국가에서 추방할 것을 주장했던 플라톤에게서 이미 나타났다. 그런데 이러한 관점에서는 감상자의 역할이 매우 소극적으로 그려진다. 여기에서 감상자가 하는 일이란 주어진 소리 자극에 그저 반응하는 것뿐이다. 이렇게만 보면 적어도 감상자의 정서에 관련되는 한, 음악의 가치가 항우울제 혹은 안정제가 갖는 가치와 별반 다를 게 없다. 음악심리학자 존 슬로보다John Sloboda는 이러한 점에 주목해서 음악과 정서 간의 관계를 음악에서 정서로 향하는 일방향적인 인과적 관계로 설정하는 모델을 '제약 모델'이라고 부르기도 했다.[12]

오늘날 일군의 학자들은 '인간에게 정서를 환기하는 소리, 그리고 소리에 수동적으로 반응하는 인간'이라는 도식을 거부한다. 흥미로운 사실은 이러한 도식을 거부하는 이유가 한 가지가 아니라는 것이다. 크게 볼 때 이유는 두 가지다. 먼저 많은 철학자들은 음악이 항우울제나 안정제와는 비교도 할 수 없는, 훨씬 더 고귀한 가치를 지닌다는 믿음에서 이러한 도식에 강한 거부감을 표한다. 굳이 철학자가 아니더라도 많은 사람들이 이러한 생각에 동의할 것이다. 이것은 아마도 음악에 대한 우리의 사고가 여전히 낭만주의적 이념의 지배를 받고 있기 때문일 것이다. 음악은 소위 음악 그 자체로서 가치를 가지며, 음악의 가치는 음악이 수행하는 다른 어떤 기능에 있는 것이 결코 아니라는 믿음은 낭만주의적 사고의 잔재다. 이러한 사고는 음악을 세계의 다른 영역들로부터 분리시키고 일상적인 삶으로부터 떼어내어 진공 상태로 밀봉시키는 묘한 마력을 행사해 왔다. 음악을 삶의 세계로부터 분리해 괄호 쳐놓고 일상의 사소하고 잡다한 일들과 전혀 무관한 것으로 만들어 버렸다는 것이다. 이렇게 될 때 음악이 항우울제나 안정제와 같이 지극히 일상적인 기능을 한다는 것은 가당치도 않은 일이다. 그러나 우리는 물을 수 있다. 음악이 음악 그 자체로서 가치를 갖는다는 사실이, 음악이 우리 삶에서 현실적인 효용성을 가질 기회를 반드시 배제하는지 말이다. 이에 대해서는 다시 이야기하기로 하겠다.

슬로보다의 제약모델에 대한 또 다른 저항의 목소리는 사뭇 다른 방향에서, 은근하지만 점점 더 또렷하게 울려 퍼지고 있다. 이 목소리가 힘주어 말하는 것은 음악 청취 시 감상자의 역할이 결코 수동적인 데 그치지 않는다는 것이다. 우리 몸에 특정한 효과를 불러일으킬 것을 기대하면서 항우울제나 안정제를 복용할 때, 이 약이 몸에 변화를 일으키게 하려고 우리가 특별히 해야 할 다른 일은 없다. 그저 약을 먹고 약이 효력을 발휘하기를 기다릴 뿐이다. 또한 우리는 항우울제나 안정제가 환기하는 정감적 상태의 미묘한 차이에 그리 예민하게 반응하지 않는다. 이들이 우리의 몸을 일정한 상태로 유도하는 데 성공하기만 한다면 그만이다. 그런데 음악에 대한 우리의 경험은 이런 방식으로 이루어지는 것이 아니라는 데 점점 더 많은 목소리들이 모이고 있다. 감상자는 훨씬 더 능동적인 방식으로 자신의 청취 경험에 개입하며 이를 결정한다는 것이다. 감상자는 청취 내용과 환경, 그리고 청취 행동을 스스로 선택하고 결정한다. 또한 지각되는 소리 자극들과 동등한 무게로 청취 내용을 조정하고 구성해 냄으로써 자신의 음악적 경험이 특정한 모양으로 빚어지는 데 결정적인 역할을 한다. 감상자는 청취 경험을 그저 '겪는' 것이 아니라 '창출해 나간다'는 것이다. 이러한 입장은 음악을 밀봉하고 싶어 하는 입장과 여러 가지 면에서 분명히 다른데, 특히 음악이 우리의 일상적인 삶에서 어떤 '기능'을 수행할 가능성과 그 기능이 갖는 가치를 인정한다는 점에서 커다란 차이가 있다.

바로 여기에서 우리는 음악과 정서에 대한 이야기의 나머지 반쪽을 찾을 수 있다. 이야기의 반쪽은 '인간에게 정서를 환기하는 소리, 그리고 소리에 수동적으로 반응하는 인간'이라는, 이야기의 다른 반쪽에 깔려있는 도식의 뒷부분을 괄목할 만하게 바꾸어 놓는다. 여기에서 인간은 소리를 적극적으로 탐색하고 선택하고 의미화하는 능동적인 수행자로 그려지는데, 이러한 인간 상像은 소리가 인간에게 정감적인 영향력을 행사하는 방식에 대한 그림도 아울러 바꾸어 놓는다. 제약 모델은 감상자의 정감적 경험을 순전히 소리 자극에 의해 유도된 결과로 본다. 반면 여기에서는 정감적 경험이 감상자와 소리 자원 사이의 상호작용을 통해 생성되어 가는 것으로 본다. 이것은 비버와 비버 주변 생태계 사이에서 이루어지는 상호작용에 의해 비버 댐이 만들어지는 것이나, 인간의 신체적인 조건과 환경 사이의 상호작용을 통해 인간의 젖당 내성이 형성되는 것과 마찬가지다. 그리고 이들이 니치 구성의 결과물인 것처럼, 소리에 대한 인간의 정감적 경험 역시 소리 환경의 자원을 활용해 최적의 정감적 경험을 생성해 내고자 하는 인간의 니치 구성 활동이 창출한 결과라는 것이 바로 여기에서 강조되는 이야기다. 인간은 출생 시부터 계속해서 자신의 정감적 상태를 스스로 조정하고 규제해야 할 부담을 지며 살아간다. 이 이야기는 이러한 정감적 과제가 때로 인간에게 버거울 때 인간은 소리니치의 도움을 받아 이 과제를 해결한다고 말한다. 인간이 자신의 정감적 과제를 소리니치에 내려놓아 분담시킴으로써 소리니치로부터 정감적인 지원을 받는다는 것이다.

인간이 자신의 정감적 경험을 스스로 창출하기 위해 소리 환경을 적극적으로 개척하고 조정해 나가는 과정은 비버가 안전한 보금자리를 확보하기 위해 서식지 근처 나무들을 물가로 가지고 와 댐을 만드는 것만큼이나 매우 능동적인 활동이다. 우리는 듣고자 선택하지 않은 각양각색의 소리에 매일 노출된다. 윗집에서 퍼져 나오는 쿵쾅대는 소리, 창문 틈새를 비집고 들어오는 자동차 경적 소리, 거리의 상점에서 울리는 유행가 소리, 도착

버스를 알리는 합성음 소리 등 헤아릴 수 없이 많다. 반면 삶에 침투해 들어오는 소리들에 우리가 완전히 무방비 상태인 것은 결코 아니다. 우리는 할 수 있는 범위 안에서 소리 환경에 개입하며 이를 스스로 구성해 낸다. 집 안으로 마구 침투해 들어오는 소리를 참기 어려울 때 우리는 바깥으로 통하는 문을 꽉 닫아 소리를 막아낼 수 있다. 또한 거리에서 쏟아져 나오는 소리가 우리를 불편하게 할 때 이어폰을 끼고 음악이나 뉴스를 들음으로써 그 소리들을 우리가 원하는 소리로 바꿀 수도 있다. 오늘날 비약적으로 이루어진 기술의 발전 덕분에 우리는 더욱 쉽고 폭 넓게 소리 환경에 개입하고 이를 조정할 수 있게 되었다. 가령 MP3 플레이어와 스트리밍 서비스는 우리가 원하는 방식으로 우리 자신만의 소리 세계를 구축하는 것을 훨씬 손쉽게 만들어줬다. 듣고 싶은 음악들을 선택할 뿐만 아니라 이들을 원하는 순서대로 들을 수 있다. 또한 베이스 음량 같은 음악의 특정 속성을 원하는 방식대로 조절하여 들을 수도 있다.

우리가 소리 세계를 구축해 나갈 때 활용하는 소리가 반드시 음악으로 분류되는 소리일 필요는 없다. 오늘날 사람들은 그때그때 필요에 따라 각종 ASMR을 적극 활용하여 다양한 소리 세계를 구성해 나간다. 이처럼 소리 환경을 적극적으로 개척하고 조정하며 구축해 나가는 것은 이것이 갖는 정감적 효용성 때문이다. 소리로 구성된 니치, 즉 소리니치를 통해서 인간은 정감적 상태를 변화시키고 조절하며 통제한다. 그리고 그럼으로써 상황이 요구하는 최적의 정감적 상태에 안착한다.

소리 환경과 인간
: 정감적 소리니치의 형성

우리가 구축한 소리 환경이 소리생태계로 활성화되고 우리가 거주할 소리니치로서 자리 잡으려면 인간과 소리 환경 사이에 지속적인 상호작용이 일어나야만 한다. 인간은 소리 환경에 의해 영향받을 뿐만 아니라 소리 환경에 적극적으로 영향력을 행사할 수 있다. 이것은 인간과 소리 환경 사이의 끊임없는 상호작용을 지원하는 물질적 자원을 소리 환경이 제공해 주기 때문이다. 소리 환경의 역량을 이해하는 데 유용한 개념이 바로 제임스 깁슨James Gibson에 의해 널리 알려진 '행위유도성affordance'이다. 젓가락으로 우리는 보통 어떤 행위를 하는가? 십중팔구 요리를 하거나 음식을 집어 먹는 행위를 할 것이다. 가방은 어떠한가? 아마도 물건을 담아서 들고 다니는 행위를 할 것이다. 젓가락은 요리를 하거나 음식을 집어 먹는 행위를, 가방은 그 안에 물건을 담아서 들고 다니는 행위를 요청한다. 이를 행위유도성이라는 용어로 다시 표현하면, 젓가락은 요리를 하거나 음식을 집어 먹는 행동에 대한 행위유도성을, 가방은 그 안에 물건을 담아서 들고 다니는 행동에 대한 행위유도성을 갖는다고 말할 수 있다. 그런데 여기에서 중요한 것은 행위유도성이 절대적인 것은 아니라는 사실이다.

생후 2개월 된 아기는 젓가락을 사용해서 음식을 먹거나 가방을 들고 다닐 수 없다. 그렇기에 젓가락과 가방이 성인에게 제공하는 행위유도성을 아기에게는 제공할 수 없다. 젓가락이나 가방이 성인에 대해 갖는 행위유도성은 그것을 사용할 수 있는 신체적 조건과 역량이 전제되지 않고서는 실현될 수 없다. 행위유도성은 환경의 특징들, 그리고 환경을 탐색하고 환경이 제공하는 잠재적 가능성들에 반응하는 유기체의 역량에 의해 결정되는 관계적 특성이다. 한편 행위유도성은 유기체와 환경 사이에 관계가 형성되어 온 방식과 그 역사에 의해서도 영향을 받는다. 성인은 물체를 두들겨 소리 나게 하는 데 젓가락을 사용할 수도 있고 잠긴 문을 여는 데 사용할 수도 있다. 그럼에도 성인이 젓가락을 보통 음식물을 집어드는 데 사용하는 것은 이것이 성인과 젓가락 사이에 형성된 관계의 양상이기 때문이다. 젓가락의 행위유도성이 특정한 방향으로 선택되고 실현되는 데는 문화적인 요인도 크게 작용한다. 서양문화권에서라면 같은 용도를 위해 젓가락의 행위유도성보다는 포크의 행위유도성이 선택되고 실현될 가능성이 훨씬 더 크다.

소리 환경이 인간의 정감적 니치로 활성화되는 것은 소리 환경에 잠재되어 있는 행위유도성이 소리 환경과 인간 사이의 상호작용을 통해 특정한 방식으로 실현되기 때문이다. 소리 환경의 행위유도성이 인간의 정감적 과제를 분담하는 방식으로 활성화되고, 그럼으로써 정감적인 소리니치로 창출되는 구체적인 절차는 각각의 사례마다 다를 것이다. 그럼에도 우리는 소리 환경이 정감적인 소리니치로 구축되는 것을 가능하게 해주는 소리 환경의 행위유도성에 대해 이야기할 수 있다. 또한 행위유도성이 정감적 경험을 창출하는 방향으로 실현되는 것을 가능하게 해주는 인간의 근본적인 역량에 대해서도 이야기할 수 있다. 오늘날 심리학자들이 가장 주목하는 소리 환경의 행위유도성은 '음악적 동조entrainment'에 대한 행위유도성이다. 음악은 소리니치의 유일한 사례는 아니지만 가장 전형적인 사례다. 오늘날 많은 연구에 따르면 음악 청취 시 감상자의 호흡, 맥박, 움직임 등은 음악의 템포와 리듬, 셈여림의 역동적인 흐름 등에 조응하는 방식으로 변화된다. 음악적 동조란 이처럼 음악 청취 시 감상자의 신체적 리듬이 음악의 흐름에 보조를 맞추는 방식으로 조정되는 현상을 가리킨다.

이러한 현상은 그저 수동적으로만 일어나는 것이 아니다. 이 점은 인간이 이미 유아 시절부터 소리 환경의 특정한 요소들에 다른 요소들보다 주의를 더 기울이며 반응한다는 사실을 보여주는 연구들에 의해 입증된다. 음악과 인간 사이의 관계는 말하자면 그때그때 몸동작을 맞춰가며 함께 춤을 추는 두 무용수의 관계와 같다. 철학자 조엘 크루거Joel Krueger는 음악에 대한 감상자의 관여가 갖는 이러한 특성을 일컬어 '지각적 춤'이라는 말로 표현하기도 했다.[13] 감상자는 무방비 상태에서 소리를 받아들이는 것이 아니라 음악이 제공하는 소리 자원의 특정한 면모들에 주의를 기울이고 자신의 신체적 상태를 이에 조응하는 방식으로 조정해 나간다. 그리고 그럼으로써 정감적으로 규제된다. 온갖 스트레스로 신경이 날카롭게 곤두서고 마음이 불안하여 어찌할 바를 모를 때 낮은 음역에서 천천히 울리는 음악의 그루브를 타면서 긴장이 서서히 풀어지고 마음이 평온해지는 것은 우리가 일상에서 흔히 하는 경험이다.

소리 환경이 인간을 인지적인 측면뿐 아니라 정감적인 차원에서도 지원해 줄 수 있는 것은 이처럼 소리 환경이 소리니치로 활성화될 때 인간의 정감적 상태를 조정하고 규제할 수 있는 힘을 갖기 때문이다. 사실 우리가 특정한 때 특정한 음악 혹은 ASMR을 선택해 듣는 이유는 많은 경우 그러한 소리를 들을 때 우리가 어떤 정감적 경험을 하게 될지 이미 어느 정도 알기 때문이다. 큰 시험을 앞두고 긴장감과 초조함에 마음을 가눌 길이 없을 때 우리는 청취 시 몸과 마음이 이완되곤 했던 음악을 골라 듣는다. 그리고 소리의 흐름에 자신을 맡김으로써 스스로는 통제하기 힘들었던 불안감이 차츰 해소됨을 느낀다.

이처럼 음악은 정감적인 소리니치로서 인간이 스스로 해결하기 버거운 정감적 과제를 나누어 맡아 자신의 정감적 경험을 조정하고 규제해야 할 인간의 부담을 덜어준다. 음악사회학자 티아 드노라Tia DeNora는 인간의 정감적 상태를 창출하는 음악의 역할을 '미적 테크놀로지'라는 표현으로 주목하기도 했는데, 사실 인간의 정감적 과제를 분담하여 지원하는 소리니치로서의 역할을 음악만이 담당할 수 있는 것은 아니다.[14] 흔히 음악으로 분류되지 않는 다른 많은 소리 자원 역시 정감적 소리니치로서 제 구실을 다 할 수 있다. 가령 일정한 간격을 두고 울리는 차임벨 소리 혹은 목탁 소리는 사람들이 특정한 정감적 상태에 들어서는 것을 도움으로써 정감적인 부담을 덜어주는 소리니치로 작용한다.

소리니치,
사회·문화적으로 형성되다

소리 환경이 인간의 정감적 경험을 지원하는 소리니치로 활성화될 때 사회·문화적 요인들은 다양한 수준에서 다양한 정도로 영향을 미친다. 위에서 언급한 차임벨 소리나 목탁 소리가 정감적인 소리니치로서 얼마나 효과적으로 작용하는지에는 문화적인 배경이 결정적인 역할을 한다. 우리가 물체를 쳐서 소리 내는 데 사용하거나 잠긴 문을 여는 데 젓가락을 사용할 수 있음에도 불구하고 통상 음식물을 집는 데 사용하는 것은 우리 문화에서 젓가락과의 관계가 이러한 방식으로 굳어졌기 때문임을 앞서 이야기했다.

소리도 다르지 않다. 소리 자원에 잠재된 행위유동성은 특정 문화가 허용하고 권장하는 방식으로 실현되며, 그럼으로써 그 문화에 익숙한 사람들 사이에 공유되는 특정한 성격의 소리니치로서 활성화된다. 불교문화에 대한 어느 정도의 이해가 있는 사람이라면 목탁 소리를 들을 때 산사山寺의 고즈넉하고 호젓한 분위기를 떠올리기 쉬울 것이다. 그리고 이와 동시에 마음이 편안해질 수 있을 것이다. 불교의 교리와 수행에 대한 지식까지 상당히 갖춘 사람이라면 목탁 소리를 들으며 명상의 경건함 속에 빠져들지도 모른다. 동일한 목탁 소리라 할지라도 목탁 소리가 소리니치로서 갖는 효력은 지각자의 문화적 배경과 수준에 따라 의미심장하게 달라진다. 한편 소리니치가 갖는 사회·문화적인 성격은 여러 세대에 걸쳐 영향력을 행사할 수도 있다. 목탁 소리로 구성된 소리니치의 경우도 마찬가지다. 소리니치의 사회·문화적인 성격이 세대를 거듭하여 효력을 발휘할 때 인간의 정감적 과제는 소리니치가 사회·문화적으로 인정하고 독려하는 방식으로 분담되고 지원된다.

이는 소리니치의 선택 과정에도 영향을 미친다. 장례식에서 들을 수 있는 소리들, 특히 장례식에 사용되는 음악이 문화에 따라 의미심장하게 달라진다는 사실은 이를 잘 보여준다. 서구 문화의 장례식에서 음악이 사용되는 목적은 여러 가지다. 음악은 일상적인 주변의 소리가 장례식장으로 유입되는 것을 차단해 준다. 그럼으로써 장례식이 거행되는 공간을 일상적인 공간으로부터 분리한다. 이러한 청각적인 구획은 장례식의 참석자들이 일상 세계로부터 떨어져 나와 장례식이라는 특별한 행사에 온전히 집중할 수 있게 해준다. 장례식에서는 보통 참석자들에게 기대되는 특정한 정감적 상태에 조응하는 음악이 사용되는데, 어떤 음악이 사용될 것인가는 장례식이 어떤 문화를 배경으로 치러지는지에 따라 결정된다.

미국에서는 보통 〈저와 함께 하소서〉와 같은 조용한 찬송가가 울려 퍼지는 가운데 참석자들이 고요한 슬픔 속에 차분하게 고인을 기린다. 반면 미국의 남부 침례교 전통의 아프리카계 미국인들의 장례식은 전혀 다른 모양새를 띤다. 애절한 찬송가와 기도로 시작된 장례식은 곧바로 분위기를 바꿔 빠른 템포의 찬송가와 샤우팅, 그리고 춤이 어우러진 아주 활기찬, 기쁨의 도가니가 된다. 이는 고인의 죽음에 대한 슬픔보다는 고인과 그리스도 사이의 재결합에 대한 축하를 더 강조하는 문화 때문이다.[15]

각각의 문화에서 죽음의 의미가 해석되는 방식은 의미심장하게 달라질 수 있다. 그리고 이에 따라 장례식의 참석자들에게 기대되는 정감적 상태 역시 사뭇 달라질 수 있다. 장례식이라는 동일한 유형의 의식에서 현저히 다른 소리니치들이 선택될 수 있는 것은 바로 이 때문이다.

소리니치로서의 음악,
효용성과 고유성

지금까지 우리는 인간의 소리 환경이 인간의 정감적 과제를 분담하여 거드는 소리니치로서 구성되고 선택되며 작용하는 다양한 방식을 살펴보았다. 그런데 인간의 소리 환경을 이처럼 효용성의 측면에서 바라보는 것이 문제시되는 경우가 있는데, 그것은 이러한 관점이 음악에 적용될 때다. 앞서 언급했듯이 많은 철학자들은 음악이 항우울제나 안정제보다 훨씬 더 고귀한 가치를 가지며 음악의 가치는 소위 음악 그 자체에 있다는 믿음을 토대로 음악이 우리 삶에서 갖는 현실적인 효용성을 논하는 것에 대해 반감을 표한다. 그러나 소리니치의 구성과 작용에 대한 지금까지의 이야기는 음악이 우리 삶에서 어떻게 소용되는지에 대한 조명이 음악의 가치를 폄하하거나 부정하지 않는다는 사실을 분명하게 보여준다. 안정제를 복용할 때는 통상 안정제의 종류에 따라 환기되는 정감적 상태에 의미심장한 차이가 없다. 정감적 상태 자체에 차이가 있더라도 만약 다른 부작용이 없다면, 우리가 그 차이를 아주 섬세하게 고려하여 그 미묘한 차이 때문에 다른 안정제 대신 특정한 안정제를 선택하는 일이란 없다. 비슷한 효과를 내는 안정제라면 어떤 안정제건 상관없기 때문이다.

음악의 경우는 다르다. 통제하기 힘든 긴장감을 떨치기 위해 우리는 새뮤얼 바버Samuel Barber, 1910~1981의 〈현을 위한 아다지오〉를 들을 수도 있고 레이철 야마가타Rachael Yamagata, 1977~의 〈Something in the Rain〉을 들을 수도 있으며 데이브 코즈Dave Koz, 1963~의 〈Know You by Heart〉를 들을 수도 있다. 하지만 우리는 〈현을 위한 아다지오〉가 〈Something in the Rain〉이나 〈Know You by Heart〉를 대신할 수 있다거나 〈Something in the Rain〉이 〈현을 위한 아다지오〉나 〈Know You by Heart〉를 대신할 수 있다고 생각하지 않는다. 이는 각각의 곡으로 구성되는 소리니치들이 갖는 고유한 특성 때문이다. 각각의 소리니치는 각각의 음악에 독특한 소리 자원들을 그 구성 요소로 한다. 그렇기 때문에 각각의 소리니치 안에서 이루어지는 음악과 감상자 사이의 상호작용의 양상, 그리고 감상자의 정감적 경험의 내용과 구성은 각각의 소리니치에 따라 의미심장하게 달라질 수밖에 없다. 따라서 〈Know You by Heart〉는 〈현을 위한 아다지오〉나 〈Something in the Rain〉을 대신할 수 없는 것이다. 그렇다면 이제 우리는 소리 니치로서 음악에는 여전히 음악 그 자체로서 대체될 수 없는 가치가 있다고 말할 수 있을 것이다. 사실 이는 음악에만 해당하는 이야기가 아니다. 음악으로 분류되지 않는 소리들도 마찬가지다. 차임벨 소리와 목탁 소리는 서로 대체될 수 없는데, 이는 차임벨 소리로 구성된 소리니치와 목탁 소리로 구성된 소리니치가 결코 같지 않기 때문이다.

새뮤얼 바버,
〈현을 위한 세레나데〉

레이철 야마가타,
〈Something in the Rain〉

데이브 코즈,
〈Know You By Heart〉

인지과학자 스티븐 핑커Steven Pinker는 "생물학적 인과관계로 볼 때 음악은 무용지물"[16]이라는 생각에서 음악을 "청각적 치즈케이크"라고 선언했다.[17] 정말로 그런가? 정말로 음악은 있으면 좋지만 없어도 상관없는 쾌락의 원천에 불과한가? 이에 대한 올바른 답을 찾기 위해서는 많은 연구가 더 이루어져야 할 것으로 보인다. 하지만 이 장에서는 핑커의 대담한 주장에 대해 이의가 제기될 가능성을 열어 놓는다. 이 장에서 우리는 인간을 둘러싸고 있는 소리 환경과 인간 사이의 관계를 니치 구성과 스캐폴딩, 그리고 착근된 인지와 정서의 관점에서 살펴보았다. 이 장에서의 이야기는 비버가 비버 댐 안에서, 그리고 거미가 거미줄 위에서 자신에게 최적화된 삶을 구축하고 개척하면서 살아가듯이 인간은 자신을 둘러싼 소리 환경을 소리니치로 적극적으로 구성해 가는 가운데 인지적으로나 정감적으로 보다 나은 삶을 추구해 나간다는 사실을 보여준다. 또한 소리니치가 세대에 걸쳐 전수되기도 한다는 사실은 인간 삶이 이미 그 시작부터 주변의 소리 환경과 매우 밀접하게 연합되어 있음을 보여준다. 소리 환경의 일원으로서 음악은 인간이 그 발달사상 특정한 정감적 필요에 따라 고안해 낸 소리 자원일 수 있다. '생물학적 인과관계로 볼 때' 꼭 필요한 것이었을 수 있다는 것이다.

이 장에서의 이야기는 여기에서 마무리된다. 자, 이제 무심코 지나쳤던 주변의 소리들에 한번 귀 기울여 보자. 무언가 새롭게 들리는 것 같지 않은가?

3

소리, 기술과 연결되다

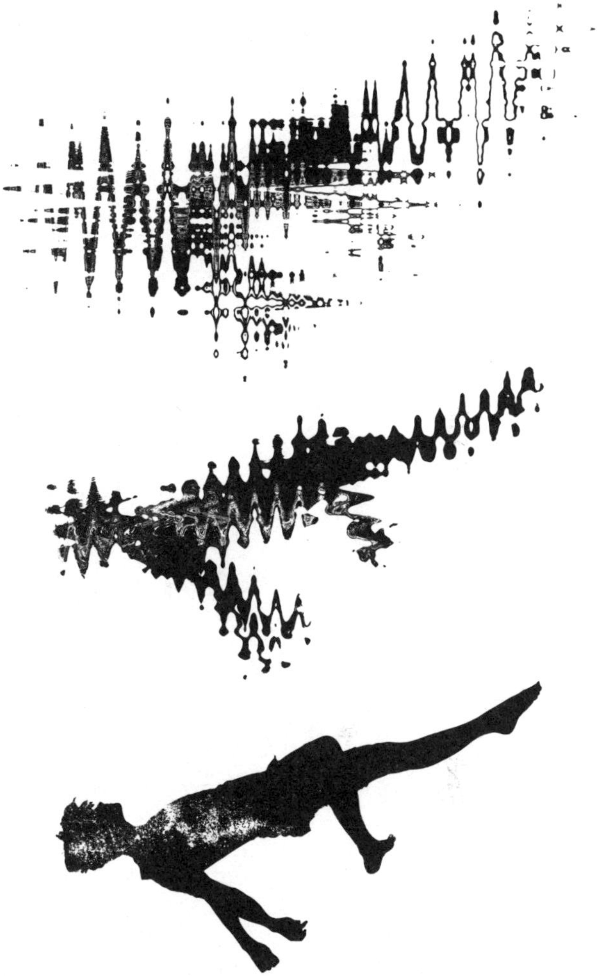

코로나19 시대,
격리된 세계에서
듣기의 쓸모

계희승

이 글은 코로나19로 인해 소리의 의미가 어떻게 바뀌었는지 되짚어 보는 것으로 시작한다. 늘 듣던 일상의 소리지만 새롭게 듣게 된 소리도 있고, 그동안 다른 소리에 가려 듣지 못했는데 가리고 있던 소리가 사라지면서 이제야 발견된 소리도 있다. 어느 쪽이든 늘 그 자리에 있었지만 한 가지 방식으로만 들었거나 존재를 알지 못했던 소리들이다. 여기서 사유의 대상을 조금 더 확장하면 음악의 정의가 어떻게 달라졌는지에 대해서도 생각해 볼 수 있다. 음악의 의미를 논하는 건 너무 거창한 일이니 조금 더 손에 잡히는 이야기, 이를테면 음악하는 방식이 어떻게 변화했는지 살펴보고 그 변화가 의미하는 바를 생각해 볼 것이다. 소리와 음악에 대한 사유는 듣기의 쓸모를 재고하려는 시도이다. 이를 통해 듣기는 인간성의 실천이라는 결론을 내리는 것이 이 글의 궁극적인 목적이다.

소리를 통한 앎과 존재의 사유

코로나19는 어떤 의미에서 세상을 다시 들을 수 있는 계기를 마련해 주었다. 「뉴욕타임스」의 비평가 린지 졸래즈Lindsay Zoladz는 코로나19 시대 구급차 사이렌 소리의 의미가 어떻게 바뀌었는지 사색한다. 그에게 구급차 사이렌 소리는 종합병원 근처에 살며 수년간 지겹도록 들었지만 단 한 번도 '듣지' 않은 소리였다. 정확히 표현하면 그 소리는 언제나 '소음'이었다. 하지만 뉴욕에서 코로나19 확진자 수가 급증하며 상황이 심각해진 2020년 4월, 이 소리는 서서히 그의 몸을 지배하기 시작한다. 사이렌 소리가 들릴 때마다 "어깨와 목 근육이 긴장하는" 경험을 했다는 졸래즈는 "자신의 몸 안에서 사이렌 소리의 존재를 느낀다"고 고백한다. 소리에 내 몸이 반응한다는 건 바꾸어 말하면 소리 가득한 이 세상에서 우리 몸이 어디까지 자유로울 수 있는지에 관한 문제다. 사이렌 소리에 졸래즈의 몸이 반응한 이유는 무엇일까. 그 소리가 단순히 소음이었기 때문일까.

소리는 듣는 이가 스스로 통제할 수 없을 때 물리적인 폭력이 된다. 그래서 '소음'이다. 하지만 소음을 정의하는 일은 쉽지 않다. 사이렌 소리는 보편적인 관점에서 소음에 해당한다. 정량적으로 표현하면 118dB 정도 된다. 고통에 대한 허용 한계치가 130dB 내외인 점을 감안하면 소음이 분명하다. 한밤중에 도시 전체가 사이렌 소리로 가득하다면 어떻겠는가. 문제는 소음이 반드시 데시벨로 측정되는 것은 아니라는 사실이다. 영국 빅토리아 시대의 소리 환경을 연구한 존 피커John M. Picker는 19세기 런던 거리가 부랑자의 악기 연주 소리로 가득했다는 사실을 알려준다. 피커는 당시 발행된 주간지 「펀치Punch, or The London Charivari」에 연재된 존 리치John Leech의 풍자만화를 바탕으로 축음기 발명 이전의 소리 환경을 재구성해 소음이 얼마나 심각한 사회 문제였는지를 밝혀낸다. 예컨대, 1860년 3월 17일자 「펀치」 38호에 실린 만화에는 주인공인 영국 신사 미스터 펀치Mr. Punch가 우산을 휘둘러 거리의 악사를 낭떠러지 아래로 떨어뜨리는 모습이 묘사되어 있다. 발길질도 서슴지 않는다.

오죽했으면 저럴까 싶지만 사실 이 풍자만화를 통해 알 수 있는 것은 이민자에 대한 19세기 영국의 사회적 인식이다. 이민자는 곧 시끄러운 자들이라는 전제가 깔려있는 이 만화는 소음이 물리적인 성질 그 자체를 넘어 소리를 발생시키는 측과 그 소리를 수용하는 측 사이의 정치학적 관계를 내포한다는 사실을 보여준다. 그래서 당시 거리의 음악 소리가 몇 데시벨이었는지

1860년 3월 17일자 「펀치」 38호에 실린 풍자만화

측정하는 것은 가능하지도 않거니와 무의미한 일이다. 그보다 중요한 사실은 거리의 악사 대다수가 이민자였다는 것과 이에 대한 영국인의 인식을 소음을 통해 짐작할 수 있다는 것이다.

단순한 신호에 불과한 소리가 타인과 나 자신의 관계를 이해하는 데 중요한 단서가 될 수 있다는 점은 잊기 쉽지만, 팬데믹은 그동안 듣고 지나쳤던 소리에 귀 기울일 것을 요구하며 이 사실을 상기시킨다. 졸래즈는 코로나19 시대 사이렌 소리를 듣는다는 것은 "구급차에 실려 가는 환자의 얼굴과 몸, 그의 가족을 떠올리는 것"이라고 주장한다. 혹은 그렇게 들어보기를 권한다. 졸래즈의 권유는 일반적으로 소음에 해당하는 소리가 코로나19 시대, 여전히 소음의 기능은 하고 있겠지만 (소음의 기능을 상실한 사이렌 소리는 쓸모가 없다) 타인에 대한 연민을 일으킬 수도 있다는 사실을 기억하게 한다. 특히 2001년 9/11 테러를 눈앞에서 경험한 뉴요커라면 더욱 그렇다. 그들에게 사이렌 소리는 일종의 '트라우마'다. 현지 언론에서 코로나19로 인한 사망자 수를 종종 9/11 테러 사망자 수와 비교하는 이유도 이 때문이다. 테러 이후 20년 가까운 시간이 흐르면서 사이렌 소리는 다시 일상의 일부로 편입되었겠지만, 도시 전체가 멈추고 사이렌 소리를 제외하면 아무것도 남지 않은 세상이 되었을 때 이 트라우마는 다시 본모습을 드러낼 것이다.

곰곰이 생각해 보면 사이렌 소리의 물리적인 성질은 코로나19 이전과 다를 바 없을 것이다. 그러니까 여기서 바뀐 건 사이렌 소리가 아니라 그 소리에 반응하는 '나' 자신이다. 하지만 엄밀히 따지면 '나'라는 존재는 스스로 변화한 것이 아니라 코로나19라는 상황 속에서 사이렌 소리와 함께 재구성된다. 즉, '나'는 자율적으로 존재하지 않고 관계 맺기를 통해 구성된다. 이러한 방식으로 존재를 규정하는 철학적 사고를 '관계적 존재론relational ontology'이라고 한다. 음악인류학자 스티븐 펠드가 제시한 '음향인식론acoustemology'도 관계적 존재론에 기초한 개념이다. 음향인식론은 '음향acoustics'과 '인식론epistemology'의 합성어로, 문자 그대로 이해하면 '소리를 통한 앎'이라는 뜻이지만 여기서 말하는 '앎'이 단순히 '정보'를 의미하는 것은 아니다. 펠드가 말하는 '안다는 것'은 '나'라는 주체가 달라진 환경과 공명하며 새롭게 정의되는 과정을 이해한다는 것을 의미한다. 만약 그의 주장대로 내가 누구인지, 어떤 방식으로 존재하는지 나도 모르는 사이에 소리와 관계를 맺으면서 정의된다면 이건 소리 가득한 세상을 사는 우리 모두에게 절박한 문제가 아닐 수 없다. 정리하면 소리는 우리 몸을 규제하기 때문에 인간의 존재 방식에 관여하고, 인간의 존재는 관계 맺기에 의존하기 때문에 소리에 대해 사유하는 일은 인간성을 고민하는 것과 마찬가지다.

'무언의 외침'

잡지 「펀치」의 작가 존 리치는 "이런 식으로 계속 고통받을 바에 차라리 아무런 소음도 없는 무덤을 택하겠다"고 회고한 바 있을 정도로 괴로운 시간을 보냈다. 그러니까 그의 풍자만화는 자신의 경험을 토대로 한 무언의 외침이었을 것이다. 하지만 소음이 없으면 정말 행복할까. 의외로 그렇게 단순하지 않다는 게 또 문제다. 코로나19가 가져다준 특별한 경험 가운데 한 가지는 고요함에 대한 낯섦이다. 사이렌 소리를 통해 변화한 자신을 마주한 졸래즈는, 그래서 한편으로는 "소음이 가져다주는 안락함이 그립다"고 고백한다. 분명 시끄러움이 주는 편안함이 있다. 그래서 일부러 카페에 가서 일을 하기도 한다. 코로나19로 인해 카페에 장시간 머무르는 일이 부담스러운 사람들은 카페의 소음을 재현하는 앱을 사용하기도 한다. 조용한 집안도 마찬가지다. 혼자 살아본 경험이 있다면 일을 마치고 귀가해 TV부터 켜놓은 기억이 있을지도 모르겠다. 정확히 무엇 때문인지는 모르겠지만 확실한 건 무언가를 보기 위해서는 아니다. 그냥 시끌시끌한 사람 소리가 그리운 것일까. 심지어 TV를 틀어놓고 자는 경우도 있다. 고요함이 주는 쓸쓸함이라니 모순인 것 같지만 오랜만에 부모님을 찾아뵈면 '이제 좀 사람 사는 집 같다'고 하시는 것도 같은 이치리라.

그런데 고요함은 소리가 들리지 않을 때 찾아오기도 하지만 소리를 낼 수 없을 때도 쓸쓸함을 안긴다. 소리로 사냥하는 괴생명체의 위협 속에서 숨죽이며 살아가는 인간의 모습을 그린 영화 〈콰이어트 플레이스A Quiet Place〉(2018)를 본 독자라면 소리 낼 수 없는 인간의 주체성이 어떻게 파괴되는지 공감할 것이다. 정체를 알 수 없는 생명체에 의해 인류 대부분이 사라진 세상. 생존을 위해 숨죽이며 살아가는 한 가족이 있다. 유일한 단서는 괴생명체가 소리로 사냥한다는 것. 잠시 눈을 돌린 사이 소리 나는 장난감을 갖고 놀다 둘째 아들을 잃은 주인공 애보트 부부는 첫째 아들과 청각장애가 있는 맏딸을 지키기 위해 모든 대화를 수화로 대신한다. 물론 수화에 익숙한 가족이 아니더라도 일단 소리 내지 않으면 사냥당할 위험은 없기 때문에 생존한 사람들은 어딘가 더 있을 것이다. 그러던 어느 날, 애보트 집안의 가장 리 애보트는 아들과 숲에 갔다가 괴생명체의 존재를 감지한다. 그 와중에 가까스로 생존해 있는 한 노인과 마주친다. 리는 소리 내지 말라는 제스처로 검지를 입에 대지만 노인은 더 이상 참을 수 없다는 듯 비명을 지르고 죽음을 선택한다. 계속 이렇게 살 바에 한껏 울부짖고 죽음을 택하기로 한 노인의 '외침'에서 우리는 무엇을 읽을 수 있는가. 듣기, 더 나아가 소리 내기가 인간을 인간답게 만드는 데 중요한 역할을 한다는 사실을 말하고 있지는 않은가.

소리 낼 수 없을 때 인간성이 파괴된다면 소음이 주는 안락함이라는 역설도 이해가 가능하다. 예컨대, 무관중으로 진행되는 스포츠 경기를 보고 있노라면 소음이 주는 편안함의 존재를 재차 확인할 수 있다. 이를테면 코로나19 유행이 한창이던 시기 많은 스포츠 경기가 무관중으로 진행되면서 축구공 차는 소리가 얼마나 둔탁한지 처음 알게 되었다. 야구공과 배트가 만나는 소리는 또 어떤가. 투수가 전력으로 공을 던질 때 지르는 '괴성'이 그렇게 크다는 사실을 선수들조차 몰랐다고 한다. 평소에는 관중들의 응원과 함성에 가려져 듣지 못했는데 투수의 기합 소리가 갑자기 너무 크게 들리는 바람에 타격 타이밍을 맞추기 어렵다는 타자들의 항의도 있었다. 모두 코로나19로 인해 다시 듣게 된 소리다.

「뉴욕타임스」의 저널리스트 조디 로젠Jody Rosen이 "운동 경기에서 관중의 함성은 단순한 배경 소음이 아니라 경기의 음악"이라고 표현한 이유다. 많은 스포츠 경기에는 실제로 음악이 사용되기 때문에 로젠이 말하는 '음악'은 물론 은유적 표현이다. 하지만 역설적으로 이 '음악'을 들을 수 없게 되면서 스포츠 경기에서 선수와 공이 관계를 맺으며 내는 고유의 소리가 들리게 되었다. 결코 익숙하지 않은 소리다. 로젠이 이를 "으스스한 소리eerie sounds"라고 부른 것도 그 때문이다. 그리고 고요한 가운데 들려오는 이 "으스스한 소리"는 선수들과 TV 너머 시청자에게 긴장감을 안긴다. 바꾸어 말하면 관중의 함성은 이 '두려운 낯섦'을 가리는 보호막 같은 것이었다.

하지만 이 모든 소리들은 코로나19 이전에도 존재했던 소리다. 다만 여태껏 드러나지 않았거나 외면했을 뿐이다. 생각해 보면 스포츠까지 갈 것도 없다. 당장 마주하게 된 무관중 온라인 음악회의 어색함은 어디에서 기인하는 것일까. 코로나19의 여파로 음악회가 줄줄이 취소된 가운데 관객 없이 연주를 이어가는 음악가들도 어쩌면 스포츠 경기를 하는 선수들과 비슷한 심정일 것이다. 예컨대, 쾰른 필하모닉Gürzenich-Orchester Köln의 수석 첼리스트 울리케 셰퍼Ulrike Schäfer는 그 말할 수 없는 감정을 이렇게 표현한다.

> 텅 빈 쾰른 필하모닉홀. 실제 음악회처럼 은은히 비추는 조명은 이 홀을 어쩐지 불친절하고 다소 울적하게 만든다. 우리는 보이지 않는 관객을 위해 연주할 준비를 마쳤다. [중략] 텅 빈 홀에는 '사람'의 기척이 없다. 그저 빈 건물일 뿐이다. 기침하는 관객 앞에서 연주할 때 우리가 그토록 바랐던 고요함은 어딘지 공허하게 다가온다.

셰퍼는 이 특별한 경험을 '유령 음악회ghost concerts'라고 부른다. 연주자들이 "그토록 바랐던 고요함"은 공허함을 안겨줄 뿐이었다는 셰퍼에게 자신과 오케스트라의 연주는 경기장의 "으스스한 소리"처럼 들리지 않았을까. 코로나19 이전 관객의 소음은 연주자에게 몰입을 방해하는 요소였을지도 모르지만 이는 동시에 내가 내는 소리를 누군가 듣고 있다는 가장 확실한 증거이기도 하다. 반면 텅 빈 홀에서 하는 연주는 분명 누군가 듣고 있다는 사실을 알고 있지만 체험되지는 않는다. 관계적 존재론의 관점에서 보면 연주도, 연주자도 불완전한 상태로 존재한다. 그리고 이 불완전함은 연주자에게 국한되지 않는다. 감상하는 이들에게 저 '유령 음악회'는 어떤 경험이었을까. 코로나19 시대 관객 없이 열리는 온라인 음악회의 가능성을 엿봤다는 의견도, 밀려오는 어색함을 이기지 못했는지 역시 같은 공간에서 함께 숨 쉬고 경험하는 것이 음악이라는 주장도 모두 일리가 있지만, 분명한 것은 화면 너머 연주자들에게 나의 경험과 존재를 알릴 방법이 없다는 사실이다. 그러니까 연주자와 내가 같은 시간에 연주하고 들었다는 측면에서 분명 '라이브' 연주라고 할 수 있지만 서로의 존재를 가능하게 해주지 못한다는 점에서 '라이브' 연주로 보기 어렵다. 하지만 이러한 설명이 온라인 음악회가 갖는 문제를 전부 설명하지는 못한다. 그래서 '라이브' 연주의 실체는 무엇인지 조금 더 생각해 봐야 한다.

참을 수 없는
존재의 가벼움

애초에 '라이브 연주'라는 개념 자체가 모순이다. 1877년 토머스 에디슨Thomas Edison이 축음기를 발명하기 전까지 음악은 언제나 '라이브'였다. 그러니까 '라이브 연주'라는 말은 동어반복이다. 그래서 음악학자들은 라이브 연주가 19세기 후반 '발명'된 개념이라고 주장한다. 분명 의도한 발명은 아니었지만 라이브 연주에 대한 낭만이 시작된 것도 이때부터다. 요컨대 라이브와 라이브가 아닌 연주로 나뉘게 되면서 어느 쪽이 '진짜authenticity'인지 주목하기 시작했다는 것이다.

재밌는 사실은 미국의 피아니스트 찰스 로젠Charles Rosen과 음악학자 리처드 타루스킨Richard Taruskin 모두 이 '진짜'의 실체는 없다고 주장한다는 점이다. 로젠에 따르면 라이브 연주에 대한 낭만의 발생 과정은 의외로 간단하다. 라이브가 아닌 연주(그런 것이 존재하는지는 잘 모르겠지만)는 라이브 연주의 재생산물reproduction로서, 이는 곧 대체물substitute을 의미한다. 고로 이건 진짜보다 열등하다inferior는 논리다. 타루스킨은 이러한 사고방식이 19세기 초 음악을 예술로 '대상화'하기 시작하면서 생겨난 것이라고 설명한다. "음악은 '하는' 것이지 응시하거나 사고파는" 대상이 아니라는 말이다. 음악을 대상화한다는 말은 음악을 절대적인 가치를 지닌 무엇(예컨대, 악보나 음반)으로 생각한다는 것인데, 타루스킨의 말을 빌리면 "음악을 신성시한다는 건 곧 [음악을] 인간 위에 둔다는 것." 그래서 음악이 위대하고 고귀하다는 주장을 할 수도 있겠지만 음악도 결국 인간이 하는 것이라면 음악은 인간을 인간으로 만드는 중요한 문화 현상의 하나일 뿐, 음악을 위해 인간이 존재하지는 않는다.

이야기가 잠시 샜는데 어쩌면 온라인 라이브 음악회에 대한 불신도 위와 같은 문제에서 기인한 것이 아닌지 생각해 보자는 말이다. 예컨대, 온라인 음악회는 '진짜'가 아니라는 것. 지금은 많이 바뀌었지만 온라인, 디지털 상품은 '무료'여야 한다는 인식도 한몫했을 것이다. 이를테면 일간지를 종이 신문으로 구독하는 사람이 이제 얼마나 남았을까. 온라인에서 모두 무료로 볼 수 있는 걸 왜 굳이 구독하느냐고 되물을 수 있지만 인터넷 뉴스가 유료일 수 없는 본질적인 이유는 없다. 온라인 자원이 무료여야 한다는 생각은 한편으로 디지털 상품이 내가 만질 수 있는 날것에 비해 질적으로 떨어진다는 전제가 있기 때문이다. 이런 식이라면 기존 오프라인 음악회를 그대로 온라인으로 옮겨 봐야 승산이 없다. 온라인이기 때문에 가능한, 오프라인 음악회와는 차별되는 음악하는 방식을 찾아야 한다. 코로나19 시대 있었던 몇 가지 의미 있는 시도를 살펴보자. 이러한 시도들이 기존 오프라인 음악회를 대체할 수 있는지 여부를 떠나 음악을 하는 방식에 어떤 새로운 가능성을 제시하는지 파악하는 것이 핵심이다.

"사방에서 피부로 전달되는 소리를 통해 경험되는 공간적 변화와 체감을 지향"하는 애슐리 퓨어Ashley Fure, 1982~의 작품들은 온라인이라고 해서 '라이브' 혹은 '진짜'를 경험하는 것이 불가능한 것은 아니라는 사실을 보여준다. 예컨대, 퓨어의 2020년 작품 〈내적 청취 규약 01Interior Listening Protocol 01〉은 이 온라인 음악이 갖는 본질적인 문제를 관객 "참여형 청취 악보participatory listening score"를 사용해 해결한다.

애슐리 퓨어, 〈내적 청취 규약 01〉

이 작품을 감상하는 '관객'은 귀를 완전히 덮을 수 있는 실린더 모양의 물체 두 개를 준비하고 음악이 '연주'되는 동안 작곡가의 지시에 따라 다양한 방식으로 물체를 움직인다. 귀를 덮을 수 있을 정도의 유리잔이나 머그잔이면 충분하다. 한쪽 귀만 막기도 하고, 귀의 뒷면을 열어 소리가 뒤쪽에서만 들어오도록 움직이기도 한다. 일종의 '행위' 또는 '안무'가 수반된 이 작품은 그래서 본질적으로 우리 몸을 통해 경험된다. 퓨어의 작품은 단순히 몸을 움직이게 하는 데 그치는 것이 아니라 의도적으로 속을 뒤집어 놓는 듯한 진동이 풍부한 소리를 사용한다. 「뉴요커」의 비평가 알렉스 로스Alex Ross가 이 작품을 '감상'한 후 "드러눕고 싶을 정도"였다고 고백한 것도 이 때문이다. 솔직히 그 정도는 아니지만 막상 감상(혹은 연주)을 마치고 나면 속이 좋지는 않다. 썩 아름답다고 할 수 있는 소리는 아니지만 이 작품이 지향하는 지점도 정확히 그 부분이다. 오장육부를 뒤집는 불편한, 심지어 고통스러운 소리지만 음악학자 제임스 데이비스James Q. Davies의 말을 빌리면 고통은 우리가 살아있다는 가장 확실한 증거이다. 더불어 오프라인 음악회였다면 관객이 가만히 앉아있어도 사방에 설치된 스피커를 통해 경험할 수 있는 요소들을 작곡가의 지시에 따라 청자가 직접 통제하도록 하고 있다. 그러니까 이 작품은 관객의 참여를 통해서만 연주되고 감상할 수 있다. 몸으로 경험되는, 그리고 몸으로 경험될 때만 존재하는 음악이 이 이상 '라이브'이며 '진짜'일 수는 없다.

퓨어의 작품은 우리의 일상이 디지털 방식으로 전환될 때 전제된, 압축되는 존재에 관한 음악적 저항이다. 코로나19로 인해 많은 활동이 온라인 중심으로 재편됐다. 여기서 경험하는 어색함은 내가 '나'로 존재하는 방식에 대한 불확실성에서 기인한 두려움이다. 하지만 이러한 고민은 코로나19 이전부터 제기되어 왔다. 예컨대, 송호준의 2015년 작품 〈압축하지 마: 압축되지 않는 움직임을 찾아서〉에서 그는 동영상 압축 코덱과 '대결'을 벌인다. "효율적으로 압축 당했을 때 기분이 좋지 않았다"는 그는 압축 당하지 않기 위해 가만히 서 있는 대신 움직이며 노래하고 무채색보다 압축 효율이 떨어지는 색(예컨대 빨강, 초록, 파랑)이 있는 옷을 입고 흰 붕대를 감아 패턴을 입혀 압축 코덱에 도전한다. 그것도 고화질 압축에 사용되는 H.264라니 만만치 않은 상대다. 송호준의 몸부림은 마치 '이래도 나를 압축할래? 할 수 있으면 해보든지'라며 상대를 도발하는 듯하다. "인공지능과 같은 기술이 나를 쉽게 요약해서 설명하지 못하게 움직일 수 있는 사람이 되"기를 바란다는 그의 희망은 4차 산업혁명 시대를 맞으며 던진 화두였지만 코로나19가 본의 아니게 그 시기를 앞

송호준, 〈압축하지 마: 압축되지 않는 움직임을 찾아서〉

당기면서 더욱 절박한 문제가 되었다.

그나마 위안이라면 소리(내기)가 나를 압축하려는 기술에 저항하는 데 상당히 효과적이라는 점이다. 퓨어의 작품에서도, 송호준의 몸부림에서도 소리는 행위자에게만 존재한다. 이 두 작품은 기본적으로 행위를 통해 성립되는 작품이므로 작품과 연주를 구분하기 어렵다. 작품은 연주되는 순간에만 존재하고 동시에 연주 행위 자체가 곧 작품이기 때문이다. 앞서 언급한 영화 〈콰이어트 플레이스〉에서 죽음을 택한 노인도 비언어적 비명을 지를 뿐이지만 그 안에 담겨있는 의미는 그 어떤 언어보다 더 분명히 전달된다. 나는 살아있었고 '나'로 살다 죽겠노라는.

이 '무언의 외침'은 연주를 통해서도 가능하다. 프랑스 작곡가 에릭 사티Erik Satie, 1866~1925의 1893년 작품 〈벡사시옹Vexations〉이 좋은 예다. 직역하면 '짜증' 정도로 번역할 수 있는 〈벡사시옹〉은 한 페이지에 불과한 악보를 840번 반복해서 연주할 것을 지시한다. 연주하는 데 최소 18시간이 소요되는 이 작품을 2020년 5월 30일, 피아니스트 이고르 레비트Igor Levit가 베를린의 한 스튜디오에서 연주하면서 화제가 되었다. 레비트는 「뉴요커」의 알렉스 로스와의 인터뷰에서 이 연주를 "무언의 외침stumme Schrei"이라고 표현한다. 여기에는 코로나19가 초래한 도저히 형언할 수 없는 격한 감정들뿐만 아니라 연주 행위 자체가 수반하는 물리적이고 정신적인 고통과 두려움도 포함될 것이다. 유튜브에서 다시 감상할 수 있는 이 연주에서 레비트는 틈틈이 간식을 먹기도 하고 화장실에 다녀오기도 한다. 그럼에도 불구하고 멈추지는 않는다. 결국 끝까지 연주를 이어간다.

이고르 레비트, 〈벡사시옹〉 연주

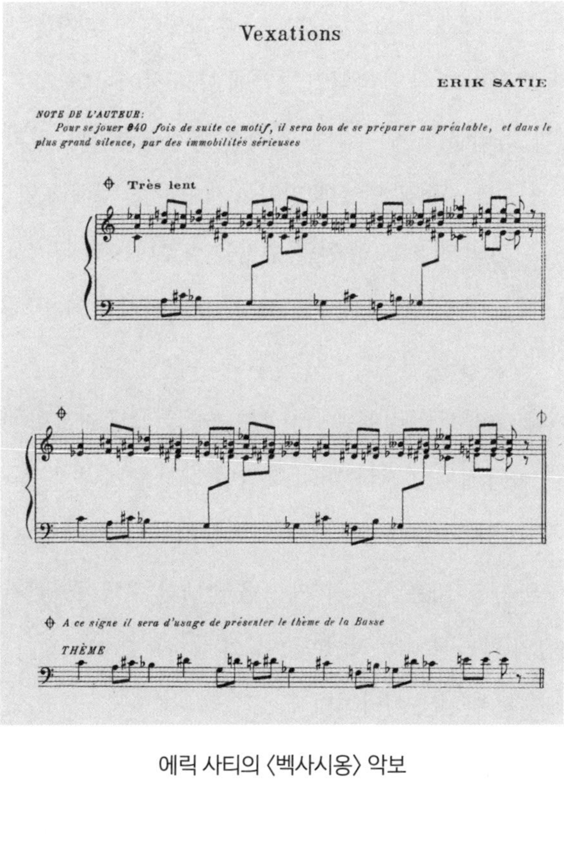

에릭 사티의 〈벡사시옹〉 악보

'아주 느리게Très lent'라는 지시어 외에는 구체적인 빠르기 표시가 되어 있지 않아 레비트의 연주는 20시간 남짓 소요되었다. 이쯤 되면 더 이상 연주가 아니라 '수행'이다. 마치 108배를 넘어 3000배를 하고 혼자서는 완주가 불가능하다는 1만 배에 도전하는 셈이다. 레비트가 끝까지 완주할 수 있었던 것도 어쩌면 혼자가 아니었기 때문일 테다. 영상 속 그는 분명 혼자였지만 전 세계에서 실시간으로 그의 연주를 지켜보는 이들이 있었다. 멈춘다 한들 누가 그에게 돌을 던지겠냐만 혼자였다면 불가능하지 않았을까. 그러니까 꼭 물리적인 공간에 함께 있어야만 '라이브' 음악, '진짜' 음악을 할 수 있다는 생각은 고정관념이다. 심지어 레비트는 연주에 사용된 악보에 일일이 서명한 후 경매해 받은 2만 5000유로, 한화 약 3500만 원의 수익을 코로나19로 어려움을 겪고 있는 동료 음악가들에게 기부했다. 한 페이지를 840번 반복해야 하는 이 작품을 연주하면서 연주 횟수를 일일이 셀 수는 없는 노릇이다. 그래서 레비트는 악보를 840장 출력해 반복할 때마다 한 장씩 바닥에 내던진다. 마치 복잡한 감정을 하나씩 덜어내려는 것처럼. 물론 840장이나 되는 악보에 840번 서명을 했으니 이건 연주와는 또 다른 차원의 '짜증'을 감내한 수행이었겠지만 그의 '무언의 외침'은 이타적인 인간성의 실천으로 이어졌다. 이 글에서 하려는 마지막 이야기다.

듣기와 윤리

소리를 연구하는 궁극적인 목적은 무엇인가. 소리연구가 공통적으로 주장하는 것은 그동안 우리 사회의 많은 현상들이 시각 중심으로 서술되고 이해되어 왔다는 점이다. 예컨대, 조너선 스턴은 『청취의 과거The Audible Past』(2003)에서 그동안 시각 중심으로 이해했던 근대성을 청각 중심으로 다시 '들어'보자고 제안한다. 소리를 연구하는 학자들 사이에서 자주 인용되는 '창세기' 1장 3절, "하느님께서 말씀하시기를 '빛이 생겨라' 하시자 빛이 생겼다"는 구절 또한 시각의 조건인 빛 이전에 소리가 있었다는 점을 강조하며 들을 것을 요구한다. 세상은 정말 보지 말고 (혹은 보기 전에) 들어야 하는 것인가. 그렇다면 무엇을 어떻게 들어야 하는가. 코로나19는 이 질문에 어떤 답을 제시해 주었는가.

팬데믹이 일깨워 준 것 가운데 하나는 듣기에 윤리적인 책임이 따른다는 사실이다. 코로나19로 음악가들 역시 경제적인 어려움을 겪었지만 '고귀한 예술'이라는 이유로 이러한 현실이 묻히고 있었다는 사실은 역설적이다. 음악이 우리에게 용기와 희망을 준다는 말을 되풀이할수록 음악인들이 겪는 어려움에 대한 관심은 상대적으로 줄어든다. 예컨대, 메트로폴리탄 오페라단의 단원들이 코로나19 이후 수개월 동안 임금을 받지 못해 길거리 연주에 나서는 상황에서 제공된 무료 스트리밍 서비스는 단순히 '문화 복지'로 봐야 하는가. 어려운 시기 음악가의 무임금 노동은 당연시되는 '예술' 행위일 뿐인가. 이러한 사례들과 질문들은 음악이 '평화'와 '화합'의 상징이라는 격언을 재고하게 만든다. 음악학자 윌리엄 청William Cheng이 자신의 저서 『공정한 진동Just Vibrations: The Purpose of Sounding Good』(2016)에서 주장한 것처럼 "음악적 재능에 더 나은 세상을 위해 귀 기울이는 능력이 포함될 수 있다면 음악학은 윤리와 비판적 사고를 바탕으로 다양한 진보적 흐름을 주도할 잠재력을 갖춘" 학문으로 거듭날 것이다.

하지만 『듣기의 철학「聴く」ことの力』의 저자 와시다 키요가즈의 말처럼 "'듣기'는 아무것도 하지 않고 귀를 기울이는 단순한 행위가 아니다. 말하는 사람의 입장에서 '듣기'를 본다면, 다른 사람이 자신의 말을 받아들였다는 확실한 '사건'"이다. 그러니까 듣는다는 건 관계적 존재론을 전제한 인간성의 실천이다. 예컨대, 계약서에 거의 언제나 명시되는 불가항력force majeure 조항에 따라 돈을 지불할 의무가 없음에도 불구하고 계약된 금액의 일부 혹은 전액을 지불한 '숨은 영웅들'에 대해서는 거의 보도된 바가 없다. 불가항력 조항은 말 그대로 인간의 힘으로 통제할 수 없는 일이 발생했을 때 어느 쪽도 책임을 질 의무가 없다는 것을 의미한다. 가장 대표적인 예가 천재지변. 그리고 코로나19가 여기에 해당되는지에 대한 해석 문제로 공연계를 비롯해 계약 관계

에 있는 모든 곳에서 갈등이 일어났다. 그럼에도 불구하고 계약을 체결한 양측이 고통을 분담하는 사례는 귀 기울여 듣는 이들에게만 전해지고 동참을 끌어낸다. 반대로 불가항력 조항에 따라 돈을 지불하지 않은 이들을 비판할 권리 또한 누구에게도 없다. 중요한 것은 동참 여부가 아니라 연대를 통한 화합의 가능성에 참여하는 것이다. 그리고 이러한 소리들은 아름다운 연주나 음악을 듣는다고 들리지 않는다.

작곡가 존 케이지는 "모든 게 멈추고 고요해졌을 때 비로소 다른 사람이 무슨 생각을 하는지 배울 수 있는 기회를 갖게 될 것"이라며 이것이 미국이 기대할 수 있는 최고의 축복이라고 주장했다. 그리고 만 15세 소년 케이지의 당돌한 제언은 약 100년이 지난 후 현실이 되었다는 점에서 예언적이지만, 이 멈춤이 인류에게 '축복'이 될 것인지는 아직 알 수 없다는 점에서 평가를 미루어야 한다. 분명한 것은 세상이 멈추며 찾아온 고요함이 축복이 될 것인지는 우리에게 달렸다는 사실이다. 코로나19와 분열의 시대, 듣기를 생각하는 이유다.

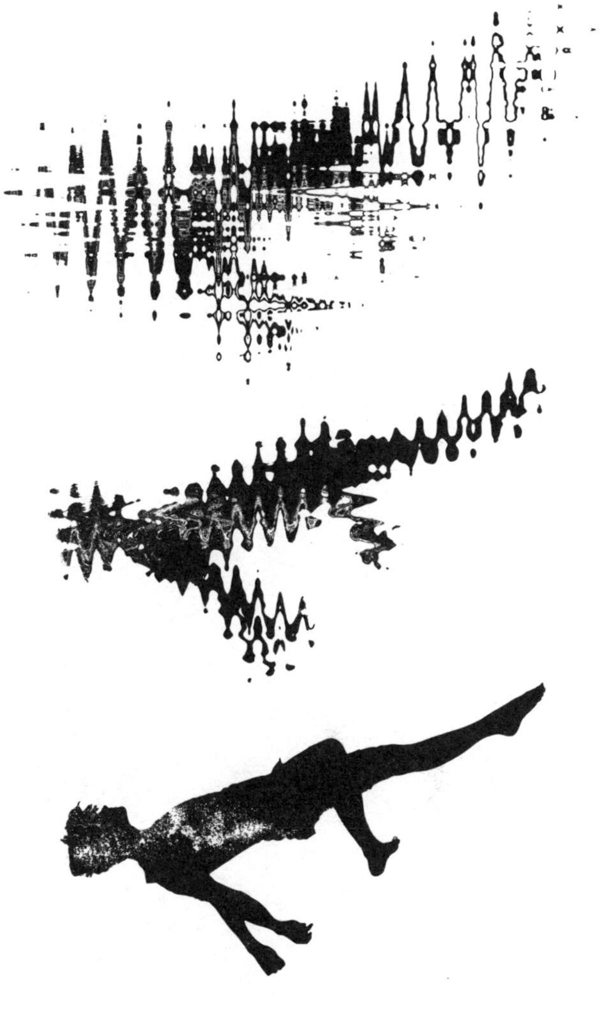

e멋진 신세계
: 게임을 '연주'하다

계희승

어두컴컴한 복도. 어디선가 음악이 들려온다. 오늘따라 '몸'이 무겁다. 잠깐, 방금 저쪽에서 무슨 소리가 났는데. 동료인가, 적인가. 아, 나는 동료가 없지. 이제는 체력도 거의 바닥났다. 만약 저 소리의 주인이 마을 사람이 아니라 적이라면 그는 내게 총을 겨눌 필요도 없다. 주먹 한 방이면 나가떨어질 테니. 그럼에도 불구하고, 나는 가야 한다. 그나저나 이 음악이 뭐더라. 클래식인가. 묘하게 기분 나쁜 음악이다. 죽음이 다가오니 갑자기 학창 시절 즐겨 듣던 유행가 가사가 생각난다. '난 누군가, 또 여긴 어딘가.' 내 이름은 부커 디윗Booker DeWitt. 엘리자베스를 찾으러 컬럼비아에 온 사설탐정이다. 아니, 나는 부커 디윗을 조정하는 플레이어다. 그러니까 내가 부커고, 부커가 곧 나다. 이 글은 부커가 된 내가 '현장연구field work'에서 들은 소리의 기록이다.

미키 마우스 vs. 거위

호주의 개발사 하우스 하우스House House가 출시한 〈언타이틀드 구스 게임Untitled Goose Game〉(2019)은 게임과 음악이 어떻게 수행적performative으로 경험되는지 보여주는 좋은 사례다. 정식 출시를 2년 앞둔 2017년 처음 공개된 게임 플레이 영상Pre-Alpha Gameplay을 제작할 당시만 해도 개발사는 게임에 음악을 넣을 생각이 없었다. 그렇다고 처음 공개하는 예고편에 음악을 뺄 수는 없어 작곡가 댄 골딩Dan Golding을 섭외했다. 거위가 정원사의 라디오를 집어 들고 도망가면 놀라운 일이 벌어진다(거위가 되어 마을 사람들을 골탕 먹이는 게 게임의 유일한 목적이다). 라디오에서 드뷔시의 전주곡 제1권 중 12번 〈음유시인Minstrels〉이 흘러나온다. 이 음악은 잠시 내재적diegetic으로 사용되다가 금세 외재적non-diegetic인 배경음악으로 전환된다. 음악이 거위의 움직임과 절묘하게 맞아떨어져 사람들은 플레이어의 조작에 반응하는 적응형 음악adaptive soundtrack이라고 생각했지만 아니었다. 문제는 사람들의 폭발적인 반응 덕분에 개발사가 애초 계획에도 없었던

클로드 드뷔시, 〈음유시인〉

음악을 고민하기 시작했다는 사실이다.

사람들이 거위의 음악에 열광한 이유는 무엇인가? 게임 음악을 연구하는 학자들은 우리의 몸짓이 소리로 전환되는 과정에서 오는 즐거움이 비디오 게임의 매력 중 하나라는 데 동의한다. 신체 일부를 움직여 도구(키보드, 컨트롤러, 손가락 등)를 조작하면 소리가 난다는 점에서 악기를 연주하는 일도 기본적으로 같은 행위다. 게임과 음악, 좀 더 정확히 표현하면 게임을 '플레이play'하는 것과 음악을 '연주play'하는 것은 생각보다 유사한 점이 많다. 음악학자 윌리엄 청이 지적한 대로 "수행performance, 협력collaboration, 경쟁competition"은 음악과 게임의 본질과도 같다.

그래서 음악학자 로저 모슬리Roger Moseley는 텍스트(악보)와 연주를 작품과 해석(실현)으로 보는 대신 악보를 음악 연주에 사용되는 게임의 규칙ludic rules이 적혀 있는 규칙서the rulebook로 이해할 수 있다고 주장한다. 게임 용어를 사용해 음악을 묘사하면 실내악 연주는 "멀티플레이어 합동작전multi-player co-op"이고, 쇼팽의 '강아지' 왈츠는 게임의 "스피드 런speed run" 모드와 같으며, 리스트의 〈돈주앙의 회상Réminiscences de Don Juan〉은 8명으로 구성된 모차르트 오페라의 "싱글플레이어 모드single-player mod"와 같다는 게 모슬리의 설명이다.

거위의 움직임과 플레이어의 조작에 실시간으로 반응하는 음악은 아니었지만 영상 음악 작업을 주로 했던 골딩에게 영상과 음악의 유기적인 관계는 매우 자연스러운 것이었다. 2017년 공개된 트레일러 영상에는 영화 음악 기법의 가장 고전적인 방식이라고 할 수 있는 미키 마우징Mickey Mousing과 편집 기법의 하나인 쿨레쇼프 효과Kuleshov effect가 사용되었다. 미키 마우징은 음악이 화면 속 움직임과 동조되는synchronized 기법으로, 월트 디즈니사社의 애니메이션 〈미키 마우스〉 시리즈에서 처음 사용되었다. 1933년 작품 〈매드 닥터The Mad Doctor〉에서 납치된 플루토를 구하기 위해 모험을 떠나는 미키 마우스의 움직임 하나하나는 음악과 절묘하게 맞아떨어지며 다양한 효과를 유발한다. 반면 쿨레쇼프 효과는 쇼트를 병치시키는 방식에 따라 다른 의미가 발생한다는 시각 중심의 편집 이론이지만, 보이는 것과 들리는 것의 상호작용이 만들어 내는 다양한 효과에도 동일하게 적용될 수 있다.

한편으로는 영화 음악 기법이 게임에 그대로 적용된 것처럼 보이지만 이 둘의 차이는 그래서 더욱 중요해진다. 영화와 달리 게임은 플레이어가 게임을 하지 않으면 진행되지 않는다. 그러니까 설령 음악이 반응형이 아니라고 해도 이미 영화와는 큰 차이가 있다. '게임음악학ludomusicology'이 그렇게 불리기 이전, 그러니까 2000년대 이전에 게임 음악을 다룬 문헌들은 대부분 영화(영상) 음악 연구의 전통을 따랐다. 게임도 영화와 마찬가지로 영상과 내러티브, 그리고 음악과 관객(플레이어)이 있으니까.

음악이 상황에 따라 어떤 분위기를 조성하고 플레이어의 경험에 영향을 미치는지, 게임 속 세상에서도 들리는 (내재적) 음악인지 플레이어를 위한 (외재적) 배경음악인지 등이 논의의 핵심이었다. 그래서 초기에는 주로 영화 음악을 다루는 학술지에 연구 결과를 게재하곤 했다. 그리고 이는 게임 음악이 독립적으로 분리되어 연구되고 있는 지금도 크게 다르지 않다. 여전히 게임 음악을 다루는 많은 연구들이 영상, 영화 중심의 대분류 아래 귀속되고 있다. 예컨대, 『케임브리지 디지털 문화 속 음악의 이해The Cambridge Companion to Music in Digital Culture』(2019)나 『루틀리지 영상 음악과 소리의 이해The Routledge Companion to Screen Music and Sound』(2017) 같은 책의 일부를 차지하는 정도다.

영화 음악 연구에 기대는 게임 음악 연구의 전략은 사실 영화를 방불케 하는 오늘날의 게임을 생각하면 오히려 적합하다고 볼 수 있다. 하지만 로드 먼데이Rod Munday는 "비디오 게임 음악이라는 건 더 이상 없다"고 주장한다. 1990년대 중반 이전까지 기술적인 한계 안에서 작곡해야 했던 제한적 환경은 비디오 게임 고유의 미학을 탄생시켰지만 이러한 제약에서 자유로워지면서 일반적인 음악과 구분되는 비디오 게임 고유의 음악은 사라지게 되었다는 것이 먼데이의 설명이다. 그러니까 게임 (음악) 입장에서 '영화 (음악) 같다'는 표현은 썩 달갑지 않다. 먼데이는 영화 음악과 게임 음악의 본질적인 구분이 더 이상 가능하지 않다면 게임 음악 분석은 '형식'이 아니라 '기능'에 집중해야 한다고 강조한다.

게임 음악의 효시는 1978년 출시된 〈스페이스 인베이더Space Invaders〉로 알려져 있다. 국내에서 〈갤러그〉라는 이름으로 더 잘 알려진 추억의 오락실 게임 〈갤러가Galaga〉는 1981년 출시된 〈스페이스 인베이더〉의 후속작이다. 물론 그 이전에도 게임에 음악은 있었지만 음악이 유의미한 방식으로 사용된 첫 번째 게임이었다. 게임 자체도 상당히 파격적이었는데, 그 당시 플레이어가 움직이는 게임은 있었지만 '적'이 움직이는 게임은 없었기 때문이다. 하지만 음악학자 앤드루 샤르트만Andrew Schartmann에 따르면 〈스페이스 인베이더〉는 음향효과와 음악이 동시에 경험될 수 있으며 게임이 진행되는 가운데 음악이 변화할 수 있다는 사실을 보여준 최초의 게임 중 하나다. 지금은 당연한 것으로 여기는 음악의 사용법이 처음으로 시도되었다는 점에서 〈스페이스 인베이더〉는 게임 음악의 발전에 큰 역할을 했다.

〈언타이틀드 구스 게임〉의 음악이 거위의 움직임에 창의적인 방식으로 반응하도록 하기 위해 골딩은 음악을 수백 개의 '줄기stems'로 나눈 후 게임의 상황과 플레이어의 조작에 반응하도록 세 그룹으로 나누었다. 1단계는 거위가 아무것도 하지 않고 그냥 돌아다닐 때로, 음악은 나오지 않는다. 하지만 거위가 이 게임의 목적이라고 할 수 있는 '사고'를 치기 위해 목표물에 접근하는

2단계가 되면 마치 주인 몰래 물건을 훔치려는 도둑처럼 느리고 조심스러운 버전의 '줄기'들이 연주되기 시작한다. 마침내 거위가 성공적으로 사고를 치고 인간에게 쫓겨 도망가는 3단계가 되면 원곡에 가까운 형태의 줄기들이 들린다.

이 방식의 가장 큰 특징은 게임을 할 때마다 다른 버전의 음악(사실은 같은 음악의 파편들의 다른 조합)을 듣게 된다는 사실이다. 한 곡을 400여 개의 파편으로 나눈 후 다시 두 가지 버전을 만들었으니 400여 개 파편들의 조합이 두 그룹 존재한다. 플레이어마다 다른 조합이 만들어지는 것은 물론이고, 한 사람이 처음부터 다시 반복해 플레이하더라도 이전에 들었던 방식으로 다시 들을 수 있는 확률은 매우 낮다. 전주곡 제1권 12번 〈음유시인〉 외에도 5번 〈아나카프리의 언덕Les collines d'Anacapri〉, 9번 〈끊어진 세레나데La sérénade interrompue〉, 제2권의 12번 〈불꽃Feux d'artifice〉 등이 사용되었다. 짧게는 1시간 반에서 길어도 4시간 정도면 마칠 수 있는 이 게임을 끝까지 하고 나면 드뷔시 전주곡 몇 곡(설령 원곡과 다르게 조합된 파편들일지라도)은 거의 귀에 박힐 정도로 듣게 된다. 하지만 보다 정확히 표현하면 듣게 되는 게 아니라 '연주'하는 것이다. 그래서 이 게임은 클로징 크레디트closing credits가 올라간 후에도 다시 '들을' 만한 충분한 이유가 있다.

애니메이션 속 미키 마우스의 동작과 소리는 고정되어 있지만 게임 속 거위의 움직임은 플레이어에 의해 결정된다. 게임업계에서 인터랙티브 음악이 유행하기 이전에도 게임과 플레이어 간의 상호작용은 영화와 감상자 사이의 그것과 비교하면 한층 높은 수준에서 이루어졌다. 하지만 플레이어의 동작에 따라 정해진 소리 대신 플레이어의 감정 상태까지 고려된 음악이 제작되고 있는 오늘날 그 경험은 한층 더 복잡해질 것이다. 미키 마우스의 자리는 이제 거위에게 내주게 되었다.

수행성의 미학

게임 음악은 더 이상 없다는 먼데이의 비판은 게임과 영화가 결정적으로 다른 점이 수행성performativity에 있다는 사실을 간과한 것이다. 플레이어의 신체적 인풋에 의해 디지털 아웃풋이 결정되는 구조에서 음악은 게임의 수행성에 적지 않은 영향력을 발휘한다. 게임을 '대상'으로 보지 않고 '행위'로 이해하려는 이러한 시도는 사실 영국의 언어학자 J. L. 오스틴J. L. Austin, 1911~1960의 언어행위이론speech-act theory, '화행이론'이라고도 한다이 1990년대 말, 2000년대 초 음악과 게임 연구에 영향을 미치면서 시작된 것이다. 이 시기 음악학계에서는 음악을 더 이상 고정된 분석의 '대상'으로 보지 않고 연주 행위 자체를 연구하기 시작했다. 특히 영국의 음악학자 니콜라스 쿡Nicholas Cook의 2001년 논문 「과정과 결과 사이에서: 음악과 연주, 혹은 연주로서의 음악Between Process and Product: Music and/as Performance」은 텍스트 기반의 전통적인 음악학 연구에서 벗어날 수 있는 가능성을 제시하며 퍼포먼스 연구performance studies의 기틀을 마련했다.

이러한 흐름 속에서 게임 음악 연구도 영화 음악과의 유사성이 아니라 게임 고유의 '수행성의 미학'에 집중하기 시작했다. 2013년 출간된 『브리지로 가기: 연주로서의 음악Taking It to the Bridge: Music as Performance』에 게임 음악 연구가 포함되어 있다는 사실은 이러한 연구 경향이 반영된 결과다. 이언 보고스트Ian Bogost의 저서 『게임을 가지고 일을 수행하는 방법How To Do Things With Videogames』(2011)은 오스틴의 1962년 저서 『말을 가지고 일을 수행하는 방법How To Do Things With Words』를 연상하게 한다(오스틴의 저서는 『말과 행위: 오스틴의 언어철학, 의미론, 화용론』이라는 제목으로 번역되어 있지만 보고스트의 제목이 의미하는 바를 강조하기 위해 의도적으로 직역하였다). 수행적 발화performative utterance는 문장을 발화하는 것 자체가 행위를 수반하는 경우를 말한다. 성혼선언이 고전적인 예로, '두 사람이 부부됨을 선포합니다'라는 문장이 발화되는 순간 혼인은 성립된 것으로 간주된다(물론 그 뒤에 벌어질 일은 수행적 발화의 성립 여부와는 아무런 관계가 없다). 보고스트는 수행성이 게임 플레이와 재현된 세계의 상호작용을 이해하는 데 핵심적인 역할을 한다는 전제 아래 게임 플레이의 발화 행위(예컨대, 컨트롤러의 조작)가 현실에서의 그것과 어떻게 다른지 탐구한다.

최근에는 더욱 많은 게임 음악이 플레이어와의 상호작용을 반영하도록 제작되고 있다. 2020년 4월 출시된 〈파이널 판타지 7 리메이크Final Fantasy VII Remake〉가 좋은 예다. 〈파이널 판타지〉 시리즈 중에서 가장 큰 성공을 거둔 〈파이널 판타지 7〉(1997)의 리메이크 버전으로, 원작에 충실하면서 그래픽과 시스템 부분에 많은 변화를 주었지만 특히 주목할 부분은 음악이다. 플레이어와 컴퓨터가 한 번씩 번갈아 가며 공격 또는 방어를 하는 턴 방식turn based의 원작과 달리 〈리메이크〉는 실시간으로 빠르게 전개되는 전투 중 플레이어의 상태에 따라 같은 음악을 매번 다른 방식으로 경험하게 해준다. 예컨대, 플레이어가 치명상을 입었을 때 나오는 음악과 비교적 여유로운 상대와 대결할 때의 음악, 혹은 플레이어와 상대 모두 생사의 기로에 놓일 때 나오는 음악은 하나의 전투가 진행되는 가운데 같은 음악이지만 다르게 편곡된 여러 버전 사이를 오가며 플레이어가 처한 상황에 가장 잘 어울릴 만한 방식으로 들려주도록 개발되었다. 음악 제작에 참여한 작곡가 중 한 명인 스즈키 미츠토는 "마치 최고 수준의 DJ 공연처럼 모든 것이 원활하게 흐르도록" 전환된다고 설명한다.

콜린스의 『소리 갖고 놀기Playing with Sound: A Theory of Interacting

with Sound and Music in Video Games』(2013)는 부제에서 밝히는 바와 같이 플레이어가 게임의 소리 및 음악과 상호작용하는 방식을 연구한 이론서이다. 책의 내용을 간단히 요약하면 "소리를 듣는 것과 소리와 상호작용하는 것은 다르다"는 것. 그러니까 앞서 언급한 대로 게임 음악을 영화 음악 분석하듯 접근해서는 안 된다는 것이다. 게임에서 "듣는다는 것은 곧 [수행]한다는 것"이라는 콜린스의 주장은 상호작용을 통해 새로운 방식으로 '듣기'를 제안한다. 뮤직비디오가 음악을 '보고 싶은' 예술로 만든 것처럼 게임 역시 음악과 '상호작용'하고 싶은 욕구를 부추길지 모른다는 콜린스에게 이 상호작용성은 게임과 영화를 근본적으로 구분 짓는 가장 중요한 요소다. 그래서 "플레이어가 게임 사운드를 경험하는 방식을 설명하는 데 영화 연구에서 가져온 언어[용어]와 이론에 의존할 수 없다"고 주장하며 책을 마무리한다.

하지만 모든 게임(음악) 학자들이 이러한 주장에 동의하는 것은 아니다. 『비디오 게임의 음악: 놀이를 연구하다Music in Video Games: Studying Play』의 편저자들은 서문에서 게임학이 영화연구에서 흔히 찾아볼 수 있는 내러티브 기반의 분석, 즉 '서사 담론'을 의식적으로 거부해 왔다고 주장한다. 영화(연구)와의 차별성에 치중하다 보니 '음악'에 대한 연구가 늦어졌다는 이들의 주장도 분명 일리가 있다. 누가 봐도 부인할 수 없는 유사한 점을 억지로 무시하는 것은 비생산적일 뿐이다.

그렇다면 게임 음악은 '연주performance'인가? 물론 게임의 목적 자체가 연주인 경우도 있다. 〈기타 히어로Guitar Hero〉와 〈록밴드Rock Band〉 시리즈를 제작한 하모닉스Harmonix 스튜디오의 공동 창업자 알렉스 리고풀로스Alex Rigopulos는 사람들이 "자신이 좋아하는 음악을 (듣는 게 아니라) 연주하기를 원하는 음악혁명의 출발점"에 서 있다고 자부했다. 콜린스의 주장과 마찬가지로 게임 음악이 플레이어(소비자)의 듣는 방식과 욕구를 새롭게 정의하는 모습이다. 보고스트는 이러한 게임에서 반복적으로 음악을 '연주'함으로써 얻는 것은 연주 기술이 아니라 "청자로서 더욱 깊이 있는 이해"에 다가가는 것이라고 덧붙인다.

하지만 게임을 연구하는 일은 쉽지 않다. 미국의 저널리스트 톰 비셀Tom Bissell은 저서 『여분의 목숨: 비디오 게임이 중요한 이유Extra Lives: Why Video Games Matter』(2010)에서 게임을 연구하기 어려운 이유를 다음과 같이 설명한다. "게임 중반부쯤에서 벌어지는 일에 대해 확인하고 싶다면 게임을 처음부터 다시 하는 방법밖에 없다. 아마 몇 시간, 며칠이 걸릴 것이다." 물론 게임을 마칠 때까지 수십 시간 이상이 소요되는 경우 저장 기능을 제공하지만 문제는 게임에 따라 내가 원하는 순간 그 지점에서 저장할 수 없을 수도 있다는 점이다. 심지어 내가 원하는 순간에 저장할 수 있다 해도, 한참 뒤에서야 이미 지나간 어느 지점을 다시 확인해야 하는 경우가 허다하다. 그래서 비셀의 말대로 게임은 "쉽게 재경험될 수 없"다.

오늘날 이 문제는 유튜브나 게임 스트리밍 플랫폼 트위치 Twitch 등을 통해 어느 정도 해결되었지만 또 다른 문제는 게임이 선형적으로 경험되지 않는다는 점이다. 대부분의 게임은 고정된 하나의 거대한 틀 안에서 진행되지만 그 안에서 플레이어들이 할 수 있는 선택은 무궁무진하다. 게임학에서는 후자를 '루도내러티브ludonarrative'라고 부른다. 다른 누군가의 플레이를 통해 그 사람의 경험을 '감상'할 수는 있지만 그게 나의 경험이 되지는 않는다는 점에서 게임은 본질적으로 '연주'와 같다.

보이지 않는 소리

2008년 출시된 〈폴아웃 3Fallout 3〉에서는 게임을 진행하면서 라디오를 감상할 수 있는 옵션이 주어진다. 2277년, 황폐해진 세기말을 배경으로 하는 〈폴아웃 3〉의 세계를 활보하며 플레이어가 경험하는 것은 외로움과 두려움이다. 이때 (플레이어가 원한다면) 그 외로움과 두려움을 라디오 음악으로 가릴 수 있다. 음악이라는 선택이 주어졌고 선택은 플레이어의 몫이다. 하지만 (늘 그렇듯) 음악이 있다고 모든 것이 해결되지는 않는다. 문제는 〈폴아웃 3〉의 음악이 묘한 공허함을 자아낸다는 데 있다. 윌리엄 청은 이를 두고 "음악의 공허한 존재의 딜레마a dilemma of music's empty existence"라고 표현한다.

〈폴아웃 3〉의 음악이 "공허한 존재의 딜레마"를 자아낸다면 게임(음악)학 사상 가장 많이 연구된 〈바이오쇼크 인피니트BioShock Infinite〉(2013)와 호러 게임 〈디 이블 위딘The Evil Within〉(2014)을 플레이하며 만나는 음악은 그 공허함을 '그로테스크함'으로 채운다. 내재적으로 사용되고 있는 것이 명확하지만 소리의 출처가 모호한 이 음악에 왜곡이 더해지면서 구성되는 그로테스크함은 플레이어에게 색다른 경험을 안긴다.

올더스 헉슬리Aldous Huxley의 디스토피아 소설 『멋진 신세계Brave New World』(1932)의 한 장면을 연상케 하는 〈바이오쇼크 인피니트〉는 표면적으로는 1인칭 슈팅First-person shooter, FPS 게임의 형식을 취하고 있다. 이 게임은 『아틀란티스: 대홍수 이전의 세계Atlantis: The Antediluvian World』(1882)의 작가로 유명한 미 연방 하원의원 이그네이셔스 도넬리Ignatius L. Donnelly, 1831~1901의 소설 『시저의 기둥Caesar's Column』(1890)에서 영감을 얻은 게임답게 게임 내러티브와 영상에 약호화된 종교적 의미부터 미국 예외주의American Exceptionalism 같은 정치적 메시지까지 방대한 주제를 다룬다.

거대한 세계관에 걸맞게 그 안에 담겨있는 다양한 음악은 게임 음악을 연구하는 학자들의 관심을 사로잡았다. 〈바이오쇼크 인피니트〉의 음악과 관련해 가장 자주 논의되는 두 가지는 시대성과 공포감이다. 이를테면 게임의 배경은 1912년 미국을 상징하는 가상의 도시 컬럼비아Columbia지만 시내에 들어서면 1966년 발표된 비치 보이스The Beach Boys의 히트곡 〈God Only Knows〉를 내재적으로 들을 수 있다. 하지만 우리가 알고 있는 그 곡과는 조금 다르다. 게임의 시대적 배경에 어울리도록 바버숍 4중창Barbershop Quartet 화성으로 편곡되었다. 그 밖에도 해변가에서 장난감 오르간 버전으로 들을 수 있는 신디 로퍼Cyndi Lauper의 〈Girls Just Wanna Have Fun〉(1983), 가스펠 음악풍으로 편곡된 크리던스 클리어워터 리바이벌Creedence Clearwater Revival의 〈Fortunate Son〉(1969) 등이 게임 속 소리 환경을 정의하고 있다.

K. J. 도넬리K. J. Donnelly와 필립 헤이워드Philip Hayward, 세스 멀리컨Seth Mulliken 같은 음악학자들이 지적한 바와 같이 게임 속 내재적 음악은 영화와 마찬가지로 내러티브적 장소와 시대를 구축하는 데 사용되는 훌륭한 재료다. 그중에서도 시대마다 많은 사람들이 향유하는 대중음악은 특히 효과적이다. 하지만 내재적 음악을 통해 구축되는 시대성은 SF 장르에서 큰 어려움에 직면한다. 그리고 그건 〈바이오쇼크 인피니트〉에서도 마찬가지다. 1912년에 듣는 1960~70년대 음악은 어떻게 달라야 하나? 인지부조화가 발생하지 않도록 편곡을 하기도 하지만 때로는 어쩔 수 없이 발생하는 인지부조화에 기대기도 한다. 1912년에 살고

있는 내가(게임 속 주인공) 듣는 50년 후의 음악은 게임을 플레이하는 '나'에게 이 세계가 현실인 동시에 허구라는 사실을 지속적으로 상기시켜 주는 요소다(이 게임의 결말이 평행우주론에 기반하고 있다는 사실은 비밀이다).

그렇다면 클래식 음악의 경우는 어떠한가? 〈바이오쇼크 인피니트〉에서는 대중음악이나 오리지널 사운드트랙 외에도 바흐와 모차르트의 음악을 들을 수 있다. 전자는 내재적으로, 후자는 외재적으로 사용되어 플레이어에게 각기 다른 경험을 제공한다. 모차르트 레퀴엠Requiem K. 626의 〈눈물의 날Lacrimosa〉과 게임 속 풍경이 만들어 내는 영상미는 단연 이 게임의 백미다. 자연히 할 이야기도 많지만 여기서는 바흐 〈G선상의 아리아Air on the G String〉를 중심으로 살펴보자.

게임 속 바흐의 음악이 흥미로운 건 음악 자체가 아니라 사용 방식이다. 일단 음악이 어디서 흘러나오는지 확인하기까지 적지 않은 시간이 소요된다. 내재적인지 외재적인지도 확실하지 않다. 다만 특정 방향으로 움직이다 보면 소리가 점점 커지거나 작아지는 것으로 미루어 보아 내재적 음악이라고 짐작할 수 있을 뿐이다. 내재적인지 외재적인지 확실하지 않다는 건 소리가 발생하는 출처가 명확하지 않다는 뜻이기도 하다. 그리고 내재적으로 사용되고 있는 것이 분명한 경우에도 출처가 명확하지 않을 수 있다. 이러한 소리를 가리켜 '어쿠스마틱 사운드acousmatic sound'라고 한다. 소리를 발생하는 실체(몸)가 없거나 이를 확인할 수 없는 어쿠스마틱 사운드는 본질적으로 두려움을 수반한다. 영화 〈십계The Ten Commandments〉(1956)의 '하느님'이나 〈오즈의 마법사The Wizard of Oz〉(1939) 속 마법사의 목소리가 갖는 권위도 여기에서 기인한 것이다.

〈바이오쇼크 인피니트〉에서 바흐의 음악이 특정 장소(장면)에 국한되어 있는 반면 호러 게임 〈디 이블 위딘〉에서 들리는 〈G선상의 아리아〉는 전혀 다른 방식으로 공포심을 유발한다. 게임 도입부에서부터 듣게 되는 이 음악은 게임이 진행되는 와중에도 몇 차례 마주하게 되고 심지어 후속작 〈디 이블 위딘 2〉의 오프닝 크레디트에서도 다시 듣게 된다. 바꾸어 말하면 게임 내러티브의 중요한 요소로 사용되고 있다는 뜻이다. 또한 테이프 늘어지는 소리tapestop로 심하게 왜곡되어 공포감을 고조시킨다. 사실 도입부에서 이 곡이 처음 흘러나올 때만 해도 생존에 급급해 소리의 출처(축음기)가 바로 옆에 있다는 사실도 모른 채 탈출에 전념한다.

소리의 출처를 알 수 없어 두려움을 느낀다는 건 거꾸로 이야기하면 이 두려움을 해소하기 위해 자신을 찾게 만드는 소리라는 뜻이다. 그래서 어쿠스마틱 보이스는 믈라덴 돌라르Mladen Dolar의 표현을 빌리면 늘 "자신의 본체를 찾아 헤매는 소리"이다. 하지만 돌라르의 지적처럼 마침내 본체를 찾아도 두려움이 곧바로 사라지는 것은 아니다.

마시멜로의 〈포트나이트〉 콘서트

2017년 8월 출시되어 2020년 9월 서비스가 종료된 카카오게임즈의 RPG 〈음양사 for kakao〉는 영화 〈화양연화〉(2000)의 음악감독 우메바야시 시게루가 참여해 큰 화제를 불러일으켰다. 넷마블도 〈펜타스톰〉의 배경음악을 영화음악 작곡가로 친숙한 한스 짐머Hans Zimmer에게 맡기며 응수했다. 영화음악계의 거장들이 게임 음악 제작에 참여한다는 사실은 마케팅에도 효과적이고 분명 게임(음악)의 위상이 높아졌다는 방증이기도 하지만 이러한 사실 자체에 주목해서 얻게 되는 성찰은 별로 없다. '권위에 호소하는 오류argumentum ad verecundiam'를 범하고 있을 뿐이다. 고작해야 게임 음악도 영화 음악 못지않게 훌륭하다는 말인데 왠지 자존심 상한다.

톰 비셀은 "대부분의 현대 게임은 (형편없는 게임조차도) 아름답게 보인다. 게임의 아름다움에 대해 이야기하는 것은 미슐랭 스타 레스토랑 셰프에게 식탁보가 얼마나 아름다운지 말하는 것과 같다"고 이야기한다. 게임 음악이 왜 훌륭한지 논하는 것은 그래서 별로 의미가 없다. 그보다 중요한 건 음악이 게임을 하는 플레이어와 어떤 관계를 맺으며 게임 플레이 경험을 구성하느냐다. 게임 디자이너 제시 셸Jesse Schell의 말처럼 "게임은 경험을 가능하게 하지만 경험 그 자체는 아니다."

물론 게임 음악 콘서트 등을 통해 부가 가치 창출을 도모할 수도 있다. 게임 속 가상의 공간에서 울려 퍼지던 음악이 현실의 물리적 공간으로 옮겨가는 과정은 분명 흥미로운 연구 대상이다. 게임 플레이는 보통 플레이어가 가상의 세계로 들어가는 구조가 아니었던가? 그렇다면 게임 음악 콘서트는 가상을 현실에서 경험하는 것인가? 일반적인 게임 플레이의 역逆인가? 하지만 엄밀히 말해 게임 음악 콘서트는 (적어도 현상학적 측면에서) 현실이 아닌 가상이다. 미국의 피아니스트 겸 음악학자 찰스 로젠의 표현을 빌리면 현실에서의 게임 콘서트는 '게임 세계의 재현'이다. 게임 플레이어에게 현실은 게임 속 가상 세계이기 때문이다. 수많은 게이머들이 게임 음악 콘서트에 열광하면서도 중의적인 느낌을 지울 수 없는 이유다. 게임 음악을 '음악회'라는 이벤트와 장소에서 다른 이들과 함께 듣는다는 건 왠지 부자연스럽다. 게임 음악은 듣는 게 아니라 수행적이기 때문이다.

그런데 이런 설명을 뒤집는 사건이 벌어졌다. 2019년 2월 2일, 공전의 히트를 기록한 게임 〈포트나이트Fortnite〉(2017) 속에서 DJ 마시멜로Marshmello가 처음으로 '라이브' EDMElectronic Dance

Music, 일렉트로닉 댄스 뮤직 콘서트를 진행했다. 〈포트나이트〉의 개발사 에픽 게임즈Epic Games의 공식 자료에 따르면 1070만 명이 콘서트에 참여(접속)했고 콘서트 후 유튜브에 포스팅된 공연 영상은 이 글을 쓰고 있는 지금까지 6400만 조회수를 기록했다. 행정안전부 주민등록인구현황 통계 기준으로 서울시 전체 인구수보다 많은 이들이 동시 접속해 라이브 공연을 즐겼고, 대한민국 전체 인구수보다 많은 조회수를 기록했다.

당연히 플레이어들의 무기는 콘서트가 진행되는 동안 사용할 수 없도록 일시적으로 해제되었다. 마치 DJ 마시멜로를 공격하려는 것처럼 보이기도 하지만 공연 중 무기는 작동하지 않았다. 손에 무기를 들고 있는 것은 허용되지만 작동하지 않도록 조치되었다. 사용할 수는 없지만 게임 안에서 자신의 정체성을 드러내는 가장 효과적인 무기를 손에 쥐고 있는 것은 생각보다 중요하다. 콘서트에 입장한 유저들은 게임 세계 속에서 평소처럼 자유롭게 낙하해 점프하고 음악에 맞춰 춤춘다. 사상 초유의 게임 속 콘서트 테러로 기록되었을지도 모를 불상사는 다행히 일어나지 않았다.

'최초의 라이브 가상 공연'으로 포장되었지만 물론 전혀 사실이 아니다(그래서 언론·미디어가 좋아하는 '최초'라는 단어는 대부분의 경우 중요하지도 않거니와 함부로 사용해서도 안 된다). 예컨대, 2013년 〈마인크래프트Minecraft〉(2011) 안에서 열린 몬스터

캣Monstercat EDM 라이브 콘서트만 해도 몇 년은 앞서 있다. 그럼에도 불구하고 DJ 마시멜로의 〈포트나이트〉 콘서트는 팀 잉엄Tim Ingham의 표현을 빌리면 "음악 산업의 혁명적 사건"이다. 주인공이 하얀색 헬멧과 코스튬으로 정체를 가린 채 활동하는 마시멜로이기 때문이다. 그래서 잉엄은 "마시멜로가 누구라도 될 수 있다는 사실이 핵심이다. 그는 온전히 허구적인 존재로서, 젊은 음악 팬이 바라는 인격을 덧칠할 수 있는 빈 캔버스"라고 주장한다. 잉엄이 지적하진 않았지만 게임 안에서는 플레이어 또한 그 누구라도 될 수 있다는 점이 비디오 게임의 매력이다.

잉엄의 해석이 흥미로운 건 마시멜로를 "허구적인 존재fictional creation"로 읽어내기 때문이다. 정체를 알 수 없는 마시멜로는 오로지 팬이 상상하고 싶은 방식으로만 존재한다는 뜻이다. 바꾸어 말하면 마시멜로는 게임 속 라이브 공연 이전부터 이미 가상의 존재였다. 그런 그가 오히려 게임 속 가상의 공간에서 라이브 공연을 통해 '실존'할 수 있었다는 사실은 일반적인 가상과 현실의 경계를 무너뜨린다.

'존재하는 것은 지각된 것이다'

가상·증강현실의 상용화로 인한 존재론적 불안과 위기는 인문학의 주요 탐구 대상이다. 그 가운데 가장 큰 불안은 아마도 '신체'의 상실에 대한 두려움일 테다. 하지만 콜린스는 이러한 기술이 "우리의 신체로부터 벗어나게 하는 것이라기보다는 연장된 신체를 제공한다"고 주장한다. 우리는 탈신체화를 경험한다기보다는 "게임 공간을 통해 다시 체현reembodiment"하는 것이며, 이때 가상 세계로 연장되는 신체의 가장 명확한 예가 '소리'라는 것이 콜린스의 설명이다. 그래서 브렌던 키오Brendan Keogh는 비디오 게임을 "몸의 놀이a play of bodies"라고 부른다. 그러니까 게임이 플레이어에게 무엇을 하는지보다 중요한 건 게임 플레이 자체가 체현된 경험이라는 사실이다.

간단한 사고 실험을 해보자. 숲속의 나무가 쓰러질 때 그 자리에 아무도 없다면 그 나무의 소리는 존재하는가? 만약 그렇게 믿는다면 소리를 절대적으로 존재하는 '물질(외부대상)'로 이해한 것이다. 하지만 그렇지 않다면 소리를 '현상(지각된 것)'으로 이해한 것이다. 조지 버클리George Berkeley, 1685~1753의 언어로 말하면 소리는 우리가(혹은 우리 뇌가) 지각하는 방식으로만 존재esse est percipi한다.

'소리를 듣는다'는 행위를 '진동을 체험한다'는 개념으로 이해하면 듣기의 의미는 전혀 달라진다. 우리가 일반적으로 말하는 '듣기'도 사실은 '소리' 신호로 변환된 '진동'에 지나지 않는다. 말장난처럼 들리겠지만 청취의 역사를 살펴보면 그렇지 않다는 사실을 확인할 수 있다. 마라 밀스Mara Mills는 20세기 초 전화 회사가 청력 측정을 통해 효율적인(사실은 경제적인) 통신 체계를 구축하는 과정을 연구한 2011년 논문 「소리 지우기: 전화 시스템에서의 소음과 통신 설계Deafening: Noise and the Engineering of Communication in the Telephone System」에서 다음과 같은 질문들을 던진다. '잘 들을 수 있다는 것'의 표준은 어디에서 기인하는가? 심지어 인간이라는 같은 종 안에서도 연령대에 따라 달라지는 '가청주파수'가 고정된 개념은 아니지 않은가? 다시 말해 '듣기'의 개념 자체가 정치경제학적으로 '구축'된 것 아닌가? 그래서 스티브 굿맨Steve Goodman은 소리를 '진동'으로 이해하자고 제안한다. 애초에 '소리'라는 개념 자체가 얼마나 추상적인 것이었는지, 조금 더 극단적으로 말하면 정치사회적으로 '구축'된 것인지에 대해 재고해 보자는 것이다.

쓰러지는 나무 소리의 예가 와닿지 않는다면 MP3의 경우는 어떠한가? 매체 이론가 조너선 스턴의 연구에 따르면 MP3는 우리 뇌가 어차피 지각하지 못하는 잉여 정보를 제거하고 실제로는 없는 정보까지 알아서 채워 넣도록 고안된 압축 기술이다. 배음렬에서 기본음을 제거해도 같은 옥타브로 들리는 효과missing fundamental가 후자의 대표적인 예다. 하나의 음은 그 높이를 판단할 수 있는 기본음 외에도 그보다 높은 음들을 수반하는데, 이를 배음렬이라고 한다. 하지만 의식하고 듣지 않는 이상 잘 들리지 않는다. 있어도 어차피 다 듣지 못하고, 없어도 있는 것으로 착각하는 우리 뇌가 소리를 처리하는 방식을 모델로 디자인된 압축 형식이다.

갑자기 MP3 이야기를 하는 이유는 이 파일 형식이 제기하는 다양한 정치경제학적 문제를 논하기 위해서가 아니다. 이 문제에 관심 있는 독자는 스턴의 논문 「문화적 유물로서의 MP3The MP3 as Cultural Artifact」(2006)와 저서 『MP3: 형식의 의미MP3: The Meaning of a Format』(2012)를 참고하길 바란다. 지금 하려는 이야기는 MP3가 의도치 않게 알려주는 가상과 현실의 관계다. 스턴의 주장을 한마디로 정리하면 MP3를 포함한 수많은 디지털 매체가 결국 우리 몸과 뇌가 작동하는 방식에 기초하고 있는 한 신체로부터 완전히 독립된 진정한 의미의 가상이란 없다는 것이다.

『비디오 게임의 음악: 놀이를 연구하다』의 편저자들은 서문에서 "플레이어가 없는 게임은 게임이라고 할 수 없다"고 주장한다. 이는 마치 "음악은 오로지 연주되는 그 순간에만 존재한다"는 덴마크의 철학자 쇠렌 키르케고르Søren Kierkegaard, 1813~1855의 주장과도 같다. 음악은 동사인가 명사인가? 내가 듣거나 연주하지 않아도 음악은 절대적으로(혹은 자율적으로) 존재한다고 생각한다면 음악을 명사로 생각한 것이다. 반면 음악은 오로지 내가 듣거나 연주하는 그 순간에만 존재한다고 믿는다면 음악은 동사다. 게임학자 고든 칼레야Gordon Calleja의 말처럼 "게임은 플레이될 때 게임이 된다. 그때까지는 그저 인간의 참여를 기다리는 규칙들의 집합일 뿐이다."

게임의 시간성temporality을 연구한 크리스토퍼 한슨Christopher Hanson은 저서 『게임 시간: 비디오 게임의 시간성 이해하기Game Time: Understanding Temporality in Video Games』(2018)에서 '라이브'의 개념을 해체한다. 예컨대, 야구장에서 직관 중인 팬들과 집에서 TV로 시청하고 있는 나 사이에 어느 쪽이 "게임을 참으로 경험했다"고 할 수 있는가? 당연히 직관하는 쪽이라고 답하기 쉽지만 가만 생각해 보면 그쪽이 '더' 진정한 경험을 했다고 이야기할 수 있는 근거가 많지 않다. 선수들의 동작 하나하나를 눈으로 직접 볼 수 있고(그 정도로 가깝게 앉을 수 있는 경우는 거의 없다) 땀 냄새까지 맡을 수 있다(그걸 왜 맡고 싶은지는 모르겠지만 다시 말하면 그 정도로 가깝게 앉으면 위험하다)고 우기고 싶겠지만 선수의 동작 하나하나는 오히려 수십 대의 초고속 고화질 카메라로 촬영한 TV에서 훨씬 생생하게 볼 수 있다(여전히 땀 냄새는 맡을 수 없지만 혹시 위안이 된다면 땀구멍은 볼 수 있다).

현실 세계의 스포츠 경기만 해도 답하기 쉽지 않은 '생생함'

에 관한 문제는 게임으로 넘어가면 한층 더 복잡해진다는 게 한슨의 주장이다. 그가 던지는 질문 가운데 하나는 "게임의 시간성은 정확히 언제 발동하고 게임은 정확히 언제 라이브가 되는가?"이다. 그의 주장에 따르면 현존하는 '라이브'에 관한 연구들은 감상자의 경험을 설명하는 데 유용하지만 게임 참여자, 즉 플레이어의 경험을 설명하기에는 부족하다. 조지아공과대학의 미디어·공연 연구가 필립 오슬랜더Philip Auslander는 저서 『라이브 공연Liveness: Performance in a Mediatized Culture』(2008)에서 라이브 공연과 미디어 간 불가분의 관계를 설명한다. 그의 주장을 한마디로 요약하면 오늘날의 미디어 세계에서 '라이브'의 의미는 라이브가 아닌 것에 전적으로 의지하고 있다는 것. '존재하는 것은 지각된 것'이라는 명제가 참이라면 게임 플레이는 언제나 '라이브'다.

게임과 음악의 윤리학

게임 음악을 연구하는 학자들이 종종 마주하는 질문 가운데 하나는 이게 대체 무엇을 어떻게 연구하는 학문이냐는 것이다. 2014년 발간된 윌리엄 청의 저서 『사운드 플레이: 비디오 게임과 음악적 상상력Sound Play: Video Games and the Musical Imagination』은 게임음악학이 게임 음악의 표면적(혹은 현상적)인 부분을 분석하는 데 그치지 않는다는 사실을, 왜 우리 모두가 관심을 가져야 하는지를 설득력 있게 보여준다. 제목의 '사운드 플레이sound play'는 '소리(가 있는) 놀이'로 해석할 수도 있지만 '건전한 놀이'로도 이해할 수 있다는 점에서 책의 내용을 중의적으로 요약한다.

청의 저서를 관통하는 주제를 한마디로 정리하면 '음악의 윤리학'이다. '그건 그냥 단순히 음악일 뿐이잖아'가 얼마나 무책임한 말인지를 '그건 그냥 단순히 게임일 뿐이잖아'의 오류를 통해 주장한다. 그리고 음악학자들에게 단순히 음악을 연구한다는 것 그 이상의 책임감을 요구한다. 그래서 청에게 가상과 현실을 구분 짓는 일은 이중적인 의미를 갖는다. 애초에 경계가 모호할 뿐만 아니라 더 이상 '그건 그냥 가상일 뿐이잖아'가 통용되지 않는 세상이 되어가고 있기 때문이다.

이러한 주장을 뒷받침하기 위해 청은 〈반지의 제왕 온라인The Lord of the Rings Online〉(2007)에서 플레이어들이 음악을 사용해서 어떻게 '폭력'을 행사하는지 적나라하게 보여준다. 게임 속 공공장소에서 음악을 크게 연주하여 '폭력'을 행사하는 모습은 오늘날의 현실과 조금도 다르지 않다. 스마트폰 때문인지 요즘 부쩍 지하철 같은 밀폐된 공공장소에서 볼륨을 한껏 높이고 음악이나 영상을 감상하는 사람들이 늘었다. 그리고 나는 그들로부터 스스로를 보호하기 위해 값비싼 노이즈 캔슬링 헤드폰을 장착하고 귀를 닫는다. 이를 두고 '그냥 음악일 뿐이잖아'라고 말할 수는 없다.

〈폴아웃 3〉를 하다 보면 마을 하나를 통째로 날리는 선택 과제를 받게 되는데, 기폭 장치를 누르는 방식으로 임무를 완수한다. 게임 속에서 기폭 장치를 누르려면 키보드 E 버튼을 누르면 되는데, 청은 이때 그 기폭 장치를 누르는 사람이 게임 속 캐릭터와 게임 밖 플레이어 중 누구냐고 묻는다. 마을 하나를 통째로 날려버릴 핵폭탄 버튼Big Red Button을 누르는 게임 속 캐릭터와 이를 실행하기 위해 키보드 버튼을 누르는 플레이어의 묘한 운동감각적 동화는 신체를 이용하게 함으로써 우리를 괴롭힌다.

청은 자신의 주장을 더욱 견고하게 하기 위해 음악학자 수전 큐식Susan Cusick의 연구를 소개한다. 오랫동안 '음악과 폭력'에 관한 연구를 진행한 큐식은 미군이 전쟁 포로들을 고문하는 데 음악이나 소리를 사용했다는 사실이 의미하는 바를 학문적으로 풀어냈다. 큐식은 미군이 음악을 사용해 "음향적 디스토피아acoustic dystopia"를 구축했다고 말한다. 그리고 음악이 포로들, 즉 인간의 주체성subjectivity을 파괴하는 데 아주 탁월한 효과가 있었다고 주장한다. 여기서 주목해야 할 것은 음악과 소리, 듣기, 그리고 윤리에 관한 문제가 결코 별개가 아니라는 점이다.

예컨대, 〈기타 히어로〉나 〈락밴드〉 같은 음악(연주)게임 시리즈는 우리가 전혀 예상하지 못한 방식으로 폭력을 가한다. 〈기타 히어로〉에 사용되는 플라스틱 기타(모양의 컨트롤러)가 무분별하게 버려지고 아프리카 같은 곳으로 유입되면서 의도치 않은 환경 파괴가 일어나고 있다. 어디 게임뿐이겠는가? 음악학자 카일 디바인Kyle Devine에 따르면 음악 스트리밍의 시대로 진입한 후 카세트테이프, CD 등 물리적인 폐기물은 줄어들었을지 모르지만 서버 가동 및 유지, 특히 냉각을 위해 소모되는 에너지에 의한 오염은 이전 세대의 그것을 능가한다. 그래서 우리 모두 환경운동가가 되자는 이야기가 아니다. 하지만 청의 말처럼 '그냥 게임/음악일 뿐이잖아'로 치부해 버릴 수도 없는 노릇이다. 헉슬리의 『멋진 신세계』가 정말 '멋진' 세상이 되려면 게임과 음악의 윤리학은 반드시 필요하다.

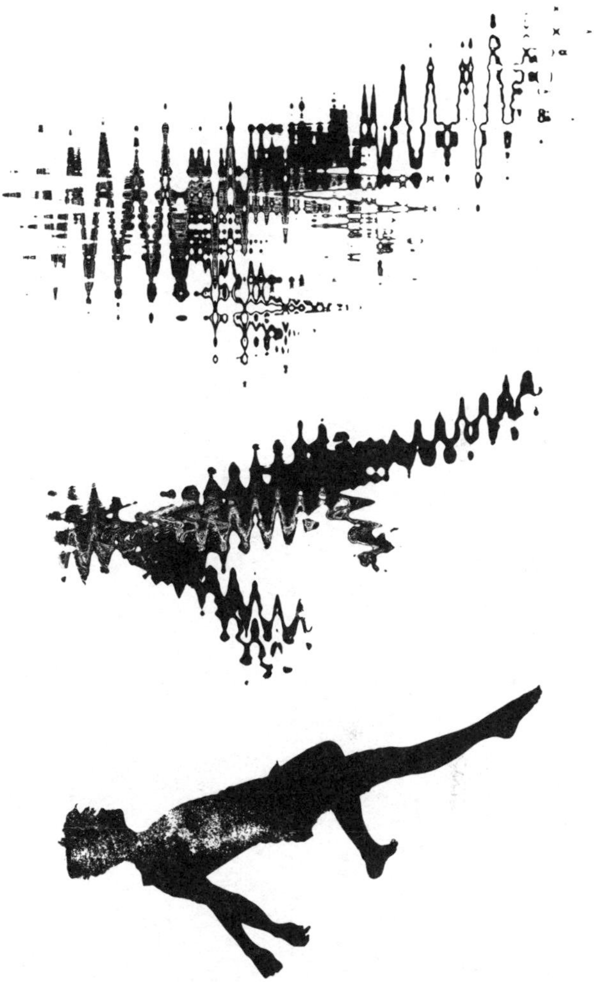

포스트휴먼 시대의 소리 환경

이상욱

어린 시절 특별히 음악 '감상'이란 걸 해본 기억은 없다. 초등학교 다닐 적 음악 시간은 좋아했지만 특별히 악기에 재능이 있었던 것도 아니고 빼어나게 노래를 잘했던 것도 아니었다. 음악 시간에 선생님께서 연주하시는 풍금 소리가 흥겹게 느껴지기는 했지만 집에서 음악을 들을 수 있는 장치가 따로 없었다. 그래서 음악은 내게 길을 걷거나 텔레비전을 볼 때 일방적으로 '주어지는' 것이었다. 이 모든 상황은 초등학교 6학년 때 극적으로 바뀌었다. 부모님을 졸라 조그만 라디오를 갖게 되었고 시간 날 때마다 FM 라디오에서 흘러나오는 수많은 선율을 두근거리며 들었다. 장르를 특별히 가려 들었던 것 같지는 않다. 그저 음악을 듣는 시간 자체가 무엇과 바꿀 수 없이 소중했다. 라디오 덕분에 채널을 바꿀 수 있다는 의미에서 '부분적으로나마' 내 선택에 의해 음악적 경험을 할 수 있게 되었다는 사실이 중요했다.

하지만 라디오의 '경이로움'은 오래가지 않았다. 말 타면 경마 잡히고 싶다는 속담처럼 나는 음악적 경험에서 보다 많은 선택지를 갖고 싶어졌다. 진행자가 틀어주는 대로 듣는 음악이 아니라 내가 듣고 싶을 때 내가 듣고 싶은 음악을 골라 듣고 싶은 욕심이 났다. 그때 떠오른 기계가 집에 있던 육중한 카세트 녹음기였다. 아버지가 꽤 오래전에 산 것인데 엄청 무거웠고 고급 물건이라는 느낌을 주는 가죽으로 싸여있었다. 아마도 아래 사진과 비슷한 것이었던 것 같다. 내가 아주 어렸을 때 가족의 격려(?)를 받으며 제멋대로 부른 노래를 비롯해서 주로 가족의 목소리를 '기록'하는 목적으로 사용되던 '엄숙한' 기계였다. 그걸 사용해 라디오에서 원하는 노래가 나올 때마다 녹음해 보기로 했다. 풀어야 할 문제가 많았다. 라디오 프로그램에서 무슨 곡이 나올지 미리 알려주는 선곡 리스트를 인터넷에서 확인할 수 있는 시대가 아니었다. 게다가 라디오의 아날로그 신호를 전기적으로 녹음기에 전달

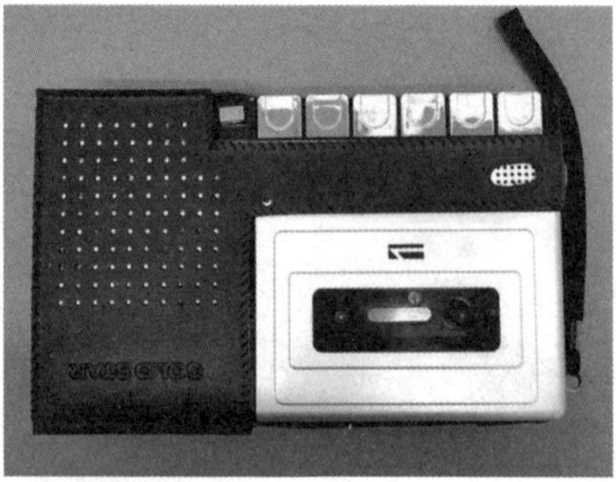

금성 카세트 녹음기(1982)

해 줄 방법을 찾을 수 없어서 소리 진동을 직접적으로 이용하기로 했다. 즉 라디오를 들으면서 내가 녹음하고 싶은 곡이 다음에 나온다고 진행자가 알려주면 재빨리 녹음기의 스위치를 켰다가 음악이 끝나면 정지 스위치를 내리는 방식이다. 당연히 시작과 끝에 스위치 소리가 들어갔다. 녹음 내내 소리의 향연에 조금이라도 흠집을 내지 않기 위해 나는 최대한 숨을 죽이고 있었지만 가끔씩 주변의 소음이 함께 들어가는 걸 피할 수는 없었다. 나는 아직까지도 〈도둑까치 서곡〉의 녹음에 들어갔던, 부엌에서 저녁을 준비하시던 어머님의 탁탁탁 도마 소리를 기억한다. 어쩌면 〈도둑까지 서곡〉이 아니었을 수도 있지만 그 소리가 당시에는 엄청 원망스러웠다는 기억은 생생하다. 당연히 한참 후에 워크맨이 나왔을 때(이건 비싸서 사지는 못했다)와 MP3 플레이어가 나왔을 때(이때는 아르바이트로 여유가 생겨서 부담 없이 살 수 있었다!) 내 소리 경험은 또다시 비약적으로 바뀌었다.

기술적 소리풍경 속 우리

이제 현재로 돌아와 평범한 아침 풍경을 떠올려 보자. 많은 사람들이 휴대전화 알람 소리에 눈을 뜰 것이다. 휴대전화 도움 없이 스스로 잠에서 깨는 사람이라도 완벽한 정적에서 깨어나기는 어려울 것이다. 자신의 방이 있는 위치에 따라 아침부터 부지런히 어딘가로 가는 자동차 소리를 들을 수도 있고 부산하게 하루의 시작을 준비하는 이웃의 '생활 소음'도 들을 수 있을 것이다. 고즈넉한 숲속에 홀로 동그마니 있는 집에 혼자 사는 사람이라면 어떨까? 당신보다 훨씬 더 부지런한 새들이 재잘거리는 소리가 생각보다 크다는 점을 알게 될 것이다. 이처럼 우리의 삶은 아침에 눈을 뜰 때부터 수많은 소리에 둘러싸여 있다. 다시 말하자면 소리풍경soundscape, 혹은 좀 더 정확하게 '소리청경'은 우리에게는 숨 쉬는 공기만큼이나 익숙하면서도 평상시에 그다지 주목하지 않는 구조적 배경이다.

여기까지는 비교적 쉽게 납득할 수 있다. 이제부터는 좀 낯선 이야기를 해보자. 나의 주장은 이렇게 우리에게 익숙한 소리풍경이 존재론적으로 근본적인 의미에서 '기술적technological'이라는 것이다. 이 주장은 얼핏 듣기에도 무리한 이야기처럼 들린다. 자동차가 기술적 대상이라는 데 이의를 제기할 사람은 없겠지만 의자 끄는 소리까지 '기술'이라고 명명하는 것은 엄밀하게 말해 틀린 이야기는 아니겠지만(의자도 '일종의' 기술적 대상이니까) 일상적 물건을 너무 거창하게 부르는 것 같다. 마찬가지로 찌개를 끓이는 냄비나 파를 다듬는 칼과 도마가 내는 소리를 기술적 소리라고 부르는 것도 다소 호들갑처럼 느껴진다. 가장 결정적인 것은 이런 '인공의 소리'가 아닌 '자연의 소리'까지 기술이라는 주장의 어이없음이다. 숲속의 새소리가 기술적 소리풍경이라면 세상의 모든 것이 기술적 대상이라고 할 셈인가?

물론 아니다. 세상의 모든 것이 기술적 대상은 아니다. 기술은 본질적인 의미에서 인간의 손길을 필요로 한다. 그러므로 땅속 깊이 묻혀있는 광물처럼 순수하게 '자연적 대상'인 것도 당연히 존재한다. 다만 직관적으로 자연적 대상일 것이라고 생각되는 것 중 거의 대부분이 실은 기술적 대상이다. 예를 들어 우리가 숨 쉬는 '공기'는 실제로 기술적 대상이다. 현재 진행되고 있는 기후 위기를 초래한 온실 기체를 만든 주요 원인은 산업혁명 이후 증가된 인류의 산업 활동이다. 그러므로 기후를 비롯한 지구 환경의 많은 특징은 인간의 기술적 개입이 이미 많이 이루어졌다는 의미에서, '자연적'이라고 보기 어렵다.

인류가 지구 생태계의 많은 부분을, 특히 역사 시대의 어느 시점부터 기술적으로 크게 변화시켜서 지질학적으로 새로운 시대 구분이 필요해졌음을 강조하는 개념이 바로 인류세 Anthropocene이다. 아직 학계에서 관련 논의가 완전히 정리된 것은 아니지만, 우리가 흔히 '자연'이라고 부르는 것의 많은 부분, 예를 들어 피톤치드를 가득 내뿜는 자연휴양림의 메타세콰이어조차 거의 확실히 이미 인류의 오랜 기술적 개입으로 변형되어 왔음은 분명하다. 그리고 이러한 기술적 개입의 범위와 효과는 긍정적이든 부정적이든 점점 더 커지고 있다.

최근 기후 위기를 극복할 방안으로 지구 환경에 보다 적극적으로 개입해서 공학기술적 방식으로 온실 기체를 줄이려는 기후 공학climate engineering이 유엔을 비롯한 국제 사회에서 본격적으로 논의되고 있다. 의도는 좋지만 당연히 위험한 기술이어서 우려도 많다. 중요한 점은 이런 기후 공학적 개입이 별다른 부작용 없이 성공적으로 완수되더라도 환경에 대한 우리의 기술적 개입은 더욱더 증가하게 된다는 사실이다. 예를 들어 지구 대기에 금속 입자를 뿌려 햇빛을 우주 공간으로 더 많이 반사시켜 지구 온난화를 막으려 한다면 이러한 시도는 일회성으로 그칠 수 없고 주기적으로 반복되어야 한다.[18] 이렇게 되면 우리는 '자연 환경'을 기술적으로 '관리'하는 시대에 살게 될 것이다.

21세기 한국 사회의 맥락에서 생각할 때 우리가 경험하는 소리풍경에서 기술적 대상이 아닌 것을 찾기는 매우 어려울 것이다. 기술적 대상을 인간이 자신 주변의 다양한 자원을 활용하여 특정 기능이나 목적을 달성하기 위해 만들어 낸 것으로 정의한다면, 우리 삶에서 마주치는 것 중에서 기술적 대상이 아닌 것을 찾기가 매우 어렵기 때문이다. 아마도 사람이 한 번도 방문한 적이 없는 아마존 원시림에서 들리는 소리 정도가 되어야 기술적 대상이 아니라고 할 수 있을 것이다. 하지만 아마존 원시림조차 인간의 산업 활동으로 인한 기후변화의 영향을 받는다는 점을 고려할 때, 그 자체로는 기술적 대상이 아닌 것들조차 우리의 기술적 활동에 의해 영향을 받는다는 점을 알 수 있다.

조금 더 차근차근 생각해 보자. 기술적 대상을 우리의 기술적 활동에 의해 만들어지는 '직접적' 기술적 대상과 그런 직접적 기술적 대상에 의해 다양한 방식으로 영향을 받는 '간접적' 기술적 대상으로 나누어 보자. 그러면 아마도 지구상의 '거의 모든 것'은 기술적 대상이라고 할 수 있을 것이다. 이렇게 되면 기술적 대상이 아닌 것을 찾기 위해서는 인류의 기술적 대상이 아직 영향을 끼치지 못한 머나먼 우주 공간으로 나가야 할지도 모른다.

다시 소리풍경으로 돌아와 보자. 외딴 숲의 새 울음소리가 왜 기술적 대상일까? 우선 인류가 문명을 일으키고 살아온 역사시대 이래로 인류는 자신의 주거 환경을, 정도의 차이는 있지만 항상 기술적으로 변형해 왔다는 점을 기억하자. 제주도에 가면 사려니숲길이라는 멋진 산책로가 있다. 고즈넉한 분위기에 계절마다 바뀌는 풍광을 즐기며 한없이 걸어도 좋을 멋진 이 숲길에는 엄청난 규모의 삼나무숲이 있다. 피톤치드가 넘쳐나는 신선한 공기를 마시며 자연체험을 하기에 정말 좋은 곳이다. 하지만 이 삼나무숲은 인간과 무관하게 자연적으로 조성된 자연림이 아니다. 비교적 최근에 방풍이나 산림자원 확보 목적으로 조성된 인공림이다. 그러므로 우리가 '자연'을 만끽할 수 있는 곳이 지극히 평범한 의미에서 기술적 대상일 수 있다. 아마도 아침에 새소리를 들을 수 있는 외딴 숲도 사려니숲길의 삼나무숲처럼 역사적으로 어느 시점에선가 인공적으로 조성된 숲이거나 적어도 인간의 활동에 숲의 나무 조성이나 경계 등이 지속적으로 영향을 받은 숲이었을 것이다. 그리고 그곳에 사는 새들 역시 오랜 기간 인간과 상호작용하면서 인간의 여러 기술적 대상들(예를 들어 곡식이나 음식 찌꺼기)에 익숙해진 생명체일 것이다. 어떤 경우에는 멸종위기종 번식을 위해 지리산에 방류한 반달가슴곰이나 생태 균형을 파괴하는 외래종처럼 가죽이나 고기를 얻기 위해 수입한 것일 수도 있다. 이런 의미에서 외딴 숲에서 아침에 듣는 새소리조차 기술적 소리풍경이라고 할 수 있는 것이다.[19]

우리의 소리풍경을 구성하는 것은 모두 기술적 대상이라는 주장은 다소 억지스럽게 들릴 수도 있지만, 기술적 대상을 납득할 수 있게 규정하고 우리의 소리풍경이 어떻게 구성되는지를 잘 살펴보면 생각만큼 그렇게 엉뚱하게 들리지는 않는다. 처음에 이 생각이 이상하게 느껴진 이유는 아마도 우리는 기술이라는 개념으로 노트북이나 휴대전화처럼 '첨단' 기술만을 떠올릴 뿐, 의자나 도마처럼 이미 너무나 익숙해진 기술이나 에코백, 운동화 같은 일상적 기술은 기술이라고 잘 인식하지 못하기 때문일 수 있다.

여기에 더해 우리는 기술적 대상 사이의 연관 관계를 파악하는 데 익숙하지 않다. 그래서 자동차는 기술적 대상으로 쉽게 인식하지만 그 자동차가 다니는 '도로'가 수많은 기술이 집적된, 상당히 최근에 등장한, 기술적 대상이라는 생각은 하지 못한다. 더욱이 버스마다 붙어있는 노선도와 버스번호 역시 최근 버스정류장마다 설치되고 있는 도착버스 안내 시스템이나 휴대전화 버스 실시간 운행 현황 앱만큼이나 대중교통 기술시스템을 구성하는, 매우 중요한 기술이라는 생각을 하지 못한다.

다시 말하자면 우리는 논란의 여지 없는 기술적 대상도 그것이 일상화되거나 익숙해져서 마치 '공기'처럼 우리 삶의 배경조건을 이루면 기술적 대상으로 인식하지 못한다. 특히 그러한 기술적 대상이 서로 연결되어 '시스템'으로 작동하면서 우리 삶의 '배후에서' 안정적으로 작동하고 있을 때는 더더욱 그러하다. 폭우나 태풍으로 도로가 끊기고 고속철도가 운행을 멈춰서 일상

폭우로 운행이 중단된 철도 시스템

생활의 '당연한 조건'이 교란될 때만 우리는 그동안 주목하지 않았던 이런 배경적 기술 시스템의 존재를 확인하게 된다.[20] 왜 이런 상황이 벌어지는 것일까? 이에 대해 다음 단락에서 포스트휴머니즘적 관점으로 말해보자.

소리풍경을 만들어 내는 포스트휴먼 네트워크

우리에게 익숙한 소리풍경을 만들어 내는 주체는 인간이나 인간이 만들어 낸 기술적 대상만이 아니다. 이제는 청계천에서도 재빠른 동작으로 첨벙거리며 물고기를 낚아채는 왜가리의 모습을 심심치 않게 볼 수 있고, 여름이면 지치지도 않고 서로 경쟁적으로 울어대는 개구리와 두꺼비, 그리고 가을이 시작될 때까지 기승을 부리는 매미도 있다. 동물만큼 적극적으로(?) 소리를 내지는 않지만 강변 바람에 흔들리는 갈대숲이나 비가 그친 후에도 가끔씩 후드득거리며 '바람비'를 흩뿌리는 가로수들도 특유의 소리풍경을 제공한다. 이렇게 보면 우리의 소리풍경을 구성하는 소리 주체들은 사람만이 아니라 동식물, 자연물, 그리고 기술적 대상 등 매우 복합적인 성격을 갖는다. 이를 크게 보면 인간과 비인간으로 구별할 수 있는데 이 비인간의 소리 주체로서의 특징에 주목하는 것이 포스트휴먼적 관점이라 할 수 있다.

여기서 포스트휴먼적 관점에 대해 조금 주의할 부분이 있다. 역사적으로 인간의 육체적, 정신적 '제한'을 다양한 방식, 특히 기술적 방식으로 극복하려는 시도가 여럿 있었다. 근대 이전에는 인간 생명의 유한성을 극복하고 불멸의 존재로 거듭나려는 노력(영화 〈해리 포터〉 시리즈에 등장하는 '철학자의 돌'이 이런 신비한 능력을 가졌다고 알려졌다!)이 주를 이뤘지만, 근대 이후에는 육체적 한계를 기계적, 혹은 좀 더 최근에는 유전공학적 방식으로 극복하려는 시도가 주목을 받았다. 영화 〈엣지 오브 투모로우〉 등 여러 SF 영화에 등장하는 전투용 외골격이나, 영화 〈레지던트 이블〉 시리즈에 등장하는 유전적으로 변형된 슈퍼휴먼의 사례가 이에 해당된다. 이런 방향으로 인간의 육체적, 정신적 능력을 기술적 도움으로 '강화해서enhance' 초인으로 진화하려는 노력을 트랜스휴머니즘transhumanism이라고 한다.[21]

기억해 둘 점은 트랜스휴머니즘이 포스트휴머니즘의 한 형태일 수는 있지만 매우 극단적인 특별한 형태에 불과할 뿐 모든 포스트휴머니즘이 이런 지향점을 갖는 것은 아니라는 사실이다. 포스트휴머니즘은 휴머니즘에 'post'라는 접두사가 덧붙여진 개념이다. 이 'post'가 갖는 여러 의미를 고려할 때 포스트휴머니즘은 근대 이후 사람들의 생각과 사회가 운영되는 방식을 지배해 온 휴머니즘에 대한 비판적 분석에 기초하여 이를 21세기에 걸

맞은 바람직한 방식으로 새롭게 재규정하려는 다양한 시도라고 할 수 있다. 분명히 포스트휴머니즘을 논하는 사람 중에는 인간이 첨단 기술을 적극적으로 활용하여 초인이 되어야 한다는 당위를 강조하는 급진적 트랜스휴머니스트들도 있다. 하지만 대부분은 현재 우리가 살고 있는 사회를 정확하게 이해하고 바람직한 규범적 태도를 이끌어 내기 위해서는 인간에만 집중하는 근대적 휴머니즘을 넘어서서 비인간 행위자들이 인간과 관련 맺는 다층적 관계에 주목하고 이들 관계의 바람직한 발전을 모색하려는 '확장된' 휴머니즘적 태도가 필요하다고 주장한다.[22] 특히 우리는 인간의 산업 활동으로 인류만이 아니라 지구 생태계의 많은 생명체에도 실존적 위협을 제기하고 있는 기후 위기 시대를 살고 있다. 인간과 인간이 만든 기술적 대상 그리고 인간과 생태계를 공유하는 생명체들 사이의 상호의존성을 정확하게 이해하고 생존 전략을 모색하는 것이 절실하기에 포스트휴머니즘은 최근 더 주목을 받고 있다.

2022년 세상을 떠난 기술철학자 브뤼노 라투르Bruno Latour는 기술적 대상을 포함한 비인간의 '행위성agency'을 강조한 것으로 유명하다.[23] 라투르가 비인간의 행위성을 강조한다고 해서 인간과 동일한 의미의 행위성을 비인간 행위자가 갖는다고 주장한 것은 아니다. 예를 들어, 내 방의 알람 시계는 내가 아침 수업에 늦을까 봐 '걱정되어' 내가 깨어날 때까지 '열심히' 알람 소리를 냈다고 비유적으로는 표현할 수 있겠지만 정말로 걱정할 수 있는 마음 상태를 갖고 있는 것은 아니다. 비인간 행위자 중에서도 사물이 아니라 고등동물이라면 상당한 수준의 마음 상태를 갖고 있다고 보아야 할 것이다(반려동물을 키우는 사람들은 절대적으로 공감하는 부분이다). 하지만 이 경우도 인간의 복잡한 사고 과정과 이어지는 의지적 행동, 예를 들어 여러 가치들 사이의 충돌을 조정하여 윤리적으로 바람직한 목표를 설정하고 이를 실현하기 위해 가장 효율적인 행동을 숙고하여 실천하는 수준의 행위성을 개나 고양이가 갖고 있다고 보기는 어렵다.

그러므로 라투르가 비인간 행위자와 인간 행위자 사이의 네트워크를 이야기할 때 주목하는 부분은 이처럼 '의식적 사고'의 영역이나 '가치 판단에 기초한 행동'의 영역이 아니다. 그보다는 앞서 설명한 포스트휴먼적 관점에서 사람들 사이의 네트워크만으로는 포착하기 어렵거나 간과하기 쉬운 사회 현상의 여러 측면들을 바르게 분석하기 위해서는 기술적 사물이나 인간이 아닌 동물, 식물, 미생물 등 다양한 비인간 행위자들과 우리가 관계 맺는 방식, 특히 서로 영향을 주고받으며 특정 지향점을 갖춘 네트워크를 '확장'하는 방식에 주목해야 한다는 것이다. 이 과정을 라투르는 인간-비인간 행위자의 '동맹 맺기'라고 표현한다.

예를 들어 우리가 어떻게 미생물의 위협으로부터 우리를 지키는 백신을, 국가가 강제로 국민 전체에게 의무적으로 접종하게 되었는지를 살펴보자. 이 과정을 정확하게 이해하기 위해서는 단순히 파스퇴르라는 뛰어난 프랑스 과학자가 수많은 연구를 통해 질병이 세균에 의해 발생한다는 사실을 알아내고 이 지식을 활용해서 세균에 대한 인체의 저항성을 키울 수 있는 백신의 원리를 알아냈다는, 상식적으로 알려진 설명만으로는 부족하다. 실험실에서 파스퇴르가 알아낸 과학지식이 실험실을 넘어 프랑스 전역, 그리고 궁극적으로는 전 세계로 확장되기 위해서는 우선 과학자가 아닌 사람들이 파스퇴르의 말을 신뢰하고 파스퇴르가 원하는 방식으로 백신을 사용하고 그 과정과 결과에 대한 데이터를 다시 파스퇴르에게 보내서 보다 나은 백신과 접종 방법을 알아낼 수 있어야 하기 때문이다. 이 과정은 파스퇴르와 다른 인간 및 비인간 행위자들이 구체적으로 상호작용하면서 사회가 작동하는 방식을 바꿔야만 가능하다.

과학 지식이 세상을 바꾼다는 말은 오직 비유적으로만 타당하다. 실제로는 과학 지식을 연구 집단 바깥으로 확장하고 사회적 실천을 통해 그 지식에 담긴 인과적 힘, 예를 들어 백신이 질병에 대한 저항력을 인체 내에 만드는 일을, 원하는 방식으로 활용할 수 있는 사회적 네트워크가 필요한 것이다. 그 과정에는 개발된 백신에 대한 평가, 백신 사용자들에 대한 설득, 접종 데이터와 부작용에 대한 데이터 수집 및 그 데이터를 활용한 개선된 백신의 개발 및 보급, 이 모든 것을 제도적으로 보장하는 법적, 제도적 강제력 등 수많은 요인들이 결합되어야 한다.

코로나19 사태를 겪은 우리에게 이런 과정은 전혀 낯설지 않다. 감염과 방역 상황이 워낙 급박하게 전개되었기에 통상적으로는 관계 전문가들 사이에서 진행되는 질병에 대한 과학연구와 백신 개발 과정 및 법적, 제도적 대응 절차 마련 과정이 언론을 통해 상세하게 대중들에게 공개되었기 때문이다. 그래서 우리는 이제 코로나19와 같은 비인간 행위자가 어떻게 사람들의 행동 방식과 사회 운영 방식을 극적으로 바꿀 수 있었는지, 보다 명확하게 이해하게 되었다. 핵심은 이런 일이 21세기에 들어 갑자기 발생한 현상이 아니라는 점이다. 라투르가 파스퇴르에 대한 사례 연구를 통해 밝혀낸 점은 과학 지식이 생산되고, 전파되고, 활용되고, 궁극적으로 사회를 움직이는 근간으로 자리 잡는 과정이 인간-비인간 네트워크가 성공적으로 확장되는 과정이며 그 과정에서 다양한 행위자들의 '동맹'이 결정적으로 중요하게 작용한다는 것이다.

여기서 조심할 점은 라투르가 말하는 '동맹' 구축은 비인간 행위자들이 인간 행위자와 마찬가지로 '의식적 결정'을 통해 특정 목적을 달성하려고 '동맹'에 참여한다는 의미는 아니라는 것이다. 파스퇴르가 연구했던 탄저균이나 코로나19 바이러스 모두 그런 사고 능력을 갖기에는 터무니없이 단순한 존재들이다. 그보다는 파스퇴르가 탄저병에 걸린 소를 키우는 농장 주인을 설득해서(이 부분은 통상적인 의미에서 '동맹 맺기'라고 볼 수 있다) 알아낸 여러 상황적 사실과 채취한 샘플을 자신이 통제력을 갖고 있는 실험실로 가져와서 탄저균을 대상으로 여러 실험을 하는 과정이 '비유적으로' 동맹을 맺는 어려운 교섭과정이라고 할 수 있다는 의미다. 파스퇴르와 전혀 다른 이해관계와 문화적 태도를 가진 농부들을 설득해서 자신의 과학연구에 필요한 자원을 얻어내기는 쉽지 않다. 이와 마찬가지로, 잘 모르는 비인간 행위자인 탄저균에 대해 생물학적 사실을 알아내고 궁극적으로는 탄저균의 생물학이 허용하는 방식으로 탄저균을 통제할 수 있는 방법을 알아내는 과정 역시 매우 어렵다. 파스퇴르는 이 두 과정 모두 결국에는 성공했고 이는 라투르의 분석처럼 농부와 탄저균 모두와 성공적으로 '동맹'을 구축했다고 분석할 수 있다. 비슷한 방식으로 파스퇴르는 자신의 탄저병 연구를 취재하는 신문기자, 효과적인 탄저병 대응책을 모색하던 정부 관리 등과 '동맹'을 맺으면서 자신의 탄저병 대응 행위자 네트워크를 확장시켜 나갈 수 있었다. 이 확장의 결과, 라투르가 말하듯이 프랑스 전역이 파스퇴르가 지시하는 방식으로 파스퇴르가 만든 백신을 사용해서 탄저병에 대처하게 되었다. 라투르는 이를 '프랑스의 파스퇴르화Paseurization of France'라고 부른다.[24]

라투르의 행위자 네트워크 접근은 원래 과학 지식의 생산과 기술적 대상의 개발 과정을 연구하는 과학기술학STS 분야에서 시작되었지만 현재는 인문학, 사회과학, 예술학 등 다양한 분야의 다양한 연구 주제에서 활용되고 있다.[25] 라투르 분석의 대중적 매력은 기술적 대상을 포함한 비인간 행위자에게 '행위성'을 부여하는 '파격적' 주장에 있을 수 있다. 하지만 앞서 지적했듯이 비인간 행위자의 '행위성'은 인간 행위자의 행위성과 같은 분석틀에서 다룰 수 있는 특징도 있지만 그렇지 않은 차이점도 많다. 그러므로 나는 그의 네트워크 확장에 대한 분석이 갖는 결정적인 학술적 가치가, 우리가 당연히 생각하는 우리 주변의 생활 환경이 어떻게 만들어졌는지를 그 과정에 개입한 여러 '이해관계'를 포착하고 그것들 사이의 경쟁과 동맹 맺기를 정교하게 분석한 데 있다고 생각한다.

예를 들어 우리에게 익숙한 소리풍경이 기술적 시스템으로서 어떻게 만들어지는지, 그 과정에서 어떤 이해관계들이 어떻게 경쟁적으로 관여하는지, 어떤 소리풍경 네트워크, 예를 들어 스트리밍 음악 서비스가 어떻게 성공적으로 동맹을 구축하고 안정화되어 우리의 소리풍경에 익숙한 특징으로 녹아드는지 등을 보다 깊이 있게 이해할 수 있게 해준다는 것이다.

다만 라투르 분석에서 한 가지 아쉬운 점은 그가 이렇게 정교하게 분석한 네트워크 확장 과정에 대한 규범적 판단은 주저한다는 사실이다. 물론 학술적 분석은 특정 가치 판단을 염두에 두고 이루어져서는 안 된다. 예를 들어 내가 선호하는 소리풍경이 어떤 의미로든 '바람직하다'는 판단에 근거하여 그 소리풍경 네트워크가 구축되는 과정을 연구한다면 당연히 그 분석이 다른 대안적 소리풍경에 편파적인 평가를 내리기 쉬울 것이다. 하지만 기후 위기에 대한 효율적 대응의 시급함처럼 우리의 실천적 대응이 요구되는 맥락에서 기후변화에 대한 다양한 입장(기후변화 자체를 부정하거나 그 중요성을 경제적 이해관계 때문에 축소하려는 시도까지 포함하여)을 '동등하게' 분석한다면 그 분석은 학술적 엄밀함 여부와 별도로 세상을 보다 바람직한 방향으로 바꿀 수 있는 실천적 메시지를 담아내기는 어려울 것이다.

소리풍경에 대한 네트워크 분석에 대해서도 유사한 지적을 할 수 있다. 도시의 생생한 생활 소음에서 삶의 역동성을 느끼는 사람들, 작은 소도시의 소소한 분주함에서 편안함을 느끼는 사람들, 떨어지는 바늘 소리도 들을 수 있을 것 같은 조용한 산사의 고독함을 즐기는 사람들 중에서 누가 객관적으로 옳은 판단을 하는지 묻는 것은, 각기 다른 방식으로 기술적으로 구성된 소리풍경에 대해 섣불리 규범적 평가를 요구하는 것이 될 것이다. 그리고 그에 대한 답은 아마도 자신에게 익숙한 소리풍경에 규범적 가치를 부여하는 잘못으로 이어지게 될 것이다. 하지만 우리가 아침에 깰 때 듣게 되는 모든 소리풍경은 나름의 네트워크 확장을 거쳐 동맹이 완성된 형태이므로 특별히 어떤 것이 더 낫다고 할 수도 없고, 보다 '바람직한' 소리풍경으로 바꾸려고 노력하는 것도 무의미하다고 해야 할까? 이 주제에 대해 마지막 절에서 다뤄보자.

인문학으로서의 소리연구

소리연구는 앞서 설명한 풍부한 의미를 담은 소리풍경의 여러 측면을 통합적으로 연구하는 비교적 새로운 학제적 연구 분야다. 융복합적 성격이 강하기에 당연히 이 분야의 학자들은 다양한 지적 배경을 갖고 있다. 음향공학처럼 과학기술 시각에서 접근하는 사람도 있고 음악사학자나 과학기술학자처럼 그 자체가 이미 융합적 성격을 지닌 학문 전통에서 온 사람도 많다. 하지만 나는 이 모든 지적 배경에도 불구하고 소리연구는 일차적으로 그리고 가장 중요한 의미에서 인문학이어야 한다고 생각한다. 이유는 비교적 간단하다. 일단 소리연구가 관심을 갖는 주제가 인문학의 본질에서 가장 핵심적인 질문을 다루기 때문이다. 둘째는 다소 사소해 보일수도 있지만 소리연구의 비인문학적 측면, 즉 과학적이거나 공학적이거나 방대한 양의 통계자료 분석에 근거한 사회과학적 연구들은 소리연구가 등장하기 전에도 각자의 학문 분야별 목적에 따라 이루어져 왔다. 예를 들어 음향학

acoustics 연구는 소리연구라는 분야 등장 이전에 이미 거대한 산업기반을 갖는 연구 분야로 자리 잡고 있으며 인문학적 특징은 거의 찾아볼 수 없다. 그러므로 소리연구가 기존 학술적 연구 전통에 대해 '새롭게' 갖는 의미는 소리연구의 인문학적 작업에서 보다 분명하게 찾을 수 있다고 말할 수 있겠다.

이후로는 첫째 이유에 집중하여 생각해 보자. 국립국어연구원의 『표준국어대사전』에 따르면 '인문학人文學'을 "언어, 문학, 역사, 철학 따위를 연구하는 학문"이라고 정의하고 있다. 그다지 도움이 되는 정의는 아니다. 대충 대학의 인문대학 학과 명칭을 모아 놓은 느낌이다. 대신 '인문人文'의 정의는 조금 더 구체적이다. "인류의 문화"와 "인물과 문물"이라고 설명하고 있다. 다시 말해서 인문이란 인간과 인간이 만든 문화, 문물, 문명 등을 포괄적으로 지칭하는 말이다. 문화에는 당연히 물질적, 정신적 산물이 모두 포함되니 결국 인문학은 일차적으로 인간 자체에 대한 탐구, 즉 인간학이고 더 나아가서 인간이 만든 모든 것에 대한 탐구, 즉 문화학, 문명학이다. 그런데 이렇게 이해해도 여전히 남는 문제가 있다. 인문학을 이렇게 정의해 보면 인문학이 아닌 것이 거의 없어 보이기 때문이다. 경제도 인문이므로 경제학도 인문학이고 기계도 인문이기에 기계공학도 인문학이라고 볼 수 있다. 이래서는 인문학이라는 명칭이 갖는 특별한 의미가 잘 드러나지 않는다.

사실 학문 자체가 인류 문명의 결과물이기에 탈출구는 '모든 학문은 그 자체로 인문이 된다는 점'에서 찾을 수 있다. 즉 인문학은 모든 학문(인문)에 대한 학문, 즉 메타 학문이라고 볼 수 있다. 메타 학문이라고 해서 다른 학문보다 더 '급'이 높은 것은 아니다. 단지 다른 학문에서는 잘 제기하지 않는 원론적인 질문을 던지고 특정 학문 방법론에 국한되지 않는 종합적인 방식으로 탐구 주제를 연구하는 것이 인문학이라고 할 수 있다. 예를 들어 자원의 효율적 배분 방식을 연구하는 것이 경제학이라면 '효율성'의 바람직한 의미는 무엇인가? 효율적이면 모두 합리적이라고 할 수 있는가? 이런 질문처럼 경제학에서는 지나치게 '철학적(?)'이라고 살짝 제쳐둘 법한 근본적인 질문을 던지고 답하려는 시도가 인문학이라고 할 수 있다. 그리고 이런 질문에 대한 답을 구하는 방식에는 철학적으로, 즉 개념의 적절성을 파고들거나 개념 사이의 논리적 관계에 주목하면서 경험적 근거를 활용하는 방식도 있고, 효율성이나 합리성 개념이 역사적으로 어떻게 변화해 왔고 그 과정에서 어떤 정당화 논리가 사용되었는지를 탐구하는 방식도 있다. 이런 다양한 학술적 분석 방법을 모두 허용하여 연구 대상의 본질적 측면을 탐구하는 것이 인문학이라고 할 수 있다.

이제 이런 배경을 염두에 두고 왜 소리연구가 인문학이어야 하는지 따져보자. 소리풍경이 구성되는 방식은 앞서 설명한 것처럼 자연스럽게 '저절로' 일어나는 과정이 아니다. 특히 어떤 소리가 '중심적 소리'이며 어떤 소리가 '주변부' 소리인지의 결정은 각각의 소리가 라투르적 의미에서 얼마나 성공적으로 동맹을 구성하는지에 의해 좌우된다. 음악학자 정경영의 표현을 빌리자면 소리의 표준어와 사투리가 정해지는 방식은 이런 의미에서 근본적으로 정치적이다. 소리연구에서 이 점에 주목한 학자 셰이퍼는 산업화될수록 각 국소적 지역의 소리풍경의 고유함을 보여줄 수 있는 소리 특징이 주변화된다는 점을 지적했다. 특정 공간 혹은 장소에 가야 들을 수 있기에 그 공간 혹은 장소의 고유성을 보여주는 사운드 마크가 사라지고 소리풍경이 '표준화'된다는 의미다. 여기에는 그 공간에서만 발견할 수 있는 독특한 '소음'도 포함될 수 있다. 그런 의미에서 셰이퍼의 작업은 특정 공간의 유일무이함으로 보여줄 수 있는 '나머지'를 회복하려는 시도, 특히 '소음'으로 치부되어 주변부로 밀려난 소리를 복원하여 우리가 경험하는 소리풍경을 보다 다채롭게 하려는 시도라고 볼 수 있다.[26]

그런데 왜 '나머지' 소리를 복원해야 할까? 다양성diversity은 많은 사회적 담론에 등장하는 중요한 가치이다. 그러므로 모든 장소가 '획일화된' 소리풍경을 갖는 것보다 특정 장소에 가야만 들을 수 있는 유니크한 소리풍경을 보존하는 것은 소리풍경의 다양성 차원에서 바람직한 일처럼 보인다. 직관적으로 상당히 공감이 가는 주장이다. 음악에도 수많은 장르가 있고 취향에 따라 다양한 음악을 골라서 들을 수 있는 것이 바람직해 보인다. 어딜 가나 특정 종류의 음악만 흘러나오고 색다른 음악을 구해서 듣기 어려운 상황은, 마치 극장에 갔는데 17개 상영관 모두 한두 편의 영화만 집중적으로 보여주는 경우처럼 그다지 바람직해 보이지는 않는다.

하지만 조금 더 생각해 보면 이런 가치 판단이 그렇게 간단하지는 않다는 점을 알 수 있다. 예전에는 존재했던 소리풍경의 다양성이 현재 더 이상 존재하지 않는다면 그 과정에는 특정한 인과관계 또는 특정 인간/비인간 행위자의 이유 있는 동맹 형성이 작용했을 것이다. 그리고 이 동맹 형성은 '저절로' 이루어진 과정이 아니라 상당한 이해관계와 우연적 요인이 결합된 '역사적' 과정이었을 것이다. 이런 점을 기억할 때 예전에는 존재했던 소리풍경의 다양성을 회복하고 '나머지'를 중심의 자리에 놓아보자는 제안은 누구나 동의할 수 있는 '당연한' 제안이 아니다. 현재의 소리풍경을 구성하는 네트워크보다 과거의 소리풍경을 구성했던 네트워크가 '더 좋은' 소리풍경 네트워크이기에 그 네트워크를 복원해야 한다는 규범적 주장이다. 좀 더 비틀어서 말한다면 산업화로 인해 사라진 여러 전근대적 소리풍경과 생태학적으로 좀 더 '균형 잡혔던' 과거의 소리풍경에 대한 향수가 깔려 있는 복고주의적 생각이라고 볼 수도 있다. 이런 분석이 아무 근거 없는 지레짐작이라고 볼 수도 없다. 셰이퍼를 포함한 초기 소리풍경 연구자들은 자신들의 접근법을 생태학적이라고 생각했고 생태학적 다양성과 소리풍경의 다양성 사이의 개념적 관계에 주목하기도 했다.

여기서 불필요한 오해를 미리 걷어낼 필요가 있다. 나는 생태학적 관점에서 소리풍경의 다양성을 바람직하게 보는 입장이 잘못되었다고 말하려는 것이 아니다. 그보다는 이런 판단이 누구나 '자연스럽게' 동의할 수밖에 없는 판단이라기보다는 맥락에 따라 매우 논쟁적인 규범적 판단이라는 점을 지적하는 것이다. 예를 들어 소리풍경의 복원은 언제를 기준으로 이루어져야 할까? 도시의 백색소음 자체가 존재하지 않았던 목가적 마을만 있던 시대의 소리풍경? 아니면 아예 인류 문명으로 더렵혀지지(?) 않은 아마존의 원시림 소리풍경? 이런 문제에 대해 다양성을 강조하는 많은 사람들은 특정 '종류'의 다양성을 별다른 논증 없이 당연시하는 경향이 있다. 앞서 지적했듯이 대부분의 소리풍경은 정도의 차이가 있겠지만 기술적 방식으로 구현된다. 결국 소리풍경의 다양성을 복원하려는 시도는 특정 소리풍경을 만들어 내는 특정 종류의 기술적 네트워크와 이를 지지하는 인간-비인간 동맹을 선호하는 방식으로 이루어지게 된다.

그렇다면 하이데거 기술철학에 대해 자주 제기되는 질문, 즉 하이데거가 인간적인 기술로 찬양한 물레방아가 왜 수력발전

보다 더 좋은 기술인지에 대해 질문해야 한다. 중국 고전 『노자』에 보면 물레방아조차 자연스럽지 않은 기술이라고 비판하는 대목이 나온다. 하이데거의 목가적 복고주의가 노자의 근본적인 자연주의보다 선호되어야 하는 이유가 있다면 무엇일까? 현재 우리 주변에는 CD나 FLAC 파일과 같은 디지털 음원이 '차갑고 비인간적'이라고 느끼면서 LP를 선호하는 사람들도 있다. 하지만 무라카미 하루키의 소설 『기사단장 죽이기』에는 LP만 고집하는 노화가와 자신이 애착을 가진 카세트 테이프로 듣던 음악적 경험에 집착해서 차도 바꾸지 않는 그 화가의 아들이 함께 나온다. 이처럼 결국 우리가 규범적으로 '자연스럽다'고 생각하는 다양성의 내용은 우리에게 익숙하거나 특별한 의미를 지닌, 철학적으로 말하자면 주관적인 가치 판단에 따른 것은 아닐까?

나는 이 지점에서 특정 견해를 옹호하려는 것이 아니다. 핵심은 이 모든 질문들이 소리풍경에 대한 근본적인 인문학적 질문들이라는 것이다. 소리연구가 인문학이 되어야 하는 이유는 이런 근본적인 질문들에 답하기에 인문학이 가장 좋은 연구 전통을 제공하기 때문이다. 보다 테크니컬한 문제를 제시하고 풀어나가는 다른 분과학문에 비해 인문학은 보다 근원적인 질문을 제기하고 그 질문을 역사적으로, 철학적으로, 예술적으로 분석하고 풀어나간다. 그 과정에서 누구나 동의할 수밖에 없는 명쾌한 답을 제시하는 경우는 많지 않지만 라투르의 파스퇴르 분석이 그랬듯이, 많은 사람들이 별생각 없이 경험하던 소리풍경의 한 측면을 새롭게 이해하고 보다 바람직한 대안을 모색할 수 있게 도움을 줄 수 있다.

4

소리, 음악이 되다

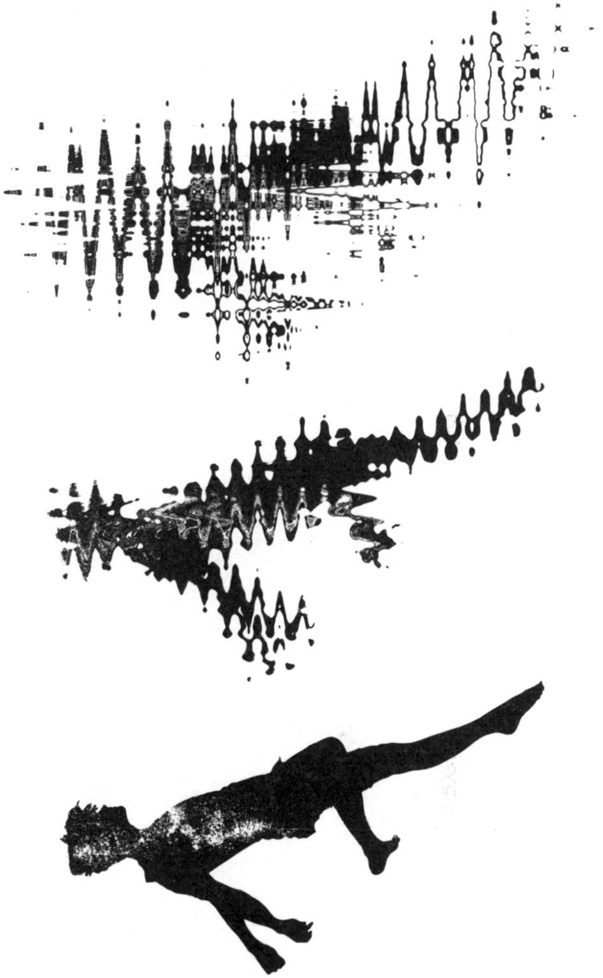

음악은 어떻게
소음을 품었는가

권송택

음악은 물론 소리로 이루어진다. 하지만 일상에서 듣는 소리들이 아니라 아름답고 매력적인 소리들로 이루어진다고 믿어진다. 아름다운 소리로, 매력적으로 조직된 소리, 그것이 음악인 것이다. 하지만 곰곰이 생각해 보면 문제는 그렇게 간단하거나 단순하지 않다. 정말 모든 음악 소리가 다 아름다울까? 당장 서양의 20세기 현대 음악 작품을 몇 개만 들어보더라도 그렇지 않다는 것을 알 수 있을 것이다. 뿐만 아니라 현대 음악이 아니더라도 처음부터 끝까지 아름다운 소리 혹은 협화음으로만 이루어진 음악 작품은 상상하기 힘들다. 만일 음악 작품이 다양한 방식으로 긴장과 이완을 만들어 나가는 과정으로 이루어진 것이라면, 불협화음, 즉 듣기 싫은 소리는 긴장을 만들어 내는 매우 효과적인 장치이기 때문이다. 그러므로 '아름다운' 음악에는 언제나 '아름답지 않은' 소리가 포함되어 있었다고 말할 수 있겠다. 그런데 이번 장에서 다루려고 하는 음악들은 보다 적극적인 방식으로 '아름답지 않은' 소리를 음악의 재료로 사용한 예들이다. 흔히 우리가 말하는 '소음'을 음악의 일부분으로 사용한 음악들, 소음을 품은 음악들 말이다.

음악과 소음의 경계

소음騷音, noise에서 음악적 가능성을 발견하고 이를 처음으로 천명한 이는 1913년 미래주의 화가이자 작곡가인 루이지 루솔로Luigi Russolo, 1883~1947다. 그는 소음에도 무한한 가능성이 있으므로 이를 포함한 새로운 음악의 세계를 열어야 한다고 주장했다. 그렇다면 20세기 이전의 서양 클래식 음악은 소음과 무관하다고 할 수 있을까? 14세기 프랑스에서는 모테트라는 장르가 유행했는데 이것은 성부마다 다른 가사를 가지는 멀티텍스트 구조의 성악음악이었다. 그런데 그중 한 성부에 '딸기 사려!'와 같은 길거리 장수의 외침을 넣어 작곡한 예들이 발견된다. 이 소리는 작곡가가 새로 만들어 낸 것이 아닌, 길에서 누구나 들을 수 있는 일상의 소리이므로 음악에 속하지 않는 소리다. 마찬가지로 16

세기 초 프랑스 파리에서 유행한 세속 성악 노래들은 〈새 노래〉 〈마리앙의 전투〉 〈파리 장사꾼 소리〉 〈수다스러운 여자들〉과 같은 제목을 달고 길거리 소리, 자연의 소리, 전투 소리를 흉내 낸다. 이 소리들은 음악에 인용되거나 음악의 재료로 사용되어 음악과 잘 버무려졌으므로 음악적인 음, 즉 악음樂音이라고 해야 할까? 아니면 이 소리들은 작곡가가 만든 음악이 아닌 일상의 소리에 불과하므로 여전히 소음이라고 해야 할까?

일반적으로 악음과 소음은 '음악적인 고른음'과 '음악적이지 않은 시끄러운 음'으로 구분된다. 그러나 '귀에 듣기 좋은 음'인지 '거슬리는 음'인지를 구별하는 것은 그리 단순한 문제가 아니다. 이것은 청자의 성향이나 상황에 따라 얼마든지 다르게 수용될 수 있는 상대적인 것이기 때문이다. 예컨대, 어떤 사람에게는 참기 어려운 놀이공원의 소음들이 아이들에게는 얼마나 흥을 돋우는 즐겁고 유쾌한 소리겠는가! 따라서 음악 작품 속에서도 듣기 좋은가 혹은 거슬리는가를 기준으로 음악 내의 소음을 규정짓는 것은 객관적인 판단 기준이 될 수 없다. 오히려 작곡가가 작곡한 음이냐 혹은 그 나머지 음이냐가 악음과 소음을 구별하는 판단 기준으로 적합할 것이다. 이러한 잣대로 구분한다면 위에서 살펴본 프랑스 음악에서 일상의 소리나 자연의 소리를 흉내 낸 소리는 그것이 음악 안에서 조화를 잘 이루더라도 작곡가가 작곡한 음이 아닌 '음악 외의 음', '음악 주변의 음'이므로 소음으로 분류되는 것이다.

다른 예로 협화음과 불협화음의 예를 들 수 있다. 협화음은 협화음정들로 조화롭게 구성된 소리이고 불협화음은 그렇지 않게 구성된 소리이다. 그러나 이들은 악어와 악어새처럼 서로 없어서는 안 될 관계를 맺고 있다. 만일 음악이 협화음으로만 이루어진다면 아무런 굴곡이 없고 기승전결이 없는 무미건조한 곡이 될 것이므로 작곡가들은 귀에 거슬리는 불협화음을 작곡의 원리에 따라 협화음과 잘 어울리게 사용하면서 조화로운 소리로 만드는 작업을 한다. 듣기 편안한 협화음과 듣기에 불편해서 긴장감을 유발하는 불협화음이 함께 그 역할을 해내면서 비로소 아름다운 음악이 완성된다. 단, 듣기에 불편하거나 거슬리는 화음은 그 불협화음으로 인한 거부감을 줄이기 위해 그 전후에 준비와 해결이 필요하다. 우리가 찬물에 들어갈 때 차가움의 충격을 완화시키고자 물로 몸을 서서히 적시는 준비 과정을 거치는 것과 마찬가지다. 불협화음은 협화음으로 준비됨으로써 그 충격이 약화되고, 다시 협화음으로 해결됨으로써 긴장이 완화된다. 따라서 불협화음은 음악의 맥락 안에서 오히려 협화음을 돋보이게 하는 촉매 역할을 하며 음악에 필요한 긴장과 완화를 가져오므로 아무도 이것을 귀에 거슬리는 소음으로 듣지 않는다. 즉, '듣기 좋은 음'인지 '거슬리는 음'인지에 따라 악음과 소음을 구별하는 것은 협화음과 불협화음의 문제에서도 적절한 판단 기준이 될 수 없다는 것이다.

관습적으로 행해지던 협화음과 불협화음 간의 관계는 바로크 시기의 대표적인 작곡가 클라우디오 몬테베르디Claudio Monteverdi, 1567~1643에 의해 깨지게 된다. 그는 협화음의 준비 없이 사용된 불협화음이 만들어 내는 듣기 불편한 소리의 충격이 청자에게 더 직접적으로 감정을 전달할 수 있을 것이라 믿으며 바로크 시대의 미학인 과장된 감정의 표현을 조장했다. 이렇게 사용된 불협화음은 대위법 규칙을 위반하고 귀에도 거슬리는 화음이므로 제도나 관습을 위반하는 소리이고 음악적인 소리와 구별되는 소리이다. 이제 듣기 거슬리는 불협화음의 소리는 그 자체로서가 아니라 음악적 맥락 안에서 주변화되고 타자화되어 소음으로 분류되는 것이다.

이러한 소음은 이후 18세기와 19세기 음악에도 개입된다. 앞서 살펴본 프랑스 음악의 예시에서는 길거리 소리, 자연의 소리가 작품의 가사와 제목을 실감 나게 표현하기 위해 악기나 인성으로 모방되었다면, 고전주의 시대 작곡가인 하이든이나 모차르트는 가사나 제목이 없는, 즉 음악 외적인 요소와 무관한 절대음악(교향곡, 현악사중주와 같은 순수한 기악음악)에도 이러한 소리를 삽입했다. 이들은 절대음악에 사냥나팔소리, 천둥소리(북소리) 등을 모방하여 그와 연관된 특정한 감정을 불러일으켰다. 심지어 베토벤은 자신이 순수한 기악음악, 즉 절대음악이라고 재차 강조한 6번 교향곡, 일명 〈전원교향곡〉 2악장의 마지막 부분에 새소리를 종류별로 삽입했다. 플루트, 오보에, 클라리넷이 흉내 내는 새소리들은 느닷없이 끼어들어 음악의 흐름을 일순간 정지시킨다. 이 부분의 새소리가 음악 외의 음, 음악의 주변음, 다시 말해 소음이 아니라면 달리 어떻게 설명할 수 있을까?

루트비히 판 베토벤, 6번 교향곡 2악장

9세기 중후반 낭만주의의 절정에 자리한 음악에서 사용된 소음을 살펴보자. 리스트, 리하르트 슈트라우스Richard Strass, 1864~1949와 같은 이 시기 작곡가들은 시, 문학, 회화와 같은 음악 외적인 요소들에 영향을 받은 교향시나 표제가 붙은 교향곡 장르를 선호했다. 이들은 작품의 음악 외적인 내러티브를 음악으로 재현하기 위해 극도의 불협화음을 포함한 새로운 음향을 과감하게 사용했다. 『나머지는 소음이다』의 저자인 알렉스 로스가 리하르트 슈트라우스의 단막 오페라 〈살로메Salome〉의 마지막 부분을 듣고 묘사한 대목을 살펴보자.

클라이맥스에 달하면 세례자 요한의 잘린 머리가 쟁반에 담겨 살로메 앞에 놓인다. **들어본 적도 없는 불협화음**으로 청중의 마음을 불편하게 만든 슈트라우스는 이제 시신애호증에 빠진 황홀경을 **평범한 화음으로 표현하여 또다시 언짢게 만든다**. [중략] 헤롯은 자신의 근친상간적인 욕망이 빚어낸 상황에 질겁한다. 그는 "달을 가리고 별을 가려라!"라고 소리친다. "뭔가 흉악한 일이 일어나려고 한다!" 그는 돌아서서 궁전 계단을 올라간다. 그의 지시에 따라 달은 구름 뒤로 숨는다. **저음부의 금관과 목관악기가 아주 이상한 소리를 낸다**. [중략] **플루트와 클라리넷이 강박적으로 연장된 트릴을 연주하기 시작한다**. 살로메의 **사랑의 주제**가 다시 울린다. 그녀가 시체에 입을 맞추는 순간, **정상적인 화음 두 개가 한데 합쳐져서 잠시 음표 여덟 개의 불협화음을 만든다**.

달이 다시 나온다. [중략] **호른은 빠른 선율을 연주하지만 울부짖음으로 끝나버린다**. 팀파니는 16분음표 4개로 구성된 **반음계 패턴을 두들겨 대며**, 목관은 **고음으로 비명을 지른다**. 오페라는 사실상 여덟 마디짜리 소음으로 끝난다.[27]

로스가 이 마지막 장면에서 듣는 소리는 청중을 불편하게 만드는 "들어본 적도 없는 불협화음"과 "목관의 강박적인 트릴, 호른의 울부짖음, 팀파니의 바른 반음계 두들김, 목관의 비명"과 같은 의도적으로 추하게 만들어 낸 악기 소리다. 열거된 소리들은 오페라가 클라이맥스로 치달으면서 끔찍한 '시신애호' 증세를 보이는 여주인공의 불안정한 심리와 그것을 바라보는 사람들의 경악을 표현하기 위한 불협화음과 갖가지 악기 주법이 만들어 내는 소음이다. 그러나 위 인용문에서는 또 다른 종류의 소음이 소개된다. 그것은 이 장면의 거칠고 듣기 불편한 소음의 소용돌이 속에서 들려오는 "평범한 화음", 혹은 살로메의 "사랑의 주제"이다. 듣기 거북한 소음이 악기로 연주되는 와중에 갑자기 들려오는 "평범한 화음"이나 "사랑의 주제"에 청중은 편안해지기는커녕 오히려 당황한다. 이 주제는 아름다운 선율이지만 상황과 맥락에 따라 혼란을 배가하는 타자화된 소음이다. 음악을 감상할 때 주파수가 안 맞는 라디오 채널에서 들리는 것 같은 잡음이 상당히 거슬리듯이, 그 반대의 상황, 즉 모든 긴장이 응축되고 불편한 불협화음이 난무하는 클라이맥스에서 갑자기 들려오는 아름다운 선율이나 평범한 화음도 음악의 흐름을 끊고 우리를 당황스럽게 만들기는 매한가지다.

왜곡된 선율,
그리고 작곡된 소음

이렇게 베를리오즈, 리하르트 슈트라우스, 생상스와 같은 19세기 표제음악 작곡가들은 마녀들의 행진, 죽음의 무도, 최후의 심판과 같은 초현실적 분위기의 묘사를 위해 뼈다귀 부딪히는 소리, 구더기가 시체를 갉아 먹는 소리 등을 의도적으로 추하게 고안했다. 이를 위해 당시 오케스트라에 사용하지 않던 길거리 밴드용 E♭ 클라리넷, 활의 나무 부분으로 현을 두드리는 결코 음악적이지 않은 소리 등의 새로운 주법을 총동원했다. 또한 이들은 격한 감정을 호소하고자 극도의 불협화음을 주저 없이 사용했으며, 이 불협화음들 역시 내러티브의 적절한 순간에 음악 주변의 소리, 타자화된 소리로 등장한다. 이에 더해 새로운 악기나 주법을 통해 고의로 추하게 만들어진 소리, 불협화음과 같은 괴상한 소리 중에 나오는 매우 평범한 화음이나 아름다운 선율도 그것이 갖는 타자성으로 인해 소음의 범주에 들어가는 것이다. 물론 이때 들리는 평범한 협화음이나 아름다운 선율을 소음으로 듣는 것은 음악의 전후 맥락에 대한 '상대적 소리 듣기'의 결과다. 다음에 소개되는 세기말 빈의 작곡가 구스타프 말러Gustav Mahler, 1860~1911의 일화는 개인에 따라 얼마나 소리를 다르게 듣는지를 생생하게 보여주는 예다. 아래 인용문은 말러가 시골길을 산책하면서 친구와 나눈 대화를, 친구였던 바우어 레흐너가 적은 것이다.

> 클라겐푸르트로 향하는 산책길에서 들렸던 배럴 오르간 소리가 말러에게는 무척 거슬렸지만 같이 걷던 친구 W에게는 그렇게 거슬리지 않았던 모양이라고 이야기했다. 그러나 두 번째의 또 다른 오르간이 소리를 내기 시작하자 W는 그 소음에 질색을 했으나 말러는 오히려 그 소리를 즐기게 되었다고 했다. 〔여기에 또〕 군대 밴드 소리가 멀리서 들려오자 W는 몸서리치며 귀를 막았으나 말러는 그 자리에 움직이지 않고 멈춰서서 그 소리들을 즐겁게 감상했다고 하였다. 〔중략〕 다음 날 우리는 말러와 같은 길을 걸었다. 크로이츠베르크의 축제에서는 한층 듣기 싫은 마녀들의 행진이 지나가고 있었다. 회전목마, 사격연습장, 인형극에서 울리는 여러 대의 배럴 오르간 소리뿐만 아니라 거기에 군인 밴드와 남성 합창단까지 합세하여 서로 눈곱만치의 배려도 없이 음악적 아수라장을 만들어 내고 있었다. 말러가 흥분해서 소리쳤다: "들려요? 저게 바로 폴리포니[28]예요. 저게 내가 폴리포니를 얻은 곳이에요! 내가 아주 어릴 때부터 이글라우의 숲에서 이런 소리들은 이상하게 나를 감동시키고 강한 인상을 남기곤 했어요. 왜냐하면 그것이 이 소리들과 같은 소음이

든, 천 마리 새의 노래이든, 폭풍이나 포효나 여러 겹 파도의 휘감김, 또는 불이 바삭바삭 타들어 가는 소리든 간에 아무 상관없기 때문이에요. 이런 방법으로, 아주 다른 방향에서, 주제들이 나타나는 것이지요. 물론 그것들은 리듬이나 선율적 성격이 서로 다르겠지요. 오직 한 가지 다른 점은 예술가는 이들을 하나의 일관되고 조화로운 전체로 배열하고 통합한다는 점이지요.[29]

함께 산책하던 말러의 친구는 거리의 배럴 오르간 소리를 즐거워했으나 말러는 듣기 힘들어했고, 곧이어 이 소리에 다른 오르간 소리가 겹쳐지니 친구는 질색을 한 반면, 말러는 그 소리를 더욱 즐겼다는 이야기다. 이것은 듣는 이에 따라 소리가 얼마든지 달라질 수 있다는 '상대적 소리 듣기'를 잘 설명해 준다. 말러는 다양한 종류의 소음을 베를리오즈나 R. 슈트라우스와 같은 표제음악 작곡가들과 달리 절대음악인 교향곡에 적극적으로 개입시킨 작곡가이다. 그는 퍼레이드, 사냥, 민요, 군대 나팔 등의 일상의 소리, 뻐꾸기 소리, 종소리와 같은 자연의 소리를 콜라주 기법으로 삽입하는 것은 물론, 음악을 왜곡시키는 작곡어법을 통해 악음을 소음으로 변조한다. 자연의 소리나 일상의 소리를 작품에 사용하는 과정에서 그는 어떤 장식과 포장도 하지 않았으며, 누가 들어도 무슨 소리인지 다 알 수 있을 만큼 날것 그대로 활용했다. 민요나 민속춤을 사용할 때도 마찬가지다. 이것을 19세기 사실주의적 사고와 연관시킬 수도 있겠으나, 이는 음악에서 소리로 전환되어 전체 음악의 흐름에서 너무 사실적으로 도드라져 청중을 당혹스럽게 만든다. 인용된 소리가 원형 그대로, 무심하게 반복되어 나오기도 하고 동시에 겹쳐져 폴리포니로 나오기도 하면서 음악 안에서 철저하게 객관화되고 타자화된다. 이 소리는 거슬리는 소음도 아니고 음악 안에 자연스럽게 녹아들지도 않으면서 베토벤 〈전원교향곡〉에 나오는 새소리와 같이 음악의 흐름을 또 다른 방법으로 단절시킨다.

말러의 1번 교향곡의 3악장 〈스케르초〉[30]는 이러한 소음의 다양한 종류를 보여준다. 이 악장은 '장례행진곡'이라고 지시되어 있으며 유럽의 대중적인 선율인 〈동무들아 오너라Ach, du lieber Augustin〉가 사용되었다. 이 곡은 말러가 심리상담을 위해 프로이트를 만났을 때 언급되기도 했다. 그는 이 상담에서 어릴 적 부모의 싸움을 피해 길거리를 헤매다가 이 노래가 길거리 손풍금으로 연주되는 것을 듣고 극심한 비극과 가벼운 여흥이 자연스럽게 그의 마음에 공존하게 되었다고 이야기했다. 따라서 이 악장에 사용된 〈동무들아 오너라〉 선율은 말러에게 일상의 소리나 다름없다. 〈스케르초〉 악장에서 이 동요 선율은 약간의 장식과 부점 리듬이 가미되어 원래의 분위기와는 사뭇 다른 침울한 분위기를 연출한다. 이 악장은 죽음을 상징하는 타악기의 4도 하행 반복, '레-라-레-라'로 시작하며, 〈동무들아 오너라〉 선율은 단조로 바뀌어 약음기 낀 콘트라베이스에서 작게 흘러나오고 바순, 첼로, 베이스 튜바 등에서 차례로 모방된다.

구스타프 말러, 1번 교향곡, 〈스케르초〉, 마디 1~16

다음으로 비올라에서 선율이 모방되는 것과 동시에 오보에에서 이에 대응하는 선율이 나오는데, 이 대응 선율의 부점 리듬은 쉼표와 스타카토 기법이 더해져 더욱 뾰족한 음향으로 강조되고, 4도 상행 도약하는 장식음이 붙어있어 장례행진곡에 어울리지 않는 히스테릭한 소리를 만들어 낸다. 이를 반주하는 콘트라베이스와 베이스 튜바는 통상적으로 연주하는 것보다 훨씬 높은 음역에서 연주하며, 클라리넷과 플루트는 낮은 음역에서 연주하여 오케스트레이션이 서툰 사람이 작곡한 것처럼 자연스럽지 않고 억지로 쥐어짜는 듯한 소리가 들린다. 그 과정에서 이 동요는 원래의 밝은 성격으로부터 점점 멀어진다.

구스타프 말러, 1번 교향곡, 〈스케르초〉, 마디 17~23

동요를 왜곡시킨 부분에 이어 나오는 이디시Yiddish 음악은 날것 그대로의 가벼운 춤곡이다. 동유럽계 유대인 언어를 의미하는 '이디시'의 음악은 이들의 결혼식이나 축제에서 연주되던 민중음악으로, 이 역시 말러의 고향에서는 일상의 소리였을 것이다. 이 시끌벅적하고 신나는 부점 리듬의 춤곡은 다시 E♭ 클라리넷의 맹꽁이 같은 음색으로 길거리 밴드 소리를 연상시키는 음악으로 이어진다.

구스타프 말러, 1번 교향곡, 〈스케르초〉, 마디 39~44

앞선 장례행진곡이 동요를 거친 오케스트레이션으로 그로테스크하게 치장하고 종교음악에서 많이 사용하는 성부 간의 모방 기법으로 짐짓 진지하게 꾸몄다면 이어 나오는 이디시 음악은 소란스러운 여흥 음악으로 들린다. 동시에 이 음악은 본래의 형태를 그대로 드러내고 있다. 예술 작품에 복제된 사진이 한두 컷 들어가 있는 것 같은 느낌을 주는 것이 마치 다다이즘 아티스트인 라울 하우스만Raoul Hausmann, 1886~1971의 회화를 보는 것 같다. 이 두 종류의 음악은 교대로 나오며 분위기를 반전시킨다. 여기에서 이디시 음악은 오페라 〈살로메〉에서 소음 가운데 갑자기 끼어드는 "사랑의 주제"처럼 교향곡에서 전혀 기대할 수 없는 저

속한 음악, 즉 소음으로 인식된다. 따라서 이 악장은 억지스러운 주법으로 악음을 왜곡시킨 소음들이 점철된 과장된 소리, 그리고 장례행진곡의 흐름을 끊어버리는 이디시 음악의 맥락적 소음이 주를 이루고 있다고 할 수 있다.

말러는 음악적 관습을 거스르는 악기 주법을 사용해 불편한 소리를 수시로 만들어 내는 것은 물론 미뉴에트와 같은 우아한 춤곡에서 박자를 너무 쉽게 흐트러뜨리거나, 아무 연관성 없는 서로 다른 선율들을 중첩하며 우리 귀에 익숙하지 않은 음악을 만들어 낸다. 그러는 가운데 삽입되는 민요, 동요, 행진곡, 팡파르, 길거리 밴드, 댄스홀, 자연의 소리는 작곡가의 목소리가 아닌 주변화된 소리, 타자의 소리이며 작곡가로서의 작품 개입을 포기하는 선언과 같다. 앞서 나왔던 음악 속 자연의 소리와 같은 주변의 소리가 가사 내용을 실감나게 하기 위한 조미료처럼 등장했다면, 말러가 삽입하는 자연의 소리는 작곡가가 자연을 묘사하는 것이 아니라 자연이 자신을 드러내며 스스로를 표현한다는 점에서 새로운 개념의 소음으로 등장한다. 작곡가의 목소리나 주관이 제거된 소리는 다른 공간, 다른 차원의 소리로 인식된다. 이 일상의 소리와 자연의 소리는 정지된 장면으로 콜라주되어 작곡가의 목소리와 대등한, 아니 넘어서는 소음으로 자리매김한다.

소리와 소음,
음악의 확장된 지평

교향곡을 작곡하기 이전 1888년에 말러는 칸타타 형태의 성악 음악 〈탄식의 노래Das klagende Lied〉를 작곡했는데 이 작품은 이러한 이질감으로 인한 내러티브의 단절을 효과적으로 사용한 예이다. 이 작품은 '숲의 전설', '방랑악사', '혼례식에서 생긴 일'의 세 부분으로 구성된 칸타타 형태의 작품이다. 그림 형제Jokob and Wilhelm Grimm의 모음집이나 구전의 여러 가지 버전으로 당시 흔하게 접할 수 있는 '노래하는 피리' 이야기를 주제로 말러 자신이 텍스트를 썼다. 지상에 존재할 것 같지 않은 아름다운 색깔의 꽃을 구해오는 남자와 결혼하겠다는 왕녀에게 청혼하기 위해 두 형제가 숲으로 향하고, 동생이 그러한 꽃을 발견한 순간 형이 동생을 죽여 숲속에 묻고 그 꽃으로 왕녀에게 청혼하여 결혼하기에 이르나, 길을 지나던 나그네(방랑악사)가 숲속에서 사람의 뼈로 된 피리를 줍고 피리가 이 비극을 스스로 노래하면서 결혼식에서 형의 죄가 폭로된다는 이야기다.

〈탄식의 노래〉는 중세 발라드와 같이 삼인칭 내레이션 형식을 띤다. 내레이션의 중간중간에 구슬픈 피리 소리가 부르는 죽은 동생의 애가哀歌는 장면을 바꾼다. 이러한 전환은 화자가 누구인지, 누가 노래하는 것인지, 누구를 대상으로 노래하는 것인지 분간을 어렵게 만든다. 또 과거와 현재를 오가는 문학의 내러티브는 타자화된 상대적 소음(피리 소리)의 삽입을 통해 그 흐름이 중단된다. 말러는 작품의 내러티브를 단절시키는 피리 애가를 위해 메인 오케스트라와 분리된 무대 밖 오케스트라를 사용했다. 두 오케스트라는 공간적인 차이, 각 오케스트라의 두 개의 조성(C♭장조에 대한 C장조 팡파르), 두 개의 박자(4/4박자에 대한 3/4박자)에서 오는 불협화, 부조화로 흐르던 음악을 중단시킨다.

〈탄식의 노래〉에 나오는 타자화된 음악의 개입 중 가장 흥미로운 것은 마지막 악장인 '혼례식에서 생긴 일'에서 나온다. 이 악장은 주인공의 극적인 거리감, 즉 사랑하는 이의 결혼식을 밖에서 바라볼 수밖에 없는 좌절한 주인공의 소외감을 나타내는 독일낭만주의의 전형적인 비유 장면이다. 방랑악사가 숲속에서 억울하게 죽은 동생의 뼈로 만든 피리를 주워서 가지고 걷다가 동생을 죽이고 왕이 되려는 형의 성에 도착하는 것으로부터 시작한다. 이 성에서는 왕이 된 형의 혼례식이 거행되고 있다. 선행하는 악장인 '방랑악사'가 내러티브적으로 과거를 이야기하는 것이라면, 이 악장에서는 현재의 혼례식이 눈앞에 펼쳐진다. 아르페지오 형태의 트럼펫 팡파르를 연주하는 무대 밖 오케스트라는 죽은 동생의 뼈로 만들어진 피리를 가진 방랑악사가 죽은 동생(혹은 이야기를 알고 있는 감상자)의 입장에서 성안의 혼례식을 멀리서 바라보는 장면의 전환을 유도한다. 창문 너머로는 무대 밖 트럼펫의 팡파르와 목관악기의 경쾌한 음악이 흐른다. 성안에서 일어나는 혼례식의 축제 분위기에서 완전히 소외된 동생의 내면을 음악으로 표현하기 위해 무대 밖 오케스트라 음악은 메인 오케스트라와 대비되는 음향을 만들어 낸다. 현악기에서 한 음을 신경질적으로 반복하는 트레몰로 주법[31]과 반음계적 선율진행으로 불안감을 조성하던 메인 오케스트라의 음악과 대조적으로, 무대 밖 오케스트라 음악은 과장스러울 정도로 화려하게 치장되었다. 혼례식이 거행되고 있지만 이 축제 음악은 밖에서 바라보고 있는 방랑악사, 혹은 동생에게는 오히려 소리 고문이며, 소음일 뿐이다. 이 무대 밖 오케스트라가 연주하는 성안의 축하연 음악은 안에서 벌어지고 있는 일로부터 주인공을 철저하게 소외시키는 '타자화된 소리'다.

이 음악은 내러티브를 가로질러 방해한다. 창문 너머로는 축하연이 진행되고 있지만, 창문 밖의 액션은 얼어붙은 듯 정지해 있다. 좌절한 주인공의 소외감은 괴테, 실러, 아이헨도르프, 하이네 등 독일낭만주의 문학에서 흔히 볼 수 있는 소재다. 그러나 창밖의 상황과 창문 너머의 상황에 대한 동시 묘사는 문학적으로는 가능하지만 음악적으로는 불가능하다. 질시와 좌절에 사로잡힌 소외된 주인공의 심정과 그의 귀에 들리는 유리창 너머의 음악을 동시에 음으로 표현해야 하기 때문이다. 말러는 이 소외된 주인공에게 들리는 주변의 소리, 타자의 소리를 두 개의 오케스트라로 재현했으며 심지어 텍스트가 없는 교향곡에서 과감하게 구현해 냈다.

그의 2번 교향곡 3악장 〈스케르초〉는 이 교향곡의 프로그램과 연관 지어 생각해 볼 수 있다. 2번 교향곡의 1악장은 "장례식 Totenfeier"이라는 부제가 붙어있는데 원래 단악장 교향시 형태로 작곡되었다. 이 악장은 폴란드 시인이자 극작가인 아담 미츠키에비치Adam Mickiewicz, 1798~1855의 〈선조들의 밤Dziady〉이라는 시극과 함께 자주 설명된다. 〈선조들의 밤〉은 〈아담 미츠키에비치의 '장례식'Totenfeier von Adam Mickiewicz〉이라는 제목으로 말러의 절친 지그프리트 리피너Sigfried Lipiner, 1856~1911에 의해 1887년에 독일어로 번역되었고, 이듬해 작곡된 교향시 "장례식"과 〈선조들의 밤〉에 영감을 주었다. 이 작품은 3부로 구성되는데 첫 두 부분은 이교도의 장례 예식을 그린 것이고, 3부는 젊은 시인 구스타프를 빌려 미츠키에비치 자신의 투옥과 추방, 실연 경험을 담고 있다. 이 작품의 주인공인 구스타프는 베르테르 류의 낭만주의적 인물로서 실연하여 자살에 이른다. 그가 수도사에게 하는 고백 중에 〈탄식의 노래〉의 장면과 흡사한 연인의 결혼식을 몰래 숨어 엿보며 괴로워하는 장면이 묘사된다.

> 수많은 횃불로 환해진 한밤중에 마차 소리, 마부의 고함소리가 들린다. 나는 담을 넘어 기어들어가 투명한 유리창 너

머를 바라볼 것을 나 자신에게 강요하고 있다. 테이블이 세팅되어 있고 문이 열려있고 음악과 노래—축제의 날, 축배, 이름—누구의? 아니, 말할 수 없어—"그녀의 만수무강을 기원하며"가 들린다. 〔중략〕 "그래, 그녀가 만수무강하길!" 나도 대답한다. 작별. 그리고 죽음을 생각한다. 〔중략〕 나는 그 목소리를 알아듣는다. 그녀의 목소리. 나는 분노로 앞을 볼 수 없다, 유리창을 산산이 부숴버리고 싶다. 그리고 도망친다—내 인생은 거기에서 끝났다.[32]

주인공 구스타프의 독백은 생생한 장면 묘사다. 유리창 너머 무도회장에서 들리는 떠드는 소리, 외침 소리, 음악, 노래 등의 자세한 소리 묘사다. 결혼식을 위한 축제 음악이 들려오지만 막상 주인공은 음악을 들을 수 없는 상태이며 자살까지 생각한다. 이 장면을 음악화한다면 무도회 음악은 교향곡의 음악적 내러티브를 중단시키며 정지된 장면처럼 끼어들 것이다. 창밖의 절망스러운 주인공에게 이 음악이 제대로 들리겠는가? 들린다 하더라도 축하연의 왁자지껄한 소리와 음악 간에 무슨 차이가 있겠는가? 창밖의 소외된 그에게는 다 같은 소음의 폴리포니일 것이다.

말러는 이 이야기를 바탕으로 작곡한 교향시를 2번 교향곡의 1악장으로, 무도회장 음악을 같은 교향곡의 다른 악장에서 구현한다. 이 악장은 말러 자신이 작곡했던 〈소년의 이상한 뿔피리〉 가곡 중 〈안토니우스 폰 파두아가 물고기에게 설교하다Des Antonius von Padua Fischpredigt〉를 기악화한 것이다. 이 가곡의 가사는 설교에 능통한 사제가 많은 물고기 앞에서 설교하는 장면을 묘사한다. 열심히 듣고는 있지만 아무것도 이해하지 못하는 물고기의 멀건 눈동자들, 설교를 듣기 전이나 들은 후에나 아무 변화도 없는 물고기들, 이를 바라보는 사제의 답답한 심경이 악장 전체에서 재현된다. 가곡에서 파도 소리를 묘사하듯 흐르던 피아노 성부의 반복적인 왈츠 리듬은 이 가곡이 기악화된 교향곡 악장에서 더욱 단조롭고 기계적인 반복으로 나온다. 실제로 1896년 이 교향곡이 출판될 즈음에 말러는 음악비평가 막스 마르샬크Max Marschalk, 1863~1940에게 이 악장의 프로그램 노트를 적은 편지를 보냈다.

이 슬픈 꿈에서 막 깨어나 혼돈의 상태에서 다시 현실로 들어가야 할 때 늘 시끄럽고, 휴식이 없고, 이해할 수 없는 일상이 두렵게 느껴지는 일이 쉽게 일어납니다. 그것은 마치 당신이 깊은 밤에 대낮 같이 밝은 무도회장에서 춤추는 사람들의 움직임을 밖에서 들여다보는 것과 같습니다. 그런 거리에서는 그들이 맞춰 춤추는 음악을 들을 수 없습니다! 그러면 마치 무서운 키메라처럼 인생이 무의미하게 느껴져

서 당신은 그 혐오감에 끔찍한 소리를 지르며 자신을 비틀어 떼어낼 것입니다.[33]

말러는 멀리서 창문을 통하여 실내의 춤추는 광경을 들여다볼 때 그 음악을 들을 수 없다면 춤추는 사람들의 동작은 무의미하다 못해 기괴할 것이라는 비유를 들며, 복잡한 현실에 발을 들여놓지 못하고 제삼자의 입장에서 바라보기만 하는 답답한 심정에 대해 이야기한다. 말러는 이 2악장을 "실연한 영웅의 인생 에피소드"라고 했다. 이 악장은 2번 교향곡 1악장의 프로그램이 된 〈아담 미츠키에비치의 '장례식'〉의 주인공인 구스타프가, 창문 너머의 무도회에서 끊임없이 들려오는 왈츠 음악과 이에 맞춰 춤을 추는 사람들을 보며 느끼는 선망, 질투, 분노, 좌절의 혼합된 내면 세계를 그대로 반영하고 있는 것이다. 답답하고 질식할 듯한 실연한 영웅의 심정을 가곡 〈안토니우스 폰 파두아가 물고기에게 설교하다〉의 왈츠풍 리듬과 그것의 아무 변화 없는 단조로운 반복을 통해 나타내고 있다.

구스타프 말러, 2번 교향곡 2악장, 마디 1~8

이 악장은 사랑하는 이의 결혼식을 창밖에서 바라보는 실연한 젊은이, 소외되고 아무것도 할 수 없는 좌절한 젊은이의 답답한 심리 상태를 기계적인 왈츠 리듬을 통해 정지된 소리의 장면인 동시에 거대한 하나의 소음 덩어리로 만들어 냈다.

소음이 단지 '듣기 거슬리는 음'이라는 편견에서 조금만 벗어난다면 서양 클래식 음악에 소음이 다양하게 자리하고 있음을 알 수 있다. 음악은 일상의 소리, 자연의 소리를 비롯하여 섬뜩한 감정이나 장면을 묘사하기 위해 고안된 불협화음, 왜곡된 소음을 포함한다. 또 이러한 소음 가운데 흘러나오는 아름다운 선율이나 화음은 타자화되어 소음으로 인지된다. 말러의 음악에서 이 소음들은 작곡가의 목소리를 배제한 채 어떠한 꾸밈이나 장식도 없이 버젓이 교향곡에 들어앉아 자리 잡고 있다. 그는 아름다운 음악도 얼마든지 듣기 거슬리는 추한 음악으로 만들었으며 이렇게 만들어진 추한 소리는 그에게 소음이 아니고 다 같은 '소리'였다. 그는 음악-소음의 이분법을 깨고, 음악의 나머지, 그 주변의 소리가 소음이라는 개념 자체를 부정한다. 그는 소음을 음악의 주체로 삼고 우리가 소위 음악이라고 말하는 소리를 그 주변으로 몰아넣는 사고의 전환을 실험했다. 심지어 그는 교향곡 한 악장 전체를 소음 덩어리로 만들어 음악=소음이라는 개념을 구체화했다. 그의 음악에서 간간이 들리는 아름다운 소리는 "옛날엔 저런 소리도 있었지" 하는 맥락 속의 노스탤지어로 등장할 뿐이다. 루솔로가 이야기한 '소음을 포함한 새로운 음악의 세계'에 작곡가들은 이미 깊숙이 개입해 있었던 것이다.

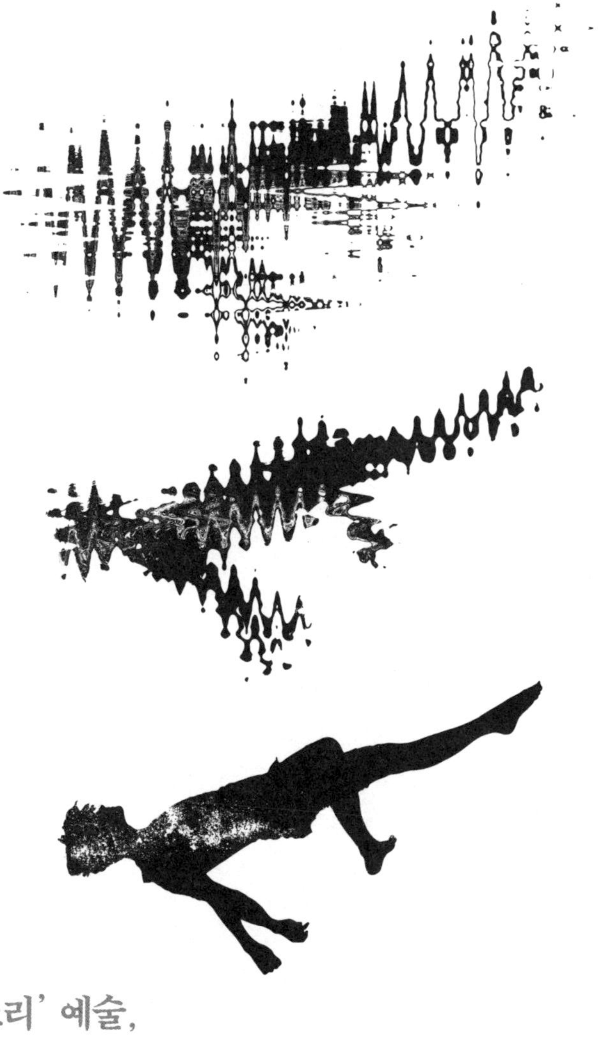

'소리' 예술, 악보 너머 세상의 소리를 듣다

김경화

우리를 둘러싼 현대의 소리 환경을 떠올려 볼 때, 현대 삶의 현장에서 어떤 소리가 들릴지 상상하는 것은 그리 어렵지 않다. 어느 도시의 대로변에 서 있다고 가정해 보자. 여기저기 지나가는 자동차가 뿜어내는 엔진 소리, 경적 소리, 긴급하게 지나가는 구급차의 사이렌 소리, 길을 건너는 사람들의 발걸음 소리, 말소리, 신호등에서 나오는 소리, 도로 주변 상가에서 들리는 음악 소리, 저 멀리서 들려오는 공사장 기계 소리. 현대를 살아가는 우리는 온갖 소리들에 둘러싸여 있다. 이러한 일상의 소리는 대부분 소음, 노이즈로 여겨진다. 우리 사회가 점점 더 산업화되고 대도시화되어 갈수록 우리는 더 많은 소음에 노출된다. 소리 예술은 어쩌면 산업혁명, 기계시대의 산물이자 이로부터 파생한 일상의 소리, 소음에 대한 새로운 관심과 인식으로부터 출발한 것일 수 있다.

소음의 존재를 인식하기 시작한 것은 산업혁명 이래, 19세기부터다. 산업혁명으로 도시가 점차 산업화되면서 이전에 들리지 않던 공장의 기계 소리나 내연기관의 엔진 소리, 새로운 교통수단에서 발생하는 여러 가지 잡다한 소음들이 마을과 도시의 일상생활을 파고들기 시작했다. 이러한 기계 소음, 교통 소음 등은 삶의 현장 어디서나 경험할 수 있는 일상의 소리로 자리 잡게 되었다. 우리가 일반적으로 생각하는 소음의 영역은 이렇듯 도시의 거리나 공장, 사무실, 가정에서 그리고 여러 교통수단에서 밤낮없이 쏟아져 나오는 소리들, 부수고 건설하기를 반복하는 현대 사회의 일상을 대변하는 무수한 소리들을 포괄한다. 현대의 우리는 일상의 소음에 익숙해졌지만 한편으로 삶 속에서 일어나는 소음은 청각적 거부감을 일으키거나 여러 갈등을 만들어내는 요인이 되기도 한다.

그런데 현대의 삶을 막 시작한 20세기 초, 음악 창작자들의 민감한 귀는 과거에 들리지 않던 새로운 소리, 즉 일상의 소음에서 새로운 음악적 가능성을 발견하게 된다. 그중 몇몇은 기계적 테크놀로지 환경에서 만들어지는 소음이 현대 진보의 상징이자 새로운 삶의 역동성과 속도를 대변할 수 있다고 여겼고, 다른 몇몇은 인습에 도전하고 음악의 새로운 가능성을 열기 위한 음향 장치로, 혹은 은유적 텍스트로 소음을 다루기 시작한다.

서구 음악 전통 안에서 소음은 오랫동안 음악적이지 않은 소리non-musical sound로 여겨졌다. 소음을 음악이라는 질서 혹은 체계 외부의 소리로 타자화한 것이다. 그러나 20세기 음악 역사는 오히려 외부의 존재로 간주되었던 소음을 음악 안으로 흡수하면서, 음악의 표현 영역과 음악에서 다룰 수 있는 소리 재료의 확장이라는 유의미한 변화를 이끌어 내는 과정을 보여준다. 일찍이 20세기 초부터 창작 음악가들은 소음에 대한 음악적 관심을 보였다. 이것은 무가치하고 무의미한 소리로 여겨왔던 소음과 일상의 소리에 대한 새로운 음악적 가치를 발견하는 일이었다. 작곡가들은 소음을 통해 음악과 비음악의 경계를 무너뜨리고 음악에 표현 가능한 소리 영역을 확장하기 시작한다.

소음의
작동 방식

앞서 여러 번 언급된 프랑스 사회학자 자크 아탈리는 "소음이 독립적으로 존재하는 것이 아니라 그것이 속한 시스템과 맺는 관계 안에서 존재하는 것"이라고 이야기한다. 아탈리에 따르면 소음은 정의 가능한 독립적이고 객관적인 개체가 아니라 역사와 문화 속에서 이미 확립된 시스템, 즉 규범적인 프레임과의 관계를 통해 구성되는 것이다. 이 경우 소음은 항상 어떤 것이 아닌 그 무엇으로 존재하며 확립된 시스템과 충돌하는 부정성과 저항성을 함축한다. 그러므로 소음은 어떤 무엇인가에 대한 부정적 속성으로 존재하며 사회에 대한, 음악에 대한 차별 관계, 보다 근본적으로는 권력관계 안에서 일어난다고 볼 수 있다. 결국 소음은 음악의 세계든 사회 시스템 안에서든 이미 확립된 규범의 테두리에서 배제되고 동화될 수 없는 '타자'로서의 존재를 함축하게 되는 것이다.

그렇다면 소음과 음악은 어떤 관계를 가지고 있을까? 아탈리는 소음과 음악의 변증법적 관계에 대해 이렇게 이야기한다.

> 소음과 함께 무질서가 태어나며 그 반대는 세계다. 음악과 함께 권력이 태어나며 그 반대는 파괴다. 소음은 삶의 코드, 인간 사이의 관계로 읽힐 수 있다. 〔중략〕 소음이 소리가 되었을 때 그것은 목적과 권력의 근원, 그 꿈—음악의 근원이 된다. 이것은 미학의 진보적 합리화의 핵심이며 남아있는 비합리성을 위한 안식처다.
>
> 자크 아탈리, 『소음』[34]

아탈리의 해석처럼 소음이 무질서를 의미한다면 그 반대에 있는 질서의 세계는 음악이다. 또 음악이 힘이고 권력이라면 소음은 그 권력에 저항하는 파괴적인 충동일 수 있다. 그러나 소음은 항상 소음으로 남아있지 않는다. 소음이 경계에 있을 때는 음악 체계와의 관계 안에서 날카로운 충돌과 역설을 만들어 낼 수 있지만, 일단 그 안으로 동화되었을 때 소음의 부정성은 사라지고 음악의 질서를 만들어 내는 소리로 동질화된다. 아탈리는 소음과 음악의 관계를 정치, 경제 구조 안에 위치시키고 있지만 그 관점은 서구 음악 역사 속에서 끊임없이 등장하는 새로움과 변화의 요구, 아방가르드 혁신을 이해하기 위한 통찰을 제공한다. 소음은 질서의 세계에 맞서 긴장을 만들어 내는 창조적이고 변형적인 에너지를 담고 있다. 특히 기존 질서로부터 저항과 혁신을 반복했던 20세기 음악 문화 속에서 그 양상은 두드러진다.

역사 속 어느 시대든 기성의 관념과 규범을 능가하는 새로운 도전이 시작되었을 때 그것은 시대와 불화하는 소음의 시기를 겪는다. 도전과 혁신이 강렬하면 할수록 기성의 가치나 질서, 권위로부터 오는 저항은 더 크다. 따라서 변혁의 극단을 추구하는 아방가르드 시도는 어느 시대든 그 정체가 어떠하든 충돌을 야기하는 소음으로 간주되기 쉽다. 소음이 예술 표현의 소재로 새롭게 주목받기 시작한 것은 예술을 규정하는 관습적인 사고로부터 자유로워지기를 열망하던 20세기 아방가르드 예술가들의 혁신적인 마인드와 상당 부분 맞닿아 있다. 인습에 갇힌 예술 표현과 제도의 모순을 극복하려는 아방가르드 문화 속에서 소음은 전복과 해체를 상징하는 코드이자 변화와 새로움을 제시하는 음향 장치로 기능한다.

20세기 초 아방가르드 저항이 문화 예술의 전 영역에 걸쳐 광범위하게 일어났던 시기, 이들의 도전은 언제나 통제해야 할 소음으로 간주되었다. 그러나 아이러니하게도 아방가르드의 도전과 저항의 한복판에서 그들의 활동에 정당성을 부여하는 강력한 코드 또한 소음이었다. 소음은 긴장과 파괴, 혼란과 무질서의 상징이자 동시에 새로움을 싹트게 하는 창조적 에너지를 창출할 수 있기 때문이다.

1차 세계대전이 한창이던 때 중립국 스위스로 망명한 예술가들이 일으킨 다다Dada운동은 소음이 작동하는 방식을 잘 보여준다. 1916년 여러 분야의 예술가들은 후고 발Hugo Ball, 1886~1927이 세운 카바레 볼테르에서 인습 타파를 목표로 하는 연극적이고 음악적인 퍼포먼스를 무대에 올렸다. 이들의 활동은 예술의 경계를 무너뜨리고 말과 언어의 규범을 파괴하여 혼란을 야기하는 소음을 만들어 내는 것이었다. 이때 무대에 오른 후고 발의 유명한 퍼포먼스 시 〈카라반Karawane〉은 의미 없는 단어들을 음성으로 쪼개어 낭송하거나 여러 명이 소리 지르는 방식으로 펼치는 일종의 언어 해체 작업이었다. 또 다른 퍼포먼스 〈해군 제독이 빌릴 집을 찾고 있다L'amiral cherche une maison á louer〉에서도 여러 사람이 동시에 제각각 시를 낭송하거나 노래를 부르고, 휘파람을 불거나 소리를 지르고, 흐느끼거나 신음하는 소리가 뒤죽박죽 뒤섞여 혼돈의 아수라장, 즉 소음을 만들어 냈다.

이 퍼포먼스는 후고 발이 제안한 '소리 시sound poem'를 구현하는 것이었다. 시의 의미와 형식, 상징성을 해체하고 구문론과 의미론의 규제에서 언어를 해방하여 순수한 음성, 언어 본래의 소리로 되돌리려는 시도였다. 그러나 동시에 이 퍼포먼스는 시대의 혼란과 예술의 부조리에 맞서, 부르주아 문화가 오랫동안 쌓아 올린 예술의 이상을 공격하는 행위였다. 예술을 지배하는 합리적인 질서, 논리적인 사고와 규칙을 거부하고 모든 예술 영역을 지배하던 유미주의의 권위를 철저하게 무너뜨린 것이다. 이 퍼포먼스로 예술은 자신을 예술이라 규정해 온 모든 가치들을 스스로 무너뜨리고 무력화하는 자기 파괴적 성찰을 보여주었다. 스스로를 질서 외부의 무질서한 존재, 소음으로 타자화한 것이다. 그 결과 다다의 모든 예술 행위는 무의미와 혼란을 조장하는 소음으로 간주되었다. 이렇듯 소음은 예술의 경계를 뒤흔드는 20세기 초 아방가르드 활동의 상징적 요소로 작동하면서 강력한 존재감을 뽐냈다.

같은 맥락에서 에릭 사티는 음악 예술의 권위에 도전하기 위해 소위 '저속한' 문화로 여겨지던 대중음악, 길거리 쇼, 일상의 소리 환경에 귀 기울였다. 젊은 시절부터 몽마르트르 카페와 카바레 피아니스트로 일했던 사티는 일찍이 파리 대중음악 신에 깊숙이 연결되어 있었다. 이 시절 프랑스의 유명 카바레스타 폴레트 다르티Paulette Darty를 위해 쓴 느린 왈츠 〈그대를 원해요 Je te veux〉는 지금도 널리 사랑받는 사티의 대중 노래다. 몽마르트르 카페 콘서트에서 그는 유명 가수들의 노래를 반주하고, 여러 풍자적인 카바레송을 창작하면서 대중문화를 몸소 받아들였다. 파리 아방가르드 실험의 장이기도 했던 이곳 몽마르트르 카바레 무대에서 사티는 다양한 풍자극과 유희적 실험극에 동참하고 여러 아방가르드 아티스트들과 교류하며 지냈다. 대중문화와 풍자, 실험을 소중히 여기던 사티의 미학적 가치관은 상당 부분 몽마르트르에서 얻은 것이었다.

사티는 모던 파리의 흥미진진한 사운드스케이프에도 깊은 관심을 보였다. 도시를 배회하는 거리 음악가의 배럴오르간 사운드 패턴부터 온갖 도시의 소음, 서커스를 비롯한 소란스러운 거리 엔터테인먼트, 뮤직홀 버라이어티, 미국에서 건너온 랙타임과 케이크워크까지, 그는 파리의 온갖 소리 환경으로부터 창조적인 자극을 받았다. 사티의 작품 세계에서 이러한 소리 재료는 단순히 음악 창작의 원천으로 취급되기보다는 예술의 권위와 제도를 풍자하고 도전하는 아방가르드 사고를 발전시키기 위한 중요한 토대가 되었다. 1917년 처음 무대에 오른 발레극 〈파라드 Parade〉는 사티가 아방가르드적 풍자를 위해 다양한 소리 재료를 활용하는 방식을 잘 보여준다.

뮤직홀 밖에서 군중을 끌어들이기 위해 펼치는 버라이어티 사이드쇼를 발레 무대에서 재현한 〈파라드〉는 초연 당시 관객과 비평가, 예술가들의 거센 비판을 감당해야 했다. 마술사, 곡예사, 댄서, 서커스 동물, 흥행사가 등장하는 이 발레는 특별한 사건 없이 캐릭터들의 틀에 박힌 일상을 보여준다. 마술사는 무대에 나와 마술을 하고, 곡예사는 곡예를 부리고, 무성영화 캐릭터 리틀 아메리칸 걸로 분한 댄서는 팬터마임을 하고 들어가는 것이 전부다. 일상에서 마주칠 법한 통속적인 거리 엔터테인먼트를 파리 상류층의 문화 유산인 발레 무대에서 목격한다는 것은 당시 예술의 고귀함을 추구하는 이들에게 모욕적이고 불쾌한 일이었을 것이다. 이 극은 스트라빈스키의 〈봄의 제전Le sacre du printemps〉 이후로 가장 격렬한 파장을 일으켰다.

그런데 이 작품이 보여주는 극단은 사티의 음악에서 더욱 분명하게 나타났다. 음악에서는 아시아풍의 5음음계,[35] 복조성의 케이크워크,[36] 프랑스의 온음음계whole-tone[37]로 구성된 패시지가 혼란스럽게 뒤섞여 나온다. 또한 무대 밖 카페에서 즐겨들었을 법한, 당시 프랑스 대중을 휩쓴 가수 어빙 벌린Irving Berlin, 1888~1989의 랙타임 〈That Mysterious Rag〉이 길게 인용되기도 한다. 그뿐인가, 사이렌 소리, 타자기 소리, 증기선의 경적 소리 같은 생활 소음들이 음악에서 예고 없이 터져 나오기도 한다. 이 음악은 모든 구성 요소가 특정 목표를 향해 일관성 있게 진행하는 음악과 달리 짧은 패턴을 끊임없이 반복하거나 이질적인 소리 재료를 콜라주로 병치하는 구성 방식을 보인다.

일관성 없이 튀어나오는 서로 다른 종류의 소리 재료들이 감상자를 혼란스럽게 만들기도 했겠지만 더욱 충격을 안겨준 것은 도시 한복판에 서 있는 것 같은 착각을 불러일으킬 정도로 요란스러운 소리들이었을 것이다. 사이렌 소리, 타자기 타닥거리는 소리, 증기선의 경적 소리, 왁자지껄 거리 서커스단의 호객하는 소리, 카페에서 흘러나오는 대중가요 같은 일상의 소리들이 사티 특유의 음악 패턴과 뒤엉켜 거부감을 불러일으키는 소음으로 변모했을 것이기 때문이다.

일상에서 얻은 모든 소리 자극이 사티에게는 흥미로운 '음악'으로 들렸을 수 있다. 그렇지만 그것을 음악 창작 재료로 활용하여 음악 예술이라는 틀 안으로 가지고 들어왔을 때 그것은 불편한 소리, 혼란을 빚어내고 거부감을 일으키는 소리가 되었다. 당대 공연 관객을 비롯해 음악의 제도와 권위가 보이는 반응이 그러했다. 일상의 소리, 길거리 음악, 대중가요가 길거리나 카페 등의 일상에서 혹은 뮤직홀에 있을 때는 아무렇지도 않게 들렸겠지만, 그것이 음악이라는 고유의 영역으로 들어왔을 때는 조화를 이루기보다는 오히려 충돌을 일으킨 것이다. 음악을 규정짓고, 정의하는 수많은 기성의 가치들과 충돌하는 모순적인 관계를 만들어 낸 것이다. 음악과 비음악의 경계를 나누고 고급 예술과 저속한 문화 사이의 계층을 구분하는 오랜 예술의 권위와 문화적 취향이라는 틀, 그 틀 안에서 이미 가치 판단이 이루어진 소리 재료를 선택해 그와 모순적인 관계를 만들어 냈을 때 그로부터 얻게 되는 불편함의 진실을 마주하도록 한 것이다. 그리하여 예술 안에 뿌리 깊은 권력관계, 예술의 모순된 가치를 드러낼 수 있었던 것이다. 어쩌면 이것이 사티의 아방가르드이자 일상의 소리, 소음이 그의 음악에서 작동하는 방식이었을 것이다. 아이러니하게 예술의 권위에서 벗어나니 예술은 일상과 가까워지기 시작한다. 이는 음악이 소리 예술로 향하는 창조적 변화의 씨앗이 되었다.

그렇다면 소음은 음악과의 관계 속에서 어떤 변화를 겪게 될까? 비음악적 요소로 타자화되었던 소음의 음악적 가능성을 처음 제안한 예술가는 앞선 장에서 이미 언급된 이탈리아 미래주의자 루이지 루솔로이다. 루솔로는 보다 일찍이 1913년에 『소음 예술The Art of Noise』이라는 글을 통해 소음의 음악적 가능성에 주목하고 소음을 음악 안으로 끌어들이자고 제안한다. 루솔로의 소음 예술은 20세기 초 쇤베르크의 '불협화음의 해방'만큼이나 급진적인 도전이었다. 그는 이렇게 이야기한다.

> 과거의 삶은 고요했다. 소음은 19세기 기계의 발명과 함께 태어났다. 오늘날 소음은 인간의 감성을 장악하는 데 성공

했다. 주요 도시의 으르렁대는 분위기에서만이 아니라 어제까지 완전히 고요했던 시골에서도 오늘날 기계는 다양한 소음을 경쟁적으로 만들어 냈다. 순수한 음pure sound의 단조로움은 더 이상 어떠한 감정도 불러일으키지 못한다. (중략) 우리는 순수한 음의 제한된 경계를 무너뜨리고 소음noise sound의 무한한 다양성을 정복해야 한다. 우리 삶의 모든 증거는 소음과 함께 일어난다. 소음은 우리 귀에 익숙해졌고 그러므로 우리 삶 자체를 환기하는 힘을 가지고 있다.

루이지 루솔로, 『소음 예술』[38]

루솔로는 산업화 이후 변화한 사운드스케이프를 청각적으로 포착해 냈다. 소음의 탄생이라는 표현은 오히려 소음의 발견 내지는 소음의 인식에 가깝다. 기계화 시대의 변화해 가는 새로운 소리 환경에 대한 예술적 관심이자 자각이었던 것이다. 현대 사회에서 소음은 일상의 소리가 되었고 그 새로운 소리 환경에 적응하면서 현대인의 '귀'와 '감수성' 또한 변하고 있다. 현대적으로 학습된 귀는 점점 더 복잡하고 다양한 소음에 익숙해지면서 과거보다 더 많은 '음향 자극'에 즐거워하고 더 풍부한 '소리 감성'을 원한다. 그러나 이러한 변화를 수용하기에는 음악이 여전히 '순수한 음pure sound'에 제한되어 있다. 이것이 루솔로가 제기한 관습적인 음악 예술의 문제였다. 현대의 혁신적인 귀는 더 풍부한 소리 경험을 원하지만 음악은 여전히 순수한 음의 세계에 머물러 있다는 것이다. 인간의 청각이 점차 복잡한 소리 환경에 적응해 가면서 극도의 불협화음이나 다양한 소음에 익숙해졌듯이 음악도 그러한 변화에 적응하여 새로운 소음의 세계, 무한한 소리의 세계로 나아가야 한다는 것이다. 순수한 음이란 음악적인 소리musical tone의 다른 표현이며 이는 악보에 표현 가능한 음들을 의미한다. 루솔로의 소음 예술이 실현되기 위해서는, 그러므로 음악을 제한하는 악보의 틀, 관습적인 악기로부터 자유로워져야 했다.

루솔로는 일상 소음을 산업화된 메트로폴리스의 새로운 리얼리티를 드러내는 예술 소재로 끌어올렸다. 예술이 삶을 담아내는 형식이라면 삶을 상기하는 힘은 추상적인 음의 세계보다는 오히려 일상의 청각 경험 대부분을 차지하는 구체적이고 즉각적인 소리, 소음에서 비롯될 수 있다고 본 것이다. 현대의 일상은 여러 가지 소음과 함께하고 있기에 소음은 현대인의 삶의 리얼리티와 정서를 환기하는 데 무궁무진한 가능성을 가지고 있다는 것이 루솔로의 논리였다. 루솔로가 제안한 소음의 음악적 가치 발견은 음악 외부의 존재로 배제되었던 노이즈 사운드를 음악 안으로 편입하는 과정의 출발점이 되었다.

그런데 일반적인 관점에서 소음은 음악의 질서를 방해하는 요소다. 가령 어떤 음악에서 소음, 다른 말로 불협화가 발생했다면 그 소음은 음악의 하모니를 위해 제거되거나 조율되기 마련이다. 그렇게 했을 때 조화로운 음악이 성립되기 때문이다. 음악 안에 소음이 있다면 그것은 음악을 음악적이지 않게 만드는 요인이 된다. 이러한 논리로 볼 때 조화나 질서를 해치는 소음은 음악의 적으로 간주되며 음악이라는 공간 안에 존재하기 어려운 소리가 된다. 그러나 루솔로는 오히려 강력한 음악 구성 요소로서 소음이 다루어지기를 원했다. 이러한 의도로 사용된 소음은 긴장과 충돌을 만들어 내는 소음의 본성을 드러내기보다는 오히려 새로운 질서 안에 녹아들 수 있도록 길들게 되는 것이다.

루솔로는 소음을 만들어 내는 기계-악기인 '인토나루모리Intonarumori'를 발명했다. '인토나루모리'는 사각형의 상자에 원뿔 모양의 확성기를 달고 여러 타입의 소음을 발생시키도록 조절하는 컨테이닝 막containing membranes을 장착한 다양한 크기의 소리 증폭 상자들 모음이다. 이 거대한 상자들의 디스크를 돌려가며 만들어 내는 소리는 천둥 소리, 폭발 소리, 윙윙거리는 소리, 삐걱대는 소리, 끽끽거리는 소리들이 전부였다. 루솔로는 훈련받은 음악가이기보다는 미래주의 화가였다. 그는 기계화 시대, 테크놀로지 시대의 음악이, 그리고 예술이 어떤 모습이어야 할지 예측하고 있었을 것이다.

루솔로는 이 새로운 악기를 가지고 유럽을 순회 연주하면서 소음 예술을 실현하려 했으나 그 꿈은 결국 실패로 돌아갔다.

이 악기가 만들어 내는 소리라고는 온갖 소음뿐, 그로부터 어떠한 음악적, 창조적 자극도 일으키지 못했기 때문이다. 그럼에도 악보의 테두리에서 벗어나고 관습적인 악기의 한계를 극복하여 새로운 소리를 탐구하기 시작했다는 것, 소음의 다양성을 수용하려 했던 것은 이후 펼쳐질 변화의 원동력이 되었다. 루솔로의 시도는 소음, 소리, 음의 경계를 포괄하는 새로운 소리 세계sonic world로 나아가려는 움직임의 시작이었다. 그가 제안한 소음의 음악적 가치와 음악적 표현 가능성의 발견은 서양 부르주아 음악 문화 속에 뿌리 깊게 자리한 음악과 소음의 이분법적 구분에 균열을 일으키기 시작했고, 음악과 음악이 아닌 것으로서 소음이라는 전통적 이분법으로부터 생기는 창조적 딜레마를 해결하려던 작곡가들에게 영감을 제공하게 된다.

1959년 미국 프린스턴대학교 강연에서 작곡가 에드가르 바레즈Edgard Varèse, 1883~1965는 '소리의 해방The Liberation of Sound'이라는 도전적인 아이디어를 표현했다. 그는 이렇게 말한다.

"소리의 해방을 위한 나의 투쟁과 어떤 소리로든, 또 모든 소리로 음악을 창작할 나의 정당한 권리는 이따금 과거의 위대한 음악을 경멸하고, 심지어 폐기하려는 열망으로 해석되곤 하였다."

바레즈에게 있어 소리의 해방이라는 말은 사람들이 오해한 것처럼 음악에 대한 경멸의 의도라기보다는 오래전부터 그가 언급해 왔던, "우리의 음악 언어가 풍요해지기" 위한 열망의 표현이었다. 바레즈는 빠르게 변화하는 사회와 생각의 속도에 음악이 뒤처지지 않기를 원했다. 그 때문에 낡은 조성과 화성, 악보의 제약과 관습적인 악기의 한계에 자신을 가둬둘 수 없었을 것이다.

1900년대 초 이른 시기부터 바레즈는 존재하는 악기로 표현하기 어려운 음악을 시도하고자 노력했다. 악기가 소리 내는 전통적인 메커니즘에서 벗어나 새로운 소리를 얻기 위해 실험하기도 하고 조성과 화성, 선율을 배제하고 순수하게 악기 사운드만으로 음악을 구성해 보기도 했다. 이렇게 바레즈의 소리 해방이라는 아이디어는 악기의 제한으로부터 음악을 해방시키기 위한 노력으로 먼저 시작되었다. 그러나 관습적인 악기로는 새로운 소리를 얻거나 음악을 자유롭게 표현하는 데 한계가 있었다. 그는 악기의 한계에서 벗어나 창작자를 자유로운 소리 표현으로 이끌 매체로 전자기기electronics의 가능성에 주목했다. 음악 창작자가 악보를 가지고 연주자와 악기로 작업하는 대신 전자기기를 이용하면 직접 소리를 생산하고 조직하는 다양한 소리 작업이 가능하다는 것이다. 바레즈가 새로운 전자 매체를 이용해 악기의 제약에서 음악을 해방시킬 수 있다고 믿었다면 이는 곧 음악으로부터 소리의 해방이 가능하다는 믿음으로 이어졌다.

소리의 해방이라는 말은 근본적으로 음악의 정의를 새롭게 하는 것이었다. 소리를 조직하고 구성하는 것으로서 음악을 재정의하는 것이다. 그렇게 되면 모든 소리의 구성, 즉 음의 구성

뿐 아니라 소음의 구성까지도 음악이 될 수 있기 때문이다. 바레즈의 소리 해방은 이렇듯 음악의 영역을 모든 소리로 확장하려는 열망이었다. 소음을 음악 그 자체로 수용하는 이 과정에서 음악의 적이라는 소음의 부정적 의미는 사라진다. 음악의 새로운 정의에 따라 만약 어떤 소리가 가공되기 전, 날것 그대로의 상태라면 그것은 소음일 것이다. 물론 이 또한 소리다. 이것이 적절히 조직되고 가공되는 과정을 거친다면 그것은 음악이 되는 것이다. 바레즈가 주장한 '소리 해방'의 길은 음악, 소리, 소음이라는 개념 구분 저변에 흐르는 차별적 인식으로부터 자유를 얻고 다양한 소리의 탐구와 예술의 표현을 향해 한 걸음 나아가는 것이었다.

테크놀로지,
음악의 경계를 확장하다

20세기 음악의 역사를 '음악의 한계와 소리 영역 확장'의 역사로 본다면 과거 수백 년간 음악이라는 공간에서 철저하게 배제된 노이즈, 소음은 그 역사를 실현 가능하도록 만든 중요한 음향 요소가 되었다. 소음은 이제 음악의 영역 안으로 본격적으로 들어오게 된다. 그렇다면 소음, 혹은 노이즈 사운드가 음악 안에 본격적으로 수용될 수 있었던 결정적 계기는 무엇이었을까? 그것은 바레즈의 예언대로 테크놀로지의 진보였다. 새로운 테크놀로지는 소음이 창작의 원천으로 다루어질 수 있도록 적합한 틀을 제공한다. 녹음 기술의 진보와 전자 디바이스의 발달에 힘입어 소음, 노이즈 사운드는 본격적으로 새로운 음향 세계에 수용되기 시작했다. 그 출발점에는 피에르 셰페르Pierre Schaeffer, 1910~1995의 구체음악musique concrète이 있다. 프랑스 국립라디오방송국의 엔지니어였던 셰페르는 테이프 녹음 기술을 이용해 일상의 소음을 음악 장르 안으로 편입시켰다.

1948년 처음 선보인 구체음악 작품 〈철도 에튀드Étude aux chemins de fer〉는 철로 주변에서 기차가 달리는 소리를 비롯해 새소리나 동물 울음 소리, 바람 소리, 주변에서 들리는 소음까지, 실재하는 구체적인 소리를 테이프 녹음기로 샘플링하고 그 소리를 여러 가지 편집과 가공을 거쳐 조합한 작품이다. 구체음악은 악기 소리, 자연의 소리, 종이 찢는 소리, 기차, 자동차, 일상에서 들리는 소음 등을 악보로 추상화하여 표현하지 않고, 레코딩이라는 전기적, 기술적 수단을 이용해 가공한 후 그 소리를 증폭, 변형, 변조 등의 과정을 거쳐 음악을 구성하기 위해 겹쳐놓기도 하고, 순서대로 병치하거나 분해, 재배열하기도 하며 조합하는 창작 방식을 가리킨다. 이처럼 구체음악은 모든 소리를 음악에 사용할 수 있는 소재로 보고 임의로 선택한 소리를 녹음해 가공하고 편집하는 과정을 거쳐 그것을 콜라주로 조합하는 방식을 취한다. 작곡가가 상상하는 소리를 악보에 그리고 그것을 악기로 구현해 내는 음악이 아니라, 소리를 녹음한 후 녹음된 소리로 직접 작업하는 음악을 말한다. 요즘 유행하는 샘플링의 원조인 셈이다.

테크놀로지를 이용하여 직접 소리를 녹음하고 녹음된 소리로 음악을 구성하는 방식은 악보를 전제하지 않은 음악 창작이 가능해졌다는 것을 보여준다. 음악이 비로소 악보의 틀에서 벗어날 수 있게 된 것이다. 그렇게 되니 악보로 표현 불가능한 소리, 실재하는 구체적인 소리가 녹음과 샘플링을 통해 음악으로 조합되어 들어올 수 있게 되었다. 음악이 소리 예술로서 확장성을 얻도록 커다란 변화를 가져다준 것이다. 사운드 자체를 다룰 수 있는 기술적인 툴이 마련되면서 소음은 이제 음악의 적이 아니라 객관적인 의미의 '사운드'로서 동등한 자격을 얻게 된다. 구체음악을 시작으로 전자음악, 전자음향음악 등의 발달은 소음을 전자적인 방식으로 다루거나 인공의 노이즈를 생산하기도 하면서 소음-음악이라는 새로운 영역을 개척하도록 이끌었다. 구체음악, 전자음악의 방법으로, 혹은 전자 디바이스를 이용해 소음은 보다 넓은 소리 세계로 확장되어 음악 구조 안에서 다루어질 수 있게 되었다.

셰페르가 〈철도 에튀드〉를 창작하고 30년이 지난 1979년에 만든 〈빌뤼드Bilude〉라는 작품의 아이디어가 흥미롭다. 제목에서 'Bi'는 '두 개', '이중'을 뜻하는 접두어이고, 'lude'는 바흐 프렐류드prelude에서 온 것이다. '바이'와 '프렐류드', 두 단어를 합성하여 만든 제목이다. 〈빌뤼드〉는 서로 다른 근원에서 온 소리, 하나는 녹음된 노이즈, 다른 하나는 바흐 프렐류드 2번, 이 두 음향 재료를 나란히 교차 편집한 작품이다. 오선으로 표현되는 악음musical tone과 전자음향으로 녹음된 소음에서 비롯한 두 개의 음향 세계가 한 작품 안에 공존할 수 있다는 것을 보여주는 작품이다. 이 곡은 마치 바흐의 (오선으로 표현되는) 추상적인 음악 구조가 소음이라는 구체적인 소리, 실재하는 소리와 만나 무너져 내리는 것 같은 인상을 준다. 새로운 음향 세계에서는 음악과 소음의 경계가 무의미하다는 것을 은유적으로 드러낸 작품인 듯하다. 이제 어떤 소리든 음악의 재료가 될 수 있으며 모든 소리가 음악의 스펙트럼에 포함될 수 있게 되었다.

셰페르의 구체음악은 악보에 근거하지 않은 녹음된 소리를 테크놀로지의 힘을 빌려 조직한다는 점에서 창작의 패러다임을 바꾼 사건이었다. 음악의 재료로 선택된 구체적인 소음이 음악 구조 안에서 다루어지고 음악적인 사운드로 다시 추상화되는 과정을 통해 소리 그 자체로 주목받게 된 것이다. 이 소리는 더 이상 긴장과 저항성을 드러내지 않으며 음악 창작의 요소로 기능하게 된다. 이러한 현상은 체계 안으로 수용된, 혹은 구조 안에서 다루어지는 소음의 본질적인 정체성의 변화를 보여준다.

전복되는 예술의 주체와 음악의 다른 가능성

일상의 소음을 음악의 재료로 주목해 보도록 제안한 또 다른 작곡가는 존 케이지다. 2차 세계대전 이후 아방가르드 음악을 이끈 존 케이지는 서구의 권위적인 음악제도 안에서 이분법으로 틀지어진 개념의 카테고리를 거부하며 기존 음악에 도전했다. 케이지는 작곡가의 절대적인 권위와 기보된 악보를 숭배하는 태도, 창작-연주-감상으로 이어지는 분업 체계, 음악 재료에 대한 선입견, 무엇보다 예술과 삶의 분리에 대해 근본적으로 부정하면서 예술의 새로운 변화를 제안했다.

이제 존 케이지의 가장 유명하고 논쟁적인 작품 〈4분 33초〉를 이야기해 보려고 한다. 〈4분 33초〉는 음악 역사상 가장 도발적인 사건이자 음악의 개념을 송두리째 흔들어 놓은 작품으로 오랫동안 논란의 중심에 있었다. 마르셀 뒤샹Marcel Duchamp, 1887~1968의 〈샘Fountain〉만큼이나 논쟁적인 〈4분 33초〉는 전체 3개의 악장으로 구성되어 있다. 이 작품이 무대에 있는 동안 연주자는 아무것도 하지 않는다. 악보에는 '타체트tacet'라고만 적혀있다. '마디 전체를 쉬어라', '침묵하라'는 의미다. 시작과 끝을 알리는 시간만 설정해 놓았을 뿐 작곡가는 악보에 아무것도 그리지 않았다. 그러므로 연주자가 하는 일이라고는 악장의 시작과 끝에 피아노 뚜껑을 열었다 닫는 것뿐이다. 사람들은 이 작품을 아무것도 없는 침묵silence이라고 여겼지만, 작곡가의 생각은 달랐다. 케이지는 그에 대해 이렇게 이야기한다. "의도적인 소리를 없애고 나면 자연의 음악이 들려온다." 음악에 작곡가의 의도가 담긴 소리를 모두 제거하고 나면 악보에 기록되지 않은 나머지 소리를 비로소 듣게 된다는 것이다. 존 케이지의 이러한 극단적 표현은 무엇을 의미하는 것일까? 이 작품을 발표하면서 작곡가는 주변의 소리, 우리를 둘러싼 환경의 소리environmental sound가 연주회장에서 듣는 음악보다 더 흥미로운 음악을 만들어 낼 수 있다는 것을 일깨워 주고 싶었다고 언급한 바 있다. 사람들은 침묵이라고 이야기하지만 절대적인 침묵은 존재하지 않는다는 것이다. 오히려 음악에 대한 제한된 사고에 갇혀, 들을 줄 몰랐기 때문에 침묵으로 여겼다는 것이다.

그렇다면 사람들은 무엇을 들을 줄 몰랐을까? 일반적으로 음악이란 작곡가가 상상하는 소리를 악보에 음이라는 추상 언어로 기록해 낸다. 그러면 연주자는 악보에 기록된 소리를 해석하여 악기를 통해 소리로 재현한다. 음악이란 이러한 것이라고 사람들은 생각한다. 이때 음악은 악보에 기반한 소리다. 이러한 관념이 창작자로서의 작곡가, 작곡가가 만들어 놓은 악보를 소리로 재현하는 연주자, 그 연주를 감상하는 청중의 분업 체계를 형성했다. 이 경우 음악에 담길 수 있는 유일한 소리는 악보로 표현 가능한 소리인 것이다. 우리가 음악이라는 무대에서 기대하는 소리는 바로 이러한 소리다. 그런데 존 케이지는 음악에 대한 이러한 고정된 사고가 악보 너머에 존재할 수 있는 더 많은 다양하고 흥미로운 소리를 듣지 못하도록 가로막는다고 생각했다. 음악에 대한 전통적인 개념 자체를 흔들고 있는 셈이다. 작곡가는 악보에 표현 가능한 모든 소리에 침묵하고, 공연장 무대의 연주자는 어떠한 소리도 만들어 내지 않음으로써 음악에 대한 제한된 사고에 가장 충격적인 표현성으로 저항했다.

케이지에게 있어서 침묵이란 소리가 존재하지 않는 상태가 아니라 이미 존재하는 다양한 소리를 듣기 위한 전제 조건이었다. 케이지에 따르면 이 작품은 로버트 라우션버그Robert Rauschenberg, 1925~2008의 〈백색 그림White Painting〉을 보고 영감을 얻어 만든 것이다. 무대 장치로 사용된 이 그림은 흰색의 캔버스 외에 아무것도 그려 넣지 않았다. 조명에 따라 그림의 색채가 변화하고 그것을 바라보는 감상자의 그림자가 비치면서 시시각각 새로운 이미지가 만들어지는 불확정성이 이 그림의 핵심이다. 존 케이지는 이 그림과 비슷한 시도를 음악에서 한 것이다. 주변에서 들리는 소리들로 음악이 채워지고, 감상자가 시시각각 만들어 내는 새로운 사운드가 음악을 구성하고 변화를 만들어 간다.

케이지의 철학과 음악관을 단적으로 보여주는 이 작품을 통해 읽어낼 수 있는 의미는 다양하다. 그중 몇 가지 흥미로운 점에 주목해 보자. 먼저 이 작품은 '음악에 담을 수 있는 소리는 무엇인가?', '무엇이 음악을 만들어 내는가?'라는 문제의식을 드러낸다. 음악이라는 것이 폭넓은 소리의 활동이라면 세상에 존재하는 '모든 소리'가 음악이 될 수 있다는 것을 단적으로 보여주기 위해 〈4분 33초〉에서는 악보를 비웠다. 악보에 담을 수 있는 소리, 관습은 이것을 '음악적인 소리'라고 부르는데, 악보에 담을 수 있는 소리들을 비우고 나면, 악보로 그려낼 수 없는 소리, '비음악적 소리'라 여기는 소음, 일상의 소리가 들려올 것이라는 가정이다. 그 또한 음악이 될 수 있다는 제안을 한 것이다. 케이지는 악보를 비워내고 소음, 일상의 소리를 음악에 끌고 들어와 음악과 비음악의 경계를 경쾌하게 무너뜨렸다.

또 우리가 음악에 어떠한 기대 혹은 선입견을 가지고 있는지에 대해 생각해 볼 수 있다. 케이지는 음악에 거는 감상자의 관습적인 기대에 도전한다. 〈4분 33초〉가 음악이 아니라고 여겨졌던 이유는 작곡가가 특정 아이디어가 담긴 음악을 악보에 담아내고, 연주자가 그것을 연주하고, 감상자는 연주자가 만드는 소리를 수동적으로 소비하는 과정이 사라졌기 때문이다. 그런데 케이지는 음악에 대한 이러한 관습적인 기대, 틀에 박힌 청취 태도가 우리 주변에 존재하는 아름다운 소리들을 듣지 못하도록 가로막는다고 여겼다. '음악이란 이러이러한 것'이라고 미리 생각한 대로가 아니라 다른 가능성을 들을 수 있도록 초대하고 있는 것이다.

다른 한편 케이지는 예술 창작의 주체는 누구인가에 대해 묻는다. 음악을 만드는 데 있어 절대적인 주체로 간주되던 작곡의 표상에 문제 제기를 한 것이다. 〈4분 33초〉를 위해 작곡가는 아무것도 하지 않았다. 소리를 만드는 것은 자연이고 웅성거리는 청중의 목소리, 발자국 소리들이었다. 누구나 음악을 만들어 낼 수 있다는 것을 제안한다. 작곡가와 연주자, 청중의 전통적인 경계 구분에 도전하며 예술가와 청중의 경계를 무너뜨린 것이다. 예술가와 청중의 경계를 무너뜨린다는 것은 예술과 삶, 예술과 일상의 간극에 대한 문제 제기로 이어질 수 있다. 케이지는 삶과 예술이 가까워질 수 없는가를 물었다. 〈4분 33초〉에서 소리는 작곡가가 창조한 것이 아니라 청중, 사람들, 그리고 자연이 스스로 만드는 것이었다. 작곡가는 그 소리가 들려오도록 음악을 열어두었을 뿐이다. "사람들이 스스로 소리를 만들어 낸다." 존 케이지의 이러한 표현은 일상이 예술이 되고, 예술이 일상이 될 수 있다는 그의 전제를 제시한 것이라 볼 수 있다.

예술이 고상하고 위대한 정신의 산물이라 여겨지면서 예술 활동 또한 그 위대함을 표현할 수 있는 특별한 사람들의 몫이라는 생각으로 인해 삶에서 예술은 점점 멀어졌다. 누구나 할 수 없는 일이 되었다. 그러나 케이지의 도전은 예술이 대단한 것이 아니라 일상에서 오는 소박한 것에서 비롯될 수 있다는 것을 제안한다. 먼 옛날, 사람들이 예술 활동이라는 것을 처음 했을 때의 모습이 어쩌면 그러했을지 모르겠다. 일상의 모습을 기록하기 위해 벽화를 그리고 일상에서 들려오는 소리를 포착하여 모방하기 위해 악기를 만들어 연주하고 노래를 불러보았을 것이다. 예술은 삶 속에서 오는, 삶의 표현이었던 것이다. 삶과 멀어져 버린 예술을 삶으로 회복하기 위해, 케이지는 추상적인 예술 표현을 버리고 일상의 재료를 선택한 것이 아닐까. 어쩌면 추상적인 악보로 표현되는 소리를 침묵하게 하고, 일상의 소리를 들어보도록 초대한 것일지도 모르겠다.

케이지는 정적의 순간을 통해 우리가 그동안 듣지 못했던 소리, 너무 일상적이어서 혹은 악보로 표현된 '음악적인 소리'라는 고정관념에 갇혀서 듣지 못했던 소리에 귀 기울여 보도록 제안하고 있는 것처럼 보인다. 케이지가 이 작품을 비롯해 아방가르드 활동을 이어가면서 끊임없이 추구했던 도전은 소음이나 일상의 소리가 가지고 있는 가치의 재발견일 것이다. 케이지는 "우리가 어디 있든 우리가 듣는 대부분은 노이즈"라는 말로 환경의 일부로서 소음의 존재를 주목한다. 그는 "우리가 그 소리에 귀 기울이지 않았을 때, 그 소리는 우리를 방해하는 소음이 될 수 있지만, 귀 기울여 보면 그 또한 매력적일 수 있다는 것을 알게 된다"고 역설하면서 인습에 갇혀 제대로 듣지 못한 일상의 소리, 소음에 귀 기울일 것을 권한다. 우리가 적절히 들을 귀만 있다면 모든 노이즈는 우리에게 매력적인 소리가 될 수 있다고 강조하는 것이다. 이 말은 일상의 소리와 소음의 음악적 가치 발견이 결국 감상자의 능동적 청취active listening가 전제되어야 가능하다는 의미일 것이다. 아무리 흥미로운 소리를 음악에 접목해도 마음을 열고 그것에 동화하지 않으면 소음에 불과하다. 반면 일상에서 늘 존재하기 때문에 의식하지 않으면 들리지 않는 소리, 혹은 가치 없다 여겨지는 소리도 관심을 가지고 능동적으로 듣다 보면 그 역시 매력적이라는 것을 깨닫게 된다는 의미일 것이다. 결국 소리에 대한 인식 변화는 감상자의 관심과 능동적 청취로부터 비롯된다는 것을 역설하고 있다.

음악 역사 속에서 존 케이지의 도발은 음악에 대한 전통적 개념 자체를 흔들었을 뿐 아니라 음악의 재료와 스펙트럼의 확장, 그리고 음악 활동의 새로운 가능성을 제시하면서 이후 음악 개념과 활동의 변화에 큰 사상적 토대를 만들어 주었다. 우리의 일상에 존재하는 무수한 소리들의 새로운 가치를 발견해 보자는 존 케이지의 제안은 수십 년 후인 20세기 후반, 21세기 현재, 우리 주변을 둘러싼 소리, 즉 환경의 소리가 갖는 가치를 재발견하려는 움직임으로 이어지고 있다.

들을 수 있다면,
음악이다

소음은 음악을 구성하는 다양한 사운드 중 하나가 되었다. 이제 소음은 얼마든지 음악의 재료로 활용 가능해졌다. 특히 요즘은 소음을 비롯해 우리 삶 가까이에 있는 여러 가지 일상 소리의 가치와 의미, 또는 소리가 가지고 있는 힘을 생각해 보도록 제안하고 듣기의 중요성을 강조하는 예술 창작 활동들이 종종 발견된다. 요즘 창작자들이 가진 소리에 대한 확장된 사고는 소음을 음악 외부의 존재로 여기는 틀에 박힌 음악 관습과 편견에 도전하기 위한 도구로 사용했던 20세기 초반의 사고를 가볍게 넘어선다. 그들은 소음을 음악의 반대편에 존재하는 것으로 간주하는 게 아니라 음악을 구성하는 다양한 소리의 하나로 보며 오히려 일상에서 듣기의 경험과 표현, 특별한 순간을 환기하고 공유하기 위한 흥미로운 소리 재료로 인식한다. 이러한 변화는 현대 사회와 소리 환경에 대한 생태학적 관심으로 이어지거나 사운드 아트, 사운드 인스톨레이션, 뉴 뮤직, 사운드스케이프 작곡 등에서 다양한 방식으로 표현되고 있다. 이제, 소리를 바라보는 시각의 변화가 두드러지게 반영된 두 예술 장르, 사운드 아트와 사운드스케이프 작곡을 소개해 보려고 한다.

사운드 아트는 1970년대부터 아방가르드 신에서 종종 발견되기 시작한 실험 음악과 시각예술의 콜라보레이션 예술 형태였다. 1979년 뉴욕현대미술관MoMA의 주요 전시 타이틀로 사용되기 시작한 사운드 아트라는 용어는 1982년 윌리엄 헬러만William Hellermann을 주축으로 세워진 사운드아트협회Sound Art Foundation에서 그 윤곽이 구체화되었다. 초창기 사운드 아트는 실험 음악의 한 형태로 간주되었으나 창작 결과물의 발표가 음악회장을 벗어나 뮤지엄이나 갤러리, 조형물 센터 등에서 전시회 형식으로 열리면서 음악보다는 시각예술 분야로 간주되는 경우가 많았다. 현재에도 사운드 아트의 공연 장소로 음악회장보다는 뮤지엄이나 갤러리, 혹은 대안 공간이 선택되는 경우가 많다. 또한 소리 전시라는, 시각예술의 전시 방식을 취한다는 것도 사운드 아트를 음악보다는 시각예술 장르, 혹은 음악과 시각예술의 경계 장르로 조명하는 이유일 것이다.

그러나 사운드 아트는 소리를 주요 예술 표현 매체로 다룬다는 점에서, 그리고 전자 미디어를 이용해 소리를 구성하고 그렇게 구성된 소리 오브제를 사용한다는 점에서 넓은 의미의 소리 예술이다. 사운드 아트는 소리 나는 오브제를 특정 공간에 설치해 소리를 시각화하거나 소리를 통해 공간을 새롭게 듣도록 디자인한다. 소리의 시청각화를 통해 공간의 의미를 새롭게 구성하는 것이다. 때로는 우리의 청각 경험을 새롭게 하고 소리를 통해 인식의 변화를 제안한다. 요컨대 사운드 아트는 무엇보다 사운드, 소리가 핵심이다. 공간을 소리로, 음향으로 디자인하여 소리 환경을 개선하거나 소리를 통해 공간을 새롭게 경험하도록 제안하는 사운드 아트의 중심에는 소리와 그 경험자, 즉 인간의 상호작용, 상호 관계성이 자리하고 있다. 요즘에는 디지털 미디어를 이용하는 영상 예술과 결합하는 사운드 아트의 형태도 자주 발견된다. 예컨대, 컴퓨터로 소리와 그 소리에 빛이 반응하도록 미리 디자인하여 전시장의 한 공간에 소리와 빛으로 구성한 영상을 투사하고 실시간으로 가상 공간을 만들어 내는 것이다. 전시장의 관객들이 소리와 빛으로 만들어지는 영상 이미지를 통해서 현실 공간 안에 만들어진 제2의 가상 공간을 경험할 수 있도록 열어주는 것이다. 이렇게 사운드 아트는 소리로 특정 공간을 새롭게 경험하거나 인식의 변화를 이끌어 낼 수 있도록 디자인하여 소리와 듣기의 의미를 되살리고 소리가 우리의 감각과 인식에 작용하는 독특한 방식을 예술적으로 체험해 볼 수 있는 기회를 제공하고 있다.

한편 우리 주변의 소리, 소리 환경을 소재로 하는 창작 활동은 사운드스케이프 작곡에서 두드러지게 나타난다. 사운드스케이프 작곡은 주변 환경의 소리를 자원으로 하여 환경의 소리를 음악에 녹여낸다. 이는 작곡가의 음향 결과에 주목하기보다는 소리 환경을 새롭게 인식하도록 초대하고, 시각과 청각이 결합한 공감각적 경험과 생태학적 접근을 시도하는 것을 특징으로 한다. 무엇보다 완전히 새로운 사운드를 제작하고 그것에 주목하도록 디자인하기보다는 오히려 어떤 환경을 특징짓는 소리를 수집하여 그 소리를 들어보도록 제안하는, 이를테면 듣기의 중요성을 역설하는 창작 분야라 할 수 있다. 사운드스케이프 작곡가들은 특정 지역을 특징짓는 '소리 지도sound map'를 제작하고 그 소리를 샘플링하여 자신의 창작 활동에 반영한다. 또 사운드마크가 될 수 있는 특정 지역의 소리를 포착하여 영상과 결합하고 환경의 소리를 상상하고 떠올려 보도록 감상자를 초대하기도 한다.

사운드스케이프 작곡 분야를 개척한 캐나다 작곡가 배리 트루액스Barry Truax의 〈퍼시픽 팡파르Pacific Fanfare〉를 예로 들어보자. 이 작품은 세계 사운드스케이프 프로젝트World Soundscape Project를 기념하기 위해 1996년에 완성한 작품이다. 작곡가는 1970년대와 1990년대 각각 밴쿠버에서 들리는 다양한 소리를 샘플링하고 그 소리들을 작품 안에 녹여냈다. 벤쿠버의 과거와 오늘의 소리 기록, 시차를 두고 변화한 도시의 사운드스케이프가 저장되어 있는 이 작품은 그 소리를 듣는 감상자로 하여금 환경의 이미지와 과거의 기억 등을 회상하고 떠올려 보도록 소리를 통해 제안하고 있는 것이다.

사운드스케이프 작곡은 주변의 소리들을 녹음하고 이 녹음된 환경의 소리를 컴퓨터 변형 프로세스를 거쳐 조합하는 창작 방식을 사용한다. 이렇게 녹음 기술과 소리 조작기술을 토대로 창작 활동을 펼치기 때문에 전자음악의 한 분파라 볼 수 있다. 구체음악과 굉장히 비슷하다. 구체음악의 경우 녹음된 소리 오브제, 즉 어쿠스마틱 사운드를 본래의 맥락에서 떼어내 추상화한 형태로 조직한다. 그러나 구체음악과는 달리 사운드스케이프 작곡은 음향적 사건의 근원, 그 출처를 숨기지 않고 오히려 청중이 그것을 인식할 수 있도록 그 맥락과 의미를 강조하는 것이 특징이다. 감상자로 하여금 소리 환경에 대한 연상이나 기억, 상상력을 환기하도록 소리 정보를 제공한다는 점에서 구체음악과 차이를 보인다. 환경의 소리와 그 맥락을 청자가 인식할 수 있도록 의도적으로 기획하는 것이다. 이제 세상을 주의 깊게 들을 귀만 있다면 세상에서 들려오는 소리에 주목하여 그것을 샘플링하고 편집해서 공유할 수 있는 세상이 되었다. 사운드스케이프 작곡은 소리가 가지고 있는 생생한 환경의 정보를 녹음 기술을 통해 보존하고 재생산하여 공유하고 소통하는 창작 영역이라고 볼 수 있다.

음악이 담아낼 수 없는 소리란 이제 존재하지 않는 것으로 보인다. 어떤 소리든 창작자의 시선과 선택에 따라 음악 안에서 창의적인 방식으로 조합할 수 있게 되었기 때문이다. 이것이 20세기 현대를 지나오면서 이루어진 획기적인 변화라 할 수 있을 것이다. 20세기 초반의 작곡가들은 소음의 존재를 파악하고 그

것이 음악을 바라보는 관습적이고 차별적인 태도에 긴장을 야기하고 변화를 이끌어 낼 수 있다고 생각했다. 소음이 변화와 창조의 가능성을 품고 있다는 것을 포착해 낸 것이다. 그 이래로 소음은 질서와 체계 외부의 소리로, 인습과 제도에 도전하는 아방가르드 시도에 핵심적인 청각재료로 활용되어 왔다. 때로는 불협화음으로 음악 질서에 균열을 야기하고, 때로는 물리적 소음으로 음악의 틀과 충돌하기도 하고, 때로는 과도하게 증폭된 볼륨이나 거친 사운드로 '음악적임'을 거부하며 기존의 가치 시스템에 폭력적으로 반응하기도 했다. 그러나 다른 한편 20세기가 진행되면서 소음은 음악적이라 여겨지는 소리와 경계 없이 취급되면서 음악 안으로 자연스럽게 편입되었다.

아탈리가 지적한 대로 소음은 언제나 고정적인 정체성을 갖지 않는다. 소음은 어느 대상과의 관계를 통해 구성될 수 있고, 사회와 문화적 판단과 취향의 영향을 받기도 하며, 그것이 속한 시스템과의 부정적 관계를 통해 수면 위로 떠오르기도 한다. 역사적으로 소음은 음악의 반대편에 존재하는 것으로 규정되고 배제되어 왔지만 음악사 속 여러 변화의 순간, 소음은 언제나 음악 안에서 그리고 음악을 둘러싼 담론과 함께 존재해 왔다. 이제 음악 예술은 소리 예술로 그 경계를 확장하고 있다. 20세기의 음악 활동이 소음과 소리를 통해 음악의 제한된 틀을 가로질러 새로운 가능성을 개척하고 제시하는 일이었다면, 이제는 세상의 모든 소리를 귀 기울여 듣고 자유로운 예술 활동과 접목하여 그 창의적 가능성을 발견하는 때가 다가온 것 같다. 음악 안에 다양한 방식으로 녹아든 소리, 소음, 음악의 의미는 어쩌면 변화하는 시대가 제시하는 여러 변화의 가능성과 새로움의 요구에 공명하는 것은 아닌지 생각해 본다. 디지털 환경이 주도하는 세상에서 음악과 소리 예술은 어떠한 소리에 주목하고 어떠한 방식으로 표현의 한계를 가로질러 우리의 경험과 사고를 확장하게 될까. 과거에도 그러했듯 인간의 예술 활동이 보여주는 자유롭고 흥미진진하고 창의적인 변화, 이미 그 역사는 시작되었는지도 모른다.

미주

1 Jacques Attali, *Bruits: Essai sur l'économie politique de la musique* (Paris: Presses Universitaires de France, 1977).

2 Marcel Mauss, "Techniques of the Body," *in Sociology and Psychology: Essays, trans.* Ben Brewster, London: Routledge & Kegan Paul, 1979, pp. 95–123.(원래는 1934년 프랑스 사회학회에서 발표한 강연: "Les techniques du corps")

3 "The Grain of the Voice." in *Image, Music, Text*. trans. by Stephen Heath. (London: Fontana Press, 1977), pp. 179-189.

4 펠드의 '음향인식론'은 '음향acoustics'과 '인식론epistemology'의 두 단어를 조합한 개념으로 세상을 인식하고knowing, 세상에 존재하는being 양식으로서 소리를 우선으로 생각하고 살핀다. 소리로 나와 세상을 인식하고 소리를 통해 내가 세상에서 존재하는 방식을 이해하는 것이다.

5 Willi Apel, *Harvard Dictionary of Music*, 2nd ed., rev. and enlarged (Cambridge, MA: Harvard University Press, 1970), 506.

6 Michael Triantafyllou and George Triantafyllou, "An Efficient Swimming Machine," *Scientific American* 272/3 (1995), 64-70.

7 Kevin N. Laland, F. John Odling-Smee and Marcus W. Feldman, "Niche Construction, Biological Evolution, and Cultural Change", *Behavioral and Brain Sciences* 12/1 (2000), 133.

8 F. John Odling-Smee, Kevin N. Laland and Marcus W. Feldman, *Niche Construction: The Neglected Process in Evolution, Monographs in Population Biology* (Princeton: Princeton University Press, 2003).

9 Robert D. Rupert, "Challenges to the Hypothesis of Extended Cognition," *Journal of Philosophy* 101/8 (2004), 393.

10 명사 '스캐폴드scaffold'는 '비계飛階', 즉 높은 곳에서 공사를 할 수 있도록 임시로 설치한 가설물을 가리킨다. 이러한 의미가 비유적으로 확장되어 교육에서 '스캐폴딩'은 학습자의 능력만으로는 해결할 수 없는 과제를 교사가 도움을 주어 해결해 나가는 과정에서 교사가 학습자에게 제공하는 한시적인 지원을 가리키는 말로 쓰인다. 이 글의 맥락에서 '스캐폴드'는 동사로서 인간

에게 부과된 인지적, 정감적 과제가 인간을 둘러싼 환경에 떠넘겨지고 분산되어 환경이 인간에게 주어진 과제를 거들어 대신하는 것을 뜻한다.

11 Kim Sterelny, "Minds: Extended or Scaffolded?" *Phenomenology and the Cognitive Sciences* 9 (2010), 465–481.

12 슬로보다의 이 모델은 소리가 아니라 음악을 대상으로 제안된 것이다. 이 모델은 음악과 감상자 사이의 관계를 일방향적인 도식으로 파악하는 것은 음악의 역할을 수면제처럼 특정 효과를 초래하는 약의 기능과 동일시하는 것임을 가리키기 위한 것이다. John Anthony Sloboda, *Exploring the Musical Mind: Cognition, Emotion, Ability, Function* (Oxford: Oxford University Press, 2005), 319.

13 Joel Krueger, "Musicing, Materiality, and the Emotional Niche," *Art, Criticism, and Theory for Music Education* 14/3 (2015), 51.

14 Tia DeNora, *Music in Everyday Life* (Cambridge: Cambridge University Press, 2000), 56.

15 Joel Krueger, "Music as Affective Scaffolding," in *Music and Consciousness 2: Worlds, Practices, Modalities*, eds. Ruth Herbert, David Clarke, and Eric Clarke (Oxford: Oxford University Press, 2019), 60-61.

16 Steven Pinker, *The Language Instinct: How the Mind Creates Language* (New York: Harper Perennial Modern Classics, 1994).

17 Steven Pinker, *How the Mind Works* (New York: W. W. Norton, 1997).

18 앨리자베스 콜버트 2022, 『화이트 스카이』, 쌤앤파커스.

19 메노 스힐트하위전 2019, 『도시에 살기 위해 진화 중입니다』, 현암사.

20 이상욱 외 2009, 『욕망하는 테크놀로지』, 동아시아.

21 홍성욱 2019, 『포스트휴먼 오디세이』, 휴머니스트.

22 신상규 외 2020, 『포스트휴먼이 몰려온다』, 아카넷.

23 브뤼노 라투르 2018, 『판도라의 희망』, 휴머니스트.

24 이상욱 2023, 「비인간 행위자와 연대하기의 실천적 모호함」, 『문명과 경계』, 제6호, 83-116쪽.

25 홍성욱 엮음 2010, 『인간·사물·동맹』, 이음.

26 정경영 2021, 『음악이 좋아서, 음악을 생각합니다』, 곰출판.

27 Alex Ross, 『나머지는 소음이다The Rest Is Noise』, 김병화 역 (경기: 21세기북스, 2010), 24-25.

28 여러 소리의 결이 동시에 울리는 소리.

29 Natalie Bauer-Lechner, *Recollections of Gustav Mahler*, trans. Dika Newlin, ed. Peter Franklin (London: Faber & Faber, 1980), 155-156.

30 교향곡의 한 악장을 구성하며 원래 "해학, 희롱"을 나타내는 말이다. 모차르트와 하이든 같은 고전주의 작곡가들이 교향곡에 춤곡 악장인 미뉴에트를 삽입하였으며 교향곡이 발전함에 따라 이 미뉴에트 악장이 스케르초 악장으로 대체되었다.

31 한 음이나 화음을 규칙적으로 떨리듯이 연주하는 주법이며 주로 현악기에서 사용된다.

32 Adam Mickiewicz, *Totenfeier von Adam Mickiewicz*, trans. Sigfried Lipiner (Leipzig: Breitkopf und Härtel, 1887), 88; Caroline Abbate, *Unsung Voices* (Prinston: Prinston University Press, 1996), 129에서 재인용.

33 Gustav Mahler, *Selected Letters of Gustav Mahler*, ed. Knud Martner, trans. Eithne Wilkins and Ernst Kaier (London, Boston: Faber and Faber, 1979), 180.

34 Jacques Attali, *Noise: The Political Economy of Music*, trans. Brian Massumi (Minneapolis: University of Minnesota Press, 1985), 26.

35 동아시아 지역 전통 음계의 특성을 반영한 음계로, 예컨대 C-D-E-G-A와 같이 반음이 포함되지 않는 5개의 음으로 구성되는 음계를 말한다. 20세기 초 프랑스 작곡가들은 조성의 기능을 약화하거나 이국적인 분위기를 만들기 위한 목적으로 아시아풍의 5음계를 자주 사용하였다.

36 19세기 중후반 미국에서 대중적으로 유행한 춤으로, 민스트럴 쇼에서 흑인 분장을 한 배우가 뽐내며 케이크워크 댄스를 추면서 유명해지기 시작했다. 케이크워크 음악은 4분의 2박자의 행진곡 풍에 폴리리듬과 싱코페이션이 결합되어 진행하며, 성부 간의 조성이 다른 복조성polytonality을 특징으로 한다.

37 프랑스 작곡가들이 즐겨 사용한 음계로, 예컨대 C-D-E-F#-G#-A#과 같이 이웃하는 음들 간의 음정 관계가 온음인 6개의 음으로 구성되는 음계를 말한다.

38 Luigi Russolo, *The Art of Noise: Destruction of Music by Futurist Machines* (United Kingdom: Sun Vision Press, 2012), 55–57.

듣기의 철학

우리는 무엇을 듣고, 듣지 않는가

지은이 정경영, 김경화, 권현석, 정혜윤, 계희승, 이상욱, 권송택

1판 1쇄 펴냄 2025년 6월 30일

펴낸곳 곰출판
출판신고 2014년 10월 13일 제 2025-000148 호
전자우편 book@gombooks.com
전화 070-8285-5829
팩스 02-6305-5829

종이 영은페이퍼
제작 우담프린팅

ISBN 979-11-89327-41-5 03100